2023年教育部第二批国家级一流课程建设项
2020年度广东省一流课程建设项目
2022年、2023年广东省研究生教育创新计划
2024年广东外语外贸大学实验教学和教学实验室建

陈 琳 刘 琳 主 编
唐 静 副主编

进出口业务案例分析教程

JIN CHU KOU YE WU AN LI
FEN XI JIAO CHENG

中国财经出版传媒集团

经济科学出版社
Economic Science Press

·北京·

图书在版编目（CIP）数据

进出口业务案例分析教程／陈琳，刘琳主编；唐静
副主编 . -- 北京：经济科学出版社，2024.12.
ISBN 978 - 7 - 5218 - 4420 - 7

Ⅰ. F740. 4

中国国家版本馆 CIP 数据核字第 2024FX8095 号

责任编辑：杜　鹏　武献杰　常家凤
责任校对：徐　昕
责任印制：邱　天

进出口业务案例分析教程

陈　琳　刘　琳　主　编
唐　静　副主编

经济科学出版社出版、发行　新华书店经销
社址：北京市海淀区阜成路甲 28 号　邮编：100142
编辑部电话：010 - 88191441　发行部电话：010 - 88191522
网址：www. esp. com. cn
电子邮箱：esp_bj@ 163. com
天猫网店：经济科学出版社旗舰店
网址：http：//jjkxcbs. tmall. com
固安华明印业有限公司印装
787×1092　16 开　15.25 印张　300000 字
2024 年 12 月第 1 版　2024 年 12 月第 1 次印刷
ISBN 978 - 7 - 5218 - 4420 - 7　定价：99.00 元

前　言

在全球经济一体化的时代，进出口贸易已成为各国经济发展的重要组成部分。无论是大型跨国企业还是中小企业，都积极参与到进出口业务中，以拓展市场、获取资源、提升竞争力。然而，进出口业务涉及众多复杂的环节和风险，需要从业人员具备扎实的专业知识和丰富的实践经验，才能在激烈的市场竞争中立于不败之地。为了适应这一趋势，高等学校培养具有国际视野和实务操作能力的外贸人才显得尤为重要。然而，传统的国际贸易理论教学往往难以满足实际工作的需要，学生和从业人员在面对具体的进出口业务问题时，常常感到无从下手。鉴于此，我们决定编写一本以案例分析为主要形式的教程，通过系统的案例分析和模拟练习，帮助读者更好地理解进出口业务的流程、规则和风险，提升解决实际问题的能力。希望这本教程成为一本实用性强、案例丰富、分析深入的学习参考资料。

本教材共分为十章，内容涵盖国际贸易的基本概念、出口交易前的准备工作、交易磋商与合同签订、国际贸易术语、国际货物运输与保险、国际贸易结算、国际惯例、国际贸易欺诈与风险等多个方面。每一章都紧密结合实际业务，通过生动的案例分析和模拟练习，使读者能够直观地了解进出口业务的操作流程、法律风险和应对策略。

第一章首先介绍了国际贸易的基本概念、特点和类型以及适用的法律和惯例。通过案例分析和模拟练习，读者可以初步了解国际贸易的基本框架和规则，为后续章节的学习打下基础。

第二章至第四章则深入出口交易的具体环节。从交易前的市场调研、客户开发、产品准备等准备工作，到交易磋商中的价格谈判、交货期确定、支付方式选择等关键环节，再到国际贸易术语的灵活应用，这些章节都对案例进行了详尽的剖析。读者可以通过模拟练习，亲身体验出口交易的整个过程，加深对业务细节的理解。

第五章和第六章分别介绍了国际货物运输和保险的相关知识。这两章不仅讲解了国际货物运输的基本方式、运输单据和保险种类，还通过案例分析揭示了货物运输和保险中常见的风险和问题。读者可以从中学习到如何选择合适的运输方式和保险方案，以确保货物的安全运输和及时交付。

第七章聚焦于国际贸易结算，介绍了结算的基本方式、流程和风险。通过案例分析，读者可以了解到不同结算方式的特点和适用场景，以及如何在结算过程中防范风险、保障自身权益。

第八章则是对国际惯例的选讲，包括《跟单信用证统一惯例》《国际标准银行实务》《托收统一规则》等。这些国际惯例对于规范交易行为、解决争议具有重要意义。通过本章的学习，读者可以更加深入地理解这些惯例的内涵和应用。

第九章和第十章则分别探讨了国际贸易欺诈和风险的防范。这两章不仅分析了国际贸易欺诈的常见手法和特征，还提供了应对欺诈和风险的策略和措施。通过案例分析和模拟练习，读者可以学会如何识别和防范欺诈行为以及如何有效管理国际贸易中的风险。

本教材的特点在于其实用性和操作性。每一章的案例分析都是精心挑选的，既有经典的案例，也有最新的实务操作案例，确保学生能够紧跟行业发展的步伐。编写过程中注重理论与实践相结合，力求做到内容全面、案例生动。同时，还结合国际贸易相关的法律法规和国际惯例，为读者提供了专业的法律和业务建议。

我们相信，通过本教材的学习，读者将能够系统地掌握进出口业务的基本知识和技能，提升解决实际问题的能力，为未来的职业生涯打下坚实的基础。当然，由于国际贸易环境的不断变化和更新，我们也希望读者能够持续关注国际贸易的最新动态和法规变化，不断学习和提升自我。

在本教材的编写过程中，编者所参阅的文献除了在参考文献中列出的一部分之外，还有大量相关分析报告、报刊文章及网络资料。在此，向所有使本教材获益的同行致以真诚的谢意，特别感谢中国出口信用保险公司提供的案例支持。由于编者能力有限，书中疏漏之处在所难免，恳请读者批评指正！

陈 琳 刘 琳

2024 年 11 月

目　录

第一章　国际贸易概述

第一节　国际贸易的概念和特点

一、国际贸易的概念

国际贸易，又称世界贸易，是指不同国家（和/或地区）之间的商品、服务和生产要素（如资本、技术）的交换活动。它涉及了跨国界的货物和服务交易，包括进口和出口两个主要方面。这些交易可能通过货币或其他资源（如技术、劳动力）的交换来完成。国际贸易对于世界各国的经济发展具有重要意义，是各国经济联系和相互依存的主要纽带。

二、国际贸易的特点

1. 跨国性：国际贸易的基本特征在于其跨国性，即跨越国界进行商品和服务的交换。这种跨国性使国际贸易涉及不同国家的法律、政策、文化、语言等多方面的差异，增加了贸易的复杂性和挑战性。

2. 多样性：国际贸易涉及的商品和服务种类繁多，从原材料、半成品到最终产品，从货物贸易到服务贸易，从传统产业到高新技术产业，应有尽有。这种多样性为各国提供了更多的选择和机会，也促进了国际贸易的发展。

3. 竞争性：国际贸易是一个充满竞争的市场环境。各国企业为了获得市场份额和利润，需要不断提高产品质量、降低成本、优化服务，以赢得消费者的青睐。这种竞争促进了国际贸易的繁荣和发展，也推动了全球经济的进步。

4. 相互依存性：国际贸易使各国经济相互依存，形成了紧密的经济联系。一个国家的经济发展往往受到其他国家经济状况和政策的影响。因此，国际贸易要求各国加强合作，共同应对全球经济挑战。

5. 法规约束性：国际贸易受到国际法规和国内法律的约束。各国通过签订贸易协定、制定贸易政策等方式规范国际贸易行为、维护贸易秩序。同时，国际贸易也促进了国际法的完善和发展。

总体来说，国际贸易是一个具有跨国性、多样性、竞争性、相互依存性和法规约束性的复杂经济活动。随着全球化的发展，国际贸易在促进经济增长、推动技术进步、提高人民生活水平等方面发挥着越来越重要的作用。因此，各国应积极参与国际贸易、加强合作与交流、共同推动全球经济的繁荣与发展。同时，各国也应加强对国际贸易规则和制度的研究与运用，提高应对国际贸易风险和挑战的能力，确保本国经济的稳定与可持续发展。

第二节　国际贸易的类型和过程

一、国际贸易的类型

国际贸易作为世界经济的重要组成部分，促进了各国之间的经济交流与合作，推动了全球经济的繁荣与发展。国际贸易的类型多种多样，每种类型都有其独特的特点和作用，下面介绍一些主要的类型。

（一）按商品的形态分类

1. 有形贸易即货物贸易，是指有实物形态的商品进出口，其进出口要办理海关手续、进出口数量要列入海关统计，是一国国际收支的重要组成部分。

按加工程度，可以将有形贸易的货物分为初级产品和工业制成品两类。初级产品指没有经过加工或加工很少的农、林、牧、渔产品和矿产品，其附加值不高，主要涉及农产品、矿产品等原材料的进出口。例如，中东地区的石油资源丰富，沙特阿拉伯等石油出口国通过向全球各地出口石油，获取了大量的外汇收入，促进了本国的经济发展。

工业制成品指经过了一定加工的产品，如电子产品、机械设备等，其附加值一般比较高，涉及工业制成品、半制成品等商品的跨国流通。例如，中国的电子产品在全球市场上享有很高的声誉，华为、小米等企业通过出口手机、电脑等电子产品赢得了全球消费者的青睐。

2. 无形贸易指一切不具备实物形态的商品交换，包括国际服务贸易和技术贸易两大类。服务贸易是指国与国之间互相提供服务的经济交换活动。与货物贸易相比，服务贸易具有无形性、不可储存性和不可运输性等特点。服务贸易主要包括运输服务、旅游服务、金融服务、教育服务等领域。以旅游服务为例，全球各国拥有丰富的旅游资源，吸引了大量游客前来观光旅游。法国的巴黎、美国的纽约、中国的北京等都是世界著名的旅游胜地，各国通过发展旅游业，不仅促进了经济的增长，还加强了文化交流与互鉴。技术贸易是技术的供方通过一定的方式将其所拥有的技术转让给技术的受方的贸易行为。技术贸易的主要形式包括专利转让、技术许可、技术服务等。例如，德国的工业技术一直处于世界领先地位，许多德国企业通过技术许可或技术服务的方式将其先进的生产技术转让给其他国家的企业，实现了技术的国际传播与应用。

无形贸易不办理海关手续，其数额不列入海关统计，但也是国际收支的重要组成部分。

（二）按商品移动的方向分类

1. 出口贸易，即本国的商品输出到国外市场进行销售。

2. 进口贸易，即外国商品输入到国内市场进行销售。

3. 过境贸易，在商品的输出、输入过程中有时候要经过第三国，如果只是经过，对第三国来说就是过境贸易。过境贸易可分为直接过境贸易和间接过境贸易，前者指外国货物到达本国口岸后，在海关的监管下，通过国内运输从其他口岸离境；后者指外国货物到达本国口岸后先存入海关保税仓库，未经加工改制又从保税仓库提出运离国境。过境贸易一般发生在两个陆地边界不直接相邻的国家，但空运货物飞越第三国领空不算过境贸易。过境贸易数额要列入海关统计。

（三）按商品的生产国与消费国之间的关系分类

1. 直接贸易是指商品生产国与商品消费国之间的贸易不通过第三国来进行买卖商品的行为。

2. 间接贸易是指商品生产国与商品消费国通过第三国进行买卖商品的行为，间接贸易中的生产国称为间接出口国，消费国称为间接进口国。

3. 转口贸易是指国际贸易中进出口货物的买卖，不是在生产国与消费国之间直接进行，而是通过第三国转手进行的贸易。这种贸易对中转国来说就是转口贸易。例如，新加坡是一个典型的转口贸易国家，其凭借优越的地理位置和高效的物流体系成为全球贸易的重要枢纽。许多国家的货物都经过新加坡进行中转和分销，推动了新加坡经济的快速增长。

（四）按交易商品的生产原材料来源分类

1. 一般贸易是指一国与另一国之间进行的单边进口或出口贸易，商品的原材料来自出口国本国，分为一般出口和进口。这种贸易形式通常涉及商品、服务或技术的直接买卖，是国际贸易中最常见、最基本的形式。一般贸易涉及的商品和服务种类繁多，从原材料到制成品，从日用品到奢侈品，无所不包。例如，中国向美国出口智能手机，双方直接进行交易，不涉及第三方。这就是一般贸易的一个典型例子。这种贸易形式有助于促进两国之间的经济交流和合作，推动全球经济的发展。

2. 加工贸易是指经营企业进口全部或者部分原辅材料、零部件、元器件、包装物料（以下简称料件），经加工或装配后，将制成品复出口的经营活动，包括进料加工、来料加工。常见的加工贸易方式包括进料加工、来料加工、装配业务和协作生产。

中国的加工贸易发展迅速，许多企业承接了来自全球各地的加工订单。以中国的电子产品加工贸易为例，许多国际知名的电子产品品牌如苹果、三星等，在中国设立生产线或委托中国加工企业进行生产。这些企业进口零部件和原材料经过加工和组装后成为成品再出口到全球市场。这种加工贸易形式不仅促进了中国电子产业的发展，也提升了中国在全球产业链中的地位。

国际贸易的类型丰富多样，每种类型都有其独特的特点和作用。货物贸易是国际贸易的基础和核心，服务贸易和技术贸易则反映了国际贸易的深层次发展和高级化趋势。转口贸易和加工贸易则是国际贸易中的重要形式，对于促进全球经济的繁荣与发展具有重要意义。

二、国际贸易的基本过程

（一）出口贸易的基本过程

出口贸易作为全球经济活动的重要组成部分，其过程包括交易前的准备、交易的磋商、合同的签订以及合同的履行等四个主要阶段。

1. 交易前的准备阶段。在国际贸易中，交易前的准备阶段是至关重要的。这一阶段的主要任务是了解国际市场行情、选择合适的交易对象以及进行产品准备。

首先，出口企业需要深入了解目标市场的需求和竞争状况，以便制定合适的出口策略。这包括了解目标市场的消费者偏好、价格水平、政策法规等信息。

其次，出口企业需要选择合适的交易对象，即进口商或代理商。这需要对潜在客户进行资信调查，评估其信誉和支付能力，以确保交易的顺利进行。

最后，出口企业需要进行产品准备。这包括选择适合目标市场的产品种类、规格和包装方式，制定详细的产品说明书和宣传资料以及安排生产和质检等流程。

2. 交易的磋商阶段。交易的磋商阶段是国际贸易中的关键环节，主要包括询盘、发盘、还盘和接受四个环节。

首先，进口商向出口商发出询盘，询问产品的价格、规格、交货期等详细信息。出口商在收到询盘后，需要认真研究并回复，提供详细的产品信息和报价。

其次，出口商向进口商发出发盘，明确列明产品的价格、数量、质量、包装、交货期等条款。进口商在收到发盘后，可能会提出还价或修改某些条款的要求，即还盘。出口商需要根据市场情况和自身利益对还盘进行认真考虑并作出回应。

最后，当双方就所有条款达成一致后，进口商表示接受发盘，磋商过程结束。此时，双方应就磋商结果形成书面文件，作为后续合同签订的依据。

3. 合同的签订阶段。在交易的磋商阶段结束后，双方需要签订正式的贸易合同。合同签订是确保交易双方权益的重要保障。

在签订合同前，双方需要就磋商达成的各项条款进行最终确认，并将这些内容明确写入合同中。合同内容应包括产品的名称、规格、数量、价格、包装、交货方式、支付方式、运输保险、争议解决等条款。

在签订合同时，双方应确保合同条款的准确性和完整性，并遵守相关法律法规和国际惯例。此外，双方还可以根据需要签订其他附属协议，如质量保证协议、售后服务协议等。

4. 合同的履行阶段。合同的履行阶段是国际贸易中最为复杂的阶段，涉及货物的生产、检验、包装、运输、报关、收款等多个环节。

首先，出口企业需要根据合同要求组织生产，确保产品质量和交货期。在生产过程中，出口企业还需要进行质量检验和包装，以确保产品符合合同规定的要求。

其次，出口企业需要安排货物的运输和报关手续。这包括选择合适的运输方式、签订运输合同、办理出口手续和报关单等程序。在这一过程中，出口企业需要遵守相关法律法规和规定，确保货物能够顺利出口。

最后，在货物到达进口国后，进口商需要进行验收并支付货款。如果双方对货物质量或数量存在异议，可以通过协商或仲裁等方式解决争议。

出口贸易的基本过程包括交易前的准备、交易的磋商、合同的签订以及合同的履行等四个主要阶段。每个阶段都有其特定的任务和要求，需要出口企业和进口商共同努力协作，才能确保贸易活动的顺利进行。在实际操作中，企业应充分了解国际贸易规则和惯例，加强风险管理，提高贸易效率，以实现贸易的可持续发展。

（二）进口贸易的基本过程

1. 市场调研与需求分析。在进行进口贸易之前，需要对目标市场进行深入调研，了解市场需求、竞争对手、价格水平等信息。同时，还需对自身需求进行明确，确定进口商品的种类、数量和质量要求。

2. 寻找供应商与建立联系。根据市场调研结果选择合适的供应商是进口贸易的关键步骤。可以通过参加国际展会、查阅行业资讯、联系商会协会等途径与潜在供应商建立联系。

3. 商务谈判与签订合同。在建立联系后，双方需就商品价格、支付方式、交货期限等细节进行商务谈判。一旦达成协议，应签订正式的贸易合同，明确双方的权利和义务。

4. 办理进口手续与支付货款。根据合同约定，进口商需向海关、税务等部门办理进口手续，包括申请进口许可证、报关报检、缴纳关税等。同时，按照合同约定的支付方式向供应商支付货款。

5. 运输与保险安排。为确保货物安全、及时到达，进口商需与供应商协商确定运输方式和运输公司。同时，为降低运输风险，可购买货物运输保险。

6. 验收入库与售后服务。货物到达后，进口商需进行验收入库，确保货物符合合同要求。如有质量问题或数量不符等情况，应及时与供应商沟通协商。同时，供应商需提供必要的售后服务，以满足客户需求。

第三节　国际贸易适用的法律和惯例

国际贸易的顺利进行离不开法律和惯例的规范和引导，国际贸易适用的法律和惯例是确保国际贸易顺利进行的重要保障，了解和灵活应用这些法律和惯例，可以更好地参与国际贸易活动，促进经济的全球化和繁荣。

一、国际贸易适用的主要法律

（一）国际贸易法

国际贸易法是调整跨越国界贸易关系和贸易活动的法律规范的总和。以《联合国国际货物销售合同公约》为例，该公约统一了国际货物买卖合同的订立、履行和争议解决等方面的规则，为各国提供了一个统一的法律框架，有助于减少贸易纠纷和降低交易成本。

（二）国际贸易公约

国际贸易公约是各国政府之间为规范贸易活动而签订的具有法律约束力的协议。例如，世界贸易组织（WTO）框架下的各项协议，包括《关税与贸易总协定》《服务贸易总协定》等，旨在促进贸易自由化、消除贸易壁垒、保护公平竞争，为国际贸易提供了有力的法律保障。

（三）国内贸易法律

各国国内贸易法律也对国际贸易产生重要影响。以中国为例，《中华人民共和国对外贸易法》规定了对外贸易的基本原则、管理制度和贸易促进措施等，为中国的对外贸易活动提供了法律支持。

二、国际贸易适用的惯例

（一）国际贸易术语解释通则

国际贸易术语解释通则是一套国际公认的贸易术语，用于明确买卖双方在贸易活动中各自承担的责任、风险和费用。以 FOB（装运港船上交货）术语为例，它规定卖方负责在装运港将货物交至买方指定的船上，并承担货物装上船之前的一切费用和风险。这种明确的责任划分有助于减少贸易纠纷、促进贸易活动的顺利进行。

（二）国际贸易支付惯例

在国际贸易中，支付方式和惯例对贸易双方具有重要意义。跟国际贸易支付有关的惯例有《跟单信用证统一惯例》《托收统一规则》等。

（三）国际贸易运输惯例

国际贸易运输有关的惯例主要有《海牙规则》《维斯比规则》《汉堡规则》等。

国际贸易适用的法律和惯例在规范贸易活动、降低交易成本、减少贸易纠纷等方面发挥着重要作用。在实际操作中，企业和个人应充分了解并遵守这些法律和惯例，以确保国际贸易的顺利进行。同时，随着国际贸易的不断发展和变化，我们也需要不断关注和研究新的法律和惯例，以适应国际贸易的新形势和新要求。

三、双边和多边国际贸易条约和协定

（一）双边国际贸易条约和协定

双边国际贸易条约和协定是两个国家之间为了调整彼此的贸易关系而签署的协议。这种形式的条约和协定通常具有针对性强、内容具体的特点，能够直接解决两国之间的贸易问题。

以中美两国为例，双方签署了一系列双边贸易协定，如《中美贸易关系协定》和

《中美双边投资协定》等。这些协定涵盖了货物贸易、服务贸易、投资等多个领域，为中美两国之间的贸易活动提供了法律保障。通过这些协定，两国能够降低贸易壁垒、促进贸易便利化，从而推动双边贸易的发展。

（二）多边国际贸易条约和协定

多边国际贸易条约和协定则是多个国家共同参与的贸易协议，旨在促进更大范围内的贸易合作和发展。这类条约和协定通常具有广泛性和普遍性的特点，能够推动全球贸易的繁荣和发展。

世界贸易组织框架下的一系列协定就是多边国际贸易条约和协定的典型代表。例如，《关税与贸易总协定》（GATT）和《服务贸易总协定》（GATS）等，这些协定规定了全球贸易的基本规则和原则，包括最惠国待遇、国民待遇、透明度原则等。这些规则为全球贸易提供了公平、透明、可预测的环境，有助于降低贸易成本、提高贸易效率。

（三）区域性的多边贸易协定

区域性的多边贸易协定也是国际贸易条约和协定的重要组成部分。例如，欧盟（EU）的成员国之间签署的《欧洲联盟条约》和《欧洲经济共同体条约》等，这些协定实现了成员国之间的贸易自由化和一体化，促进了区域内的经济发展和贸易合作。

双边和多边国际贸易条约和协定在促进贸易合作和发展方面各有优势。双边协定更具针对性，能够直接解决两国之间的特定问题；而多边协定则具有更广泛的参与者和更全面的规则体系，能够推动全球或区域范围内的贸易合作和发展。

在实际应用中，双边和多边国际贸易条约和协定往往相互补充、相互促进。通过双边协定解决特定问题，可以为多边协定的谈判和实施提供经验和基础；而多边协定则为各国之间的贸易合作提供了更广泛、更稳定的框架和保障。

第四节　案例分析

案例一

【案情介绍】

木材是黑龙江边境城市与俄罗斯滨海边疆区的重要贸易标的种类，如原木、板材等。绥芬河与抚远的绝大部分企业均从事木材进口贸易，由于多年来的合作，其与俄方供货商形成了固定的商业习惯，如货到付款。双方基于信赖关系认为此种商业习惯可以避免风险，但是事实真的如此吗？

A 企业是绥芬河一家从事木材进口的企业，由于常年和俄方伙伴保持贸易关系，因此，双方采取收货才付款的交易模式，看上去风险几乎为零。但我们在与企业的沟通过程中发现，即使是这种模式下，企业也存在遭受损失的情形，即货物量与合同约定的差额。

木材由于其标的特殊性，在通过公路或铁路运输时，一般不会一车一结算，而是待所有交易周期结束后统一清算，企业发现最后货物清算的结果会与合同约定有出入——或多或少——多发的部分一般俄方不会要求返还，企业会就少发的部分通知俄方补发，俄方承诺后可能也不会完全补足，由于跨国追讨效率低，且碍于老客户的"面子"，差额部分企业无法追偿，由此产生损失。

B 企业是一家抚远的木材企业，常年从俄方进口木材，双方采取预付款的模式，但是由于铁路运力等因素，通常货物到达的时间要超过合同时效很久，因此造成市场需求下降以及因货物贬值而给企业带来损失，这也是许多企业遇到的共性问题。

资料来源：张笑嘉. 对俄贸易注意，合同签订需明确！［DB/OL］.（2023 – 07 – 10）. https：//mp. weixin. qq. com/s/gloTsfhDH2oxZblY8uF5AQ.

【案例分析】

以上两个实践案例中出现的情况属于边境进口业务中的风险，并非只是个例，而是缩影。据了解，很多企业都存在这些情况。那么，该如何防范这类风险呢？

（1）签订细致的商务合同。先是货物差额与货物时效的问题，商业习惯固然可以约束风险，但是太笼统，许多约定不细致的部分都是潜在的风险，因此，建议企业通过协商并签订细致的合同来杜绝风险，如约定付款的笔数和金额、约定不足额发货的违约惩罚措施、约定运力不足的情况下其他的运输方式等。火热的合作关系背后一定是冰冷的合同，不然看似万金油的商业习惯随着风险的扩大，只会变成解除合作关系的导火索。

（2）警惕固定伙伴，防止突然"翻脸"。没有百分之百安全的商业习惯，合作很久的老客户可能突然翻脸，遇到这种情况会让企业措手不及，因碍于老客户的面子以及跨国追讨困难而妥协，进而蒙受损失。因此，一定不要对固定商业习惯和客户降低防备，注意风险异动，提早做好风险预案。

（3）投保信用保险，建立风控体系。即使商业合同也无法杜绝违约的发生，尤其是在预付款比例较高的情况下，更何况许多企业根本没有正式且标准的商务合同。因此，采取商务合同＋进口预付款保险的模式将会大大增强企业的信心，保障预付款"不打水漂"。

案例二

【案情介绍】

自 2020 年新冠疫情开始蔓延以后，尤其在 2022 年俄乌冲突爆发、地缘政治局势动荡、美元持续加息、部分国别外汇储备不足等多重不利因素叠加影响下，许多企业在国际贸易中遭受重创，甚至面临着不能预见、不能避免且不能克服的国别系统性风险。辽宁省某大型成套设备生产型出口企业 S 公司就遭遇了这一不期而遇的风险。

S 公司系国内制造业单项冠军，自 2010 年开始与中国信保辽宁分公司开展合作，其海外应收账款风险管控一直非常严格，出险率很低。其中，蒙古国一直是 S 公司的海外优质市场，深耕多年，收汇安全。然而，2022 年，蒙古国受新冠疫情和外汇短缺影响，整体违约风险上升，开证行、买方仿佛多米诺骨牌倒塌一样，S 公司所有的蒙古国在途业务全部遭遇到期偿付危机，传统的优质蒙古国市场蒙上了厚厚的阴影。在与相关债务方多次沟通无果后，S 公司陆续向中国信保辽宁分公司报案 10 余宗，涉案金额近 400 万美元。

接到报案后，中国信保辽宁分公司迅速反应，第一时间启动海外调查程序，克服了疫情反复、海外调查难度大等不利因素，通盘制定和实施整体案件处理方案，运用独门绝活逐一攻克理赔追偿难点、堵点，半年内完成 S 公司全部蒙古国案件的理赔工作，支付赔款超过 1 100 万元人民币，帮助 S 公司追回欠款超过 500 万元人民币，有效地弥补了 S 公司损失，彰显了政策性保险公司的使命担当，极大程度上坚定了 S 公司"走出去"的发展方向。

S 公司表示，随着蒙古国矿业产品出口陆续恢复，整体案件将具备更好的追偿基础，S 公司将继续与中国信保辽宁分公司深化合作，让民族企业成为行业领军品牌。据统计，S 公司在与中国信保合作的十余年时间里，充分运用出口信用保险风险管控、损失补偿等功能，抢抓市场订单和"一带一路"机遇，年出口业务从零增长至超 3 亿美元。

资料来源：中国信保辽宁分公司．信课堂丨国别风险"不期而遇"，信保彰显使命担当 [DB/OL]．（2023－04－18）．https：//mp. weixin. qq. com/s/n_RDALNu99Gyh97jv-GJMQ．

【案例分析】

（1）关注国别风险异动，运用政策性金融工具应对化解。S 公司此次系列案件属于蒙古国受疫情长期影响而出现的外汇短缺所致，是蒙古国整体国别风险上升引发的连锁反应，此类风险具有明显的出口企业不能预见、不能避免且不能克服的特征，而中国信保能够立足国家政策性职能定位优势，及时支付大额赔款弥补企业损失，统筹调动海外渠道等多方资源深入追偿，助力企业化解收汇风险。

（2）深入加强互信合作，借助中国信保专业优势加大市场开发力度。中国信保立足政策性定位，凭借强大的海外渠道和数据资源、专业优势和数字化转型成果，提供全生命周期信用风险管理服务，广大出口企业可以运用"信步天下"App、信保通等数字化工具以及资信调查、风险审核、融资增信和理赔追偿等功能，享受到中国信保事前、事中和事后的全过程服务，不断加强应收账款管理，助力风控水平提升，加大海外市场开发力度，在"走出去"的道路上行稳致远。

案例三

【案情介绍】

我国某外贸公司（以下简称 H 公司）向新加坡某贸易公司（以下简称 S 公司）出口一批冻兔。由于 S 公司是中间商，货物又转口给法国某商人。S 公司按合同规定的时间给 H 公司开来信用证，要求 H 公司办理租船订舱和装运前的一切手续。

装运完货物后，H 公司及时向 S 公司发出了装船通知，并备妥信用证所规定的一切单据，于当年 8 月 2 日向议付行交单办理了议付。

S 公司 8 月 5 日来电提出："我们接到你 8 月 2 日装运通知电后非常惊讶。我方不久前已通知你暂时不能装船，你方既未与我商洽，也未提出任何异议，为何擅自决定装船？因我原收货人发生变化，故你方货物到达法国港口后肯定无人提取货物，由此引起的一切后果由你方承担，我方不负任何责任。"

8 月 7 日开证行来电提出："信用证项下的你方单据已收到，但经我行审查发现单单不符，即发票和提单两者的商品名称互不一致。发票上商品名称为'Capin congele avec os'，而你提单上的商品名称却表示为'Frozen rabbit, bone-in'，我行无法接受。单据暂留存我行待处理。"H 公司经查对留底单据，确实如此。据单据经办人员介绍，因为该信用证所规定的商品名称"Capin congele avec os"系法文的"冻带骨兔"，外轮代理公司经办人员提出提单内容要用英文表示，所以才特意改为英文的冻带骨兔名称"Frozen rabbit, bone-in"。H 公司与议付行研究后，于 8 月 8 日向开证行答复如下："你 7 日电悉。关于我方单据的商品名称，并非单单不一致。我提单所表示的品名'Frozen rabbit, bone-in'系英译文的名称，发票上的品名'Capin congele avec os'系你信用证规定的法文品名。两者意思完全一样，'Frozen rabbit, bone-in'就等于'Capin congele avec os'。根据信用证惯例的规定：商业发票中的货物描述必须符合信用证的描述，其他一切单据则可对货物描述使用统称，只要不与信用证中的货物描述有抵触就可以。所以我提单表示其英译文品名与你信用证规定并无抵触，不能认为是单单不一致。"

H 公司发出上述反驳意见后，开证行不服，并于 8 月 12 日复电："你 8 日电悉。国际商会《关于审核跟单信用证项下单据的国际标准银行实务（ISBP）》第 62 条规定'发票中的货物描述必须与信用证一致……'；第 63 条规定'发票中的货物描述必须反映实际的装运货物'；第 93 条规定'提单上的货物描述可以使用与信用证规定不矛盾的货物统称'，但均没有允许使用信用证规定的语种以外的另一种语言。从你单据上看其表面不同于我信用证表面条款。对于'Frozen rabbit, bone-in'的概念是否就是等于'Capin congele avec os'，我银行不掌握如此专业性知识。因此，你提单上的品名与发票上的品名表面上不一致，已构成单单不符。请速告单据处理意见。"

H 公司根据上述情况多次与开证行及 S 公司交涉，提出各种让步措施，因市场变化，交涉无结果。在万般无奈的情况下，H 公司最后只好委托目的港船方代理将原货物全部运回，并负责支付一切费用，损失惨重。

资料来源：叶德万. 国际贸易实务案例教程［M］. 广州：华南理工大学出版社，2016.

【案例分析】

上述案例是由于提单上的品名与发票上的品名英文和法文不一致引起的，这是 H 公司对国际贸易惯例不熟悉和处理不当造成的。它给外贸公司以下警示。

（1）正确使用语言不是小事情。在任何情况下开证行保证付款是有条件的，其条件就是"单证一致、单单一致"。如果不能保证做到这一点，指望开证行付款是十分幼稚的。更何况在单证实务中，如果买方企图不付款，往往都是在单据中寻找缺口，单据中任何微小的毛病都可能成为买方不付款的理由，语言使用不当随时会引发贸易风险。

（2）语言使用不可违背信用证规定。运到法国的货物，信用证规定商品名称为法文是很常见的，制单时必须与信用证规定一致。因为法国海关曾经规定进口报关时有关单证须使用法文。如发票就要求使用法文制单，即使使用非法文的发票（最起码其商品名称也须以法文表示），进口报关时，海关也会要求提供非公证式的法文翻译件。上述案例中，信用证规定商品名称是法文的，所有单据的商品名称也应该是法文的，不可自作主张。如果个别提单必须以英文表示时，可以先用信用证所规定法文的名称表示后再用括号加注英译文名称。这样既符合了信用证的要求，又满足了船方对单据的要求。

出口单证管理的关键是把好制单关和审单关，即对已经缮制、备妥的单据对照信用证（在信用证付款情况下）或合同（非信用证付款方式）的有关内容进行单单、单证的及时检查和核对，发现问题，及时更正外贸单证制作的原则是正确、完整、及时、简明、整洁，否则就难以达到安全收汇的目的。这也是出口单证中不同语言的使用原则。

（3）信用证项下的单据处理要遵守国际惯例。国际商会《关于审核跟单信用证项下单据的国际标准银行实务（ISBP)》在第26条（语言）中指出："根据国际标准银行实务做法，受益人出具的单据应使用信用证所使用的语言。如果信用证规定可以接受使用两种或两种以上语言的单据指定银行在通知该信用证时，可限制单据使用语言的数量，作为对该信用证承担责任或加具保兑的条件。"

在外贸制单实务中，正常情况下货物名称一般都要与发票及其他单据所表示的货物名称一致。虽然信用证惯例允许使用统称，但要求使用与信用证规定不矛盾的货物统称，这就存在单证不一致的风险，除非在不得已的情况下，单据操作中一般不使用统称。单证工作的原则是四个一致，即单证一致、单单一致、单货一致和单据合同一致。出口单据一字值千金，不可掉以轻心。

实际上，外贸单据中所使用的语言有多种。那些官方语言为法语的国家可能会要求某些单据的品名或单据上的某些要求以法语形式显示这种要求通常应得到满足；来自日本的信用证也可能提出以日语标明某些内容，同样可以做到；在中国国际贸易促进委员会对外出具的证明书上通常都有中法两种文字；中国港澳地区的客户要求在某些单据上列明商品的中文名称也是正常的要求；中英文对照的保险单和许可证等是能够被接受的；国际铁路运单以俄中两种文字显示也不足为怪。但无论是英文、中文、还是第三国语言，均应符合信用证或有关规定。当然在没有明确规定的情况下，多数单据都可以用英文制作。

《UCP600》确立了单据一致性的标准：单内一致、单单一致、单证一致，还明确了审核单据的依据是信用证，单据本身以及国际标准银行实务给予了有利于利益人的解释。即不要求单据内容与信用证的规定或其他单据完全同一，只要不相矛盾即可。这为解决单据纠纷提供了更有利的条件，出口公司在单据业务中可充分运用新的惯例，掌握主动权，更好地处理单据纠纷。

复习思考题

（一）简答题

1. 什么是国际贸易？

2. 国际贸易有哪些主要类型？

3. 进口贸易和出口贸易分别是什么？

4. 国际货物买卖通常遵循哪些国际惯例和法规？

5. 请简述出口贸易的基本流程是什么？

6. 出口商在国际贸易中面临哪些主要风险？请简要描述。

（二）案例分析题

1. 某年 11 月，S 农业有限公司与日本 W 公司签署寄售协议，出口切花。协议约定：每两周交货一批，标准海运包装，每批两个标准 20 英尺集装箱（冷藏箱）；目的港为日本港口；寄售手续费为销售额（不含消费税）的 7%；销售款以最终发票计收 T/T 支付，由 W 公司在每月 15 日和 30 日汇付给 S 公司，协议期六个月。

从当年 12 月初开始，S 公司每两周发货一批，委托锦海国际货运代理公司运输，锦海公司安排台湾阳明海运公司运输，装运港为厦门，目的港为东京。直至来年 2 月下旬，该出口项目开展顺利，S 公司按期发货，W 公司代办通关、提货，完成销售后如期将应付货款汇给 S 公司。

第二年 3 月 10 日，S 公司又将价值人民币 31.32 万元、数量 4 000 枝鲜菊花分两个 20 英尺标箱在厦门装船。但 11 日日本东北部发生强烈地震。12 日海轮离港，14 日抵达日本东京港。

此时，大地震的影响已显露出来，考虑到该批切花面临销售困难，W 公司不予清关提货，并建议 S 公司将货物运回。考虑到将货物运回的费用损失，S 公司未接受 W 公司的建议，并通知承运人将货物暂存东京港口仓库，希望地震灾害影响过去后再销售。然而，到 3 月下旬，灾害影响日益严重，该批切花市值一再下跌，W 公司又以地震影响为由，称不能再对该批货物承担任何协助处理义务，同时，货物仓储费开始发生，承运人要求 S 公司告知货物处置方法，S 公司束手无策。

由于损失严重，S 公司多次要求 W 公司、承运人为此项目承担部分损失，均遭拒绝。3 月 26 日，承运人下最后通牒：要求 S 公司授权处置货物并承担费用。面对承运人的不断催促，S 公司选择了逃避，拒绝支付运费。

6 月，承运人锦海公司将 S 公司告上法庭，请求赔偿其为该批货物善后处理垫付的仓储费、垃圾清理费、劳务费以及海运费等共计人民币 112 350 元。至此，S 公司不仅损失了整批货物，而且还面临承运人十余万元的诉讼请求。

请问 S 公司在操作上有哪些失误？

2. 广州 A 公司与阿根廷 B 公司签订了销售合同，支付条件为 L/C 装船日后 180 天付款。买方于 2022 年 8 月开出信用证，开证行为阿根廷 C 银行，通知行及保兑行均为业界知名 D 银行的广州分行。由于 D 银行要收取 1 000 多元人民币的保兑费，A 公司没有接受 D 银行的保兑。

A 公司于 2022 年 9 月发运了货物，随即向 D 银行广州分行交单，同年 11 月，D 银行广州分行收到 C 银行发出的承兑电，承兑到期日为 2023 年 3 月 25 日。付款到期日后，D 银行广州分行未收到信用证下款项。之后，D 银行广州分行分别于 2023 年 4 月 11 日、6 月 7 日、6 月 13 日和 8 月 2 日连续四次向 C 银行催款，但没有得到任何答复。于是向其布宜诺斯艾利斯分行求助，要求协助查询此信用证的问题。

8 月 22 日，D 银行布宜诺斯艾利斯分行回电告知，阿根廷中央银行根据该国《金融机构法案》已下令 C 银行停止运营，但优先债权仍然有效。按照阿根廷政府的紧急法令，一个新的金融实体 E 银行于 2023 年 5 月 21 日揭牌运营，接管其优先债务。2023 年 9 月 2 日，D 银行广州分行发传真和电子邮件给银行的联系人联系此笔逾期信用证付款事宜，但没有得到对方答复。在这种情况下，D 银行广州分行要求 A 公司关案，并支付信用证通知费、托收费、邮电费、手续费等 2 000 多元，A 公司随后关案。在此期间，A 公司也与买家（开证申请人）联系付款事宜，买家坚称已将款项付给 C 银行，但没有提供支付凭证，追讨一直没有结果。请问 A 公司有哪些失误？应吸取哪些教训？

3. 某外贸公司接受国内一物资公司的委托，与其指定的香港公司签订了进口钢材的合同，价格、交货期、开证时间、开证保证金、代理费等主要内容均在代理协议中一一明确。在收到物资公司的开证保证金（信用证金额的 15%）后，外贸公司通过当地中国银行对外开出了远期信用证，外商通过银行很快寄来了信用证项下的全套单据。根据代理协议的规定，外贸公司将全套单据复印件交物资公司审核并由其确认之后，外贸公司向银行承兑并取得了提单。当外贸公司要求支付余款时，物资公司称资金一时周转困难，要求外贸公司予以宽限，并保证在外贸公司对外正式付款前付清余款，外贸公司于是将提单交给了物资公司。可承兑期满后，物资公司分文未付，而外贸公司却不得不对外支付信用证的全额。等其回过头来找物资公司时，却已是楼去人空。经了解，该物资公司欠下巨额外债，而外商是与其有多年关系的朋友，他们的"合作"使得外贸公司遭受了巨额损失。

请分析此案例。

4. 河北出口企业 A 公司与巴基斯坦买方 B 公司签订合同，金额为 27.9 万美元，支付方式为全款预付。合同签订后，买方称由于巴基斯坦外汇管制等原因，无法顺利支付货款。双方商议，于出运前将合同支付方式改为 D/P。A 公司于 2023 年 2 月 24 日出运该合同项下的 1 票货物，发票金额为 14 万美元。货物出运后，买方称其现有美元不足，要求 A 公司修改发票，将托收金额改为 10 万美元，同时承诺按照原发票金额付款，剩余 4 万美元通过电汇方式在货物到港前付清。因上述情况在以往的交易中经常出现，且 B 公司均如约付款。A 公司在未留存任何书面证据（包括邮件及社交软件聊天记录等）的情况下按照买方指示操作，并将修改后的单据交给托收行。买方按照金额为 10 万美元的发票向托收行付款赎单并提走货物，拖欠剩余 4 万美元货款。A 公司自行追索无果，遂向中国信保提交理赔申请。

中国信保受理该案后，第一时间介入追讨。但买方称已全额付款，且付款凭证显示其于 2023 年 3 月 16 日向 A 公司支付 4 万美元。A 公司抗辩称该笔付款是买方支付的历史欠款。但由于双方历史交易较多，买方付款较为随意，双方从未进行过对账，故 A 公司未能提供书面凭证证明自身主张。

在国际贸易实务中，出口企业为了抢抓订单，多数会尽可能满足买方提出的各种合理或不合理的要求。请问出口企业该如何防范此类风险？

第二章　出口交易前准备工作及案例

第一节　出口交易前准备工作

一、申请进出口经营权

进出口经营权是企业自己开展进出口业务的资格，进出口企业在得到商务局、海关、外汇管理局、电子口岸等相关部门的批准，并拿到这些部门的证书后，才表示这个公司拥有了自营进出口的权利。只要在中国境内从事自营或代理进出口的企业，均需办理完进出口经营权后，方可正常开展对外贸易活动。

申请进出口经营权不需要特别条件，普通的公司均可以办理，无注册资金以及年销售额大小限制，小规模纳税人、私营企业、新成立的公司以及个体工商户均可办理。

企业办理进出口权限需要准备营业执照复印件、组织机构代码证复印件、国地税正副本复印件、法定代表人身份证复印件、银行开户核准通知书复印件、财务人员身份证复印件、企业章程复印件等资料。

申请办理流程涉及外经贸、工商、税务、海关、出入境检验检疫局、电子口岸、外汇管理局等部门。

企业办理进出口权限必须进行对外贸易经营者备案登记以及到后续部门办理有关证照的申办手续，才能在合法取得进出口经营权后开展自营进出口业务。

从 2023 年开始，我国从事进出口业务的企业（贸易公司），无须再前往商务部办理对外贸易经营者备案登记，申请进出口权可以在电脑操作，具体流程如下：

第一步：需要先在单一窗口注册一个海关账号，注册完成后登录。

申请人可在"中国国际贸易单一窗口"或"互联网＋海关"向所在地海关提交备案申请。

打开"中国国际贸易单一窗口"网站之后，找到企业用户注册，然后根据自己的情况——是有卡用户还是无卡用户——进行注册。企业基本信息统一按照公司营业执照信息和规定填写。填写好之后选择下一步，管理员账号信息填写完成之后，点击完成即可完成注册。

用注册好的管理员账号信息登录进入，点击企业管理和稽查，进行报关企业注册登记许可，填写企业基本信息。

第二步：中国电子口岸入网。

企业自助办理电子口岸入网无纸化办理简易流程：

登录"电子口岸企业入网无纸化系统"（使用单一窗口账号及密码）。

企业备案—三证合一信息管理—核对确认返填信息、录入黄色必填项—上传相关证件（工商营业执照原件正面、经办人身份证正反面、加盖企业公章的授权书、法人身份证正反面）—暂存—申报。

企业备案—企业海关备案申请—录入部分海关信息（企业报关类型等）—上传海关证书正面照片—申报。

企业操作员预录入—录入操作员基本资料—上传操作员身份证正反面—暂存操作员信息。

可以通过业务办理状态模块查询工作进度。

各省份数据分中心根据企业所填收件地址、收件人信息将电子口岸 IKEY 卡寄送给企业。

第三步：外汇收支企业名录。

首先是外管局名录备案。外管局进出口企业名录备案是指取得了进出口经营权的企业持有关材料到当地外汇管理局办理进出口企业的名录登记，以取得去银行收付外汇的资质。根据《国家外汇管理局关于印发货物贸易外汇管理法规有关问题的通知》，企业依法取得对外贸易经营权后，应当持有关材料到外汇局办理名录登记手续。名录企业登记信息发生变更的，应当到外汇局办理变更登记手续。企业终止经营或被取消对外贸易经营权的，应当到外汇局办理注销登记手续。

其次是外管局名录备案的流程：企业取得进出口权后，需要持办好的进出口权证书与相关申请书到所在地国家外汇管理局分支局办理外管局备案手续；外汇局审核材料无误后，通过货物贸易外汇监测系统为企业登记，并为企业办理监测系统网上业务开户；外汇局通过监测系统向金融机构发布全国企业备案信息；银行为企业开立出口收入待核查账户时，会通过外汇账户信息交互平台查询该企业是否已在开户地外汇局进行名录登记，基本信息已登记的，银行可直接为其开立待核查账户。

第四步：出口退（免）税备案。

"免"是指对生产企业出口的货物劳务免征企业生产销售环节的增值税。

"抵"是指生产企业为出口自产货物所耗用的原材料、零部件、燃料、动力等支付的进项税额可以抵顶内销货物的应纳税额。

"退"是指生产企业出口的货物劳务在当期内因应抵项的进项税额大于应纳税额而未抵顶完的税额，经主管退税机关批准后，予以退税。

"免、抵、退"计算法适用于生产企业（包括企业出口自产货物、服务、劳务或委托外贸企业出口自产货物、劳务、服务）。

有进出口经营权的生产企业应按照《出口货物退（免）税管理办法》的规定，自取得进出口经营权之日起三十日内向主管税务机关申请办理出口退税登记。没有进出口经营权的生产企业应在发生第一笔委托出口业务之前，持代理出口协议向主管税务机关申请办理临时出口退税登记。

二、出口市场调查和选择

出口市场调查是企业进行出口业务的前提和基础。通过深入调查目标市场的需求和特点，企业可以了解市场的规模、潜力、竞争态势等信息，为制定出口策略提供有力支持。同时，市场调查还有助于企业发现潜在商机、挖掘新的增长点、提升出口业务的竞争力。

（一）出口市场调查的内容与方法

在进行出口市场调查时，企业应关注以下几个方面：

1. 市场需求分析：了解目标市场的消费者需求、消费习惯、购买力等，为产品定位和市场推广提供依据。

2. 市场规模评估：通过收集和分析相关数据，对目标市场的规模和潜力进行评估，判断市场的吸引力。

3. 竞争态势分析：了解目标市场的竞争格局、主要竞争对手、竞争策略等，为企业在市场中定位提供参考。

市场调查的方法多种多样，企业可以根据实际情况选择合适的方式，如问卷调查、访谈调查、网络调查等。同时，企业还可以借助第三方机构或专业人士进行市场调查，以提高调查的准确性和可靠性。

（二）出口市场的选择策略

在完成市场调查后，企业需要根据自身情况选择适合的出口市场。

1. 优先选择市场规模大、潜力足的市场。这些市场通常具有较大的发展空间和机会，能够为企业带来更多的商机。

2. 关注市场竞争态势，选择竞争相对较小的市场。这样可以降低企业进入市场的难度和风险，提高成功率。

3. 考虑目标市场的文化背景和法律法规等因素。企业应了解目标市场的文化习俗、法律法规等，避免因为文化差异或法律风险而影响出口业务的顺利进行。

4. 在选择出口市场时，企业还应充分考虑自身的产品特点、产能规模、资金实力等因素，确保选择的市场与企业的实际情况相匹配。

随着国际市场的不断变化和企业自身发展的需求，出口市场的选择和调整也应具备灵活性。企业应根据市场反馈和业务发展情况及时调整出口策略、优化市场布局。同时，企业还应关注新兴市场和潜在市场的发展趋势，为未来拓展市场做好准备。

三、出口产品选择

在全球化的大背景下，外贸公司选择适合出口的产品是其开展国际贸易活动的核心环节。选择恰当的产品不仅能够提升公司在国际市场的竞争力，还能为公司的长期发展奠定坚实的基础。因此，外贸公司需要认真考虑和分析各种因素，以确保所选产品具有市场前景和盈利能力。

（一）市场调研与分析

在选择出口产品之前，外贸公司需要进行深入的市场调研与分析。这包括对目标市场的规模、需求、消费者偏好以及竞争态势等方面的了解。通过收集和分析相关数据，外贸公司可以了解市场的整体趋势和发展前景，为产品选择提供决策依据。

此外，外贸公司还应关注目标市场的政策法规和贸易壁垒等信息。了解这些因素有助于公司避免潜在的法律风险和市场障碍，确保所选产品能够顺利进入目标市场。

（二）产品优势与竞争力评估

在选择出口产品时，外贸公司应充分考虑产品自身的优势和竞争力。产品应具有独特性、创新性或高性价比等特点，以吸引国际市场的消费者。同时，公司还需要评估产品的生产成本、价格定位以及利润空间等因素，确保产品具有市场竞争力。

此外，外贸公司还应关注产品的品质和售后服务。优质的产品和完善的售后服务能够提升公司的品牌形象和客户满意度，进而增加产品的销量和市场份额。

（三）供应链与生产能力考量

外贸公司在选择出口产品时还需要考虑供应链和生产能力等因素。公司应确保所选产品的供应链稳定可靠、原材料供应充足且价格合理。同时，公司还需要具备足够的生产能力来满足国际市场的需求。如果公司自身无法满足这些条件，可以考虑与供应商或合作伙伴建立紧密的合作关系，以确保产品供应链的顺畅和生产能力的充足。

（四）市场需求与趋势预测

外贸公司在选择出口产品时，应密切关注国际市场的需求和趋势。通过对市场信息的敏锐捕捉和深入分析，公司可以预测未来市场的发展方向，从而选择具有潜力和前景的产品。例如，随着全球环保意识的增强，绿色、低碳、可持续发展的产品逐渐成为国际市场的新宠。因此，外贸公司可以考虑将这类产品作为出口的重点。

四、出口经营方式选择

随着全球化的推进和国际贸易的不断发展，外贸企业在国际市场上的竞争日益激烈。选择合适的出口经营方式对于外贸企业来说，不仅是提升竞争力的重要手段，也是实现可持续发展的关键。

（一）自营出口与代理出口的选择

自营出口是指外贸企业直接参与国际市场的交易活动，包括寻找客户、签订合同、安排运输和收款等全过程。这种方式下，企业能够直接接触市场，了解客户需求，从而调整产品结构和市场策略。然而，自营出口对企业的资源和能力要求较高，需要投入大量的人力、物力和财力。

相比之下，代理出口则是外贸企业通过与代理商合作，将产品销往国际市场。代理商负责市场开拓、客户维护以及订单跟进等工作，而外贸企业则专注于产品研发和生产。这种方式下，企业能够减轻市场开发的压力、降低风险和成本。但是，代理出口可能导致企业失去对市场的直接掌控，且需要支付一定的代理费用。

在选择自营出口还是代理出口时，外贸企业应充分考虑自身的资源能力、市场战略以及产品特点等因素。具备较强实力和资源的企业可以选择自营出口，以便更好地掌握市场和客户；而资源有限或希望降低风险的企业，则可以考虑与代理商合作。

（二）线上平台与线下展会的选择

随着互联网技术的不断发展，线上平台成为外贸企业拓展国际市场的重要途径。通过线上平台，企业可以发布产品信息、寻找潜在客户、建立线上销售渠道等。这种方式具有成本低、效率高、覆盖面广等优点。

然而，线下展会仍然是外贸企业开拓国际市场的重要手段。通过参加展会，企业可以直接与潜在客户面对面交流，了解市场需求和趋势，建立信任和合作关系。此外，展会还能提升企业的知名度和品牌形象。

在选择线上平台还是线下展会时，外贸企业应综合考虑市场需求、产品特点、品牌形象以及预算等因素。线上平台适用于产品种类多、价格敏感度高的市场，而线下展会则更适合展示企业形象、建立品牌形象以及寻求高质量客户。

（三）品牌化经营与 OEM/ODM 的选择

品牌化经营是指外贸企业通过塑造自身品牌形象，提升产品附加值和市场竞争力。这种方式下，企业需要投入大量资源进行品牌建设和市场推广，但长远来看，这一举措能够带来更高的收益和市场份额。

相比之下，OEM/ODM（原始设备制造商/原始设计制造商）方式则是外贸企业根据客户需求进行生产和设计，以客户的品牌或设计为主导。这种方式下，企业能够减少品牌建设和市场推广的投入，但收益相对较低且缺乏市场掌控力。

在选择品牌化经营还是 OEM/ODM 时，外贸企业应充分考虑自身的资源能力、市场定位以及长期发展策略等因素。具备较强品牌意识和资源的企业可以选择品牌化经营，而希望快速进入市场或降低风险的企业则可以考虑采用 OEM/ODM 方式。

外贸企业在选择出口经营方式时应综合考虑自身资源能力、市场需求、产品特点以及长期发展策略等因素。通过灵活运用自营出口与代理出口、线上平台与线下展会以及品牌化经营与 OEM/ODM 等方式，企业可以更好地适应国际市场变化，提升竞争力和盈利能力。

五、寻找客户

（一）参加线下展会与活动

1. 国际贸易展会：参加展会是接触潜在客户的最佳平台，尤其是参加比较大型的展会是找到客户的一个非常好的途径。许多大型的国外厂商都会参展，因此，在展会上找到的客户相对来说更为可靠且信任度更高。参加国际性的行业展会，与潜在客户面对面交流，展示产品和技术实力，展会上的交流和互动有助于建立信任和合作关系。参加展会不仅有助于推广产品，还可以了解行业趋势、竞争对手和市场需求。在展会中，专业的展台布置和详细的产品介绍是吸引客户的重要手段。准备充分的资料和样品、主动与来访客户交流、获取他们的联系方式和需求信息是关键的客户拓展步骤。主要展会包括广交会（canton fair）、香港亚洲国际博览馆展会、汉诺威工业博览会（hannover messe）。

2. 商务考察：组织商务考察团，亲自到目标市场了解当地需求、文化习惯和竞争状况，与潜在客户建立直接联系。

（二）利用 B2B 平台

B2B 平台（如阿里巴巴、制造网）是外贸企业获取客户的重要渠道，特别是对于中小企业而言，这是低成本、高效率的客户来源。B2B 平台提供了一个全球化的商业交流平台，业务员可以通过在这些平台上注册公司信息、发布产品吸引国际买家。同时，可以通过平台的询盘系统主动联系潜在客户。利用平台的推广工具提高产品曝光率有助于吸引更多的潜在客户。此外，平台上的客户评价和交易记录也能为业务员筛选出更有合作意向和信用良好的客户。主要平台包括阿里巴巴国际站（alibaba.com）、中国制造网（made-in-china.com）。

（三）搜索引擎优化（BEO）和网络营销

通过 BEO 和网络营销可以提高公司网站在搜索引擎中的排名，吸引更多的自然流量，从而获取更多的潜在客户。BEO 涉及优化网站结构、内容和关键词，使其更符合搜索引擎算法，从而提高排名。通过高质量的内容（如博客、产品介绍、客户案例）吸引访客，并将其转化为潜在客户。同时，可以利用 Google Ads 等网络营销工具进行精准投放，覆盖特定市场的潜在客户群体，分析网络流量数据，优化营销策略，持续吸引和转化客户。

（四）利用社交媒体平台

社交媒体平台（如 Facebook，X，Ins，TikTok，Youtube，linked in）是现代外贸业务员获取客户的重要渠道，特别是在 B2B 领域，linked in 的效果尤为显著。通过在 linked in 上建立专业个人资料展示公司和产品信息、加入行业相关的群组、主动与潜在客户建立联系，可以有效地扩展客户网络。在 facebook 上，可以创建公司主页，定期发布产品信息、客户反馈和行业动态，吸引关注，通过互动和广告投放提高品牌知名度、吸引潜在客户。

（五）邮件营销

EDM 海外邮通过海外服务器离线群发。专业大型海外邮件服务器每天可以投递20 000 封一对一的开发信，将你的产品高效推广到国外采购商手里。EDM 邮件营销是外贸业务员直接接触客户的重要手段，个性化和专业化的邮件内容可以有效引起客户的兴趣。收集潜在客户的联系方式，定期发送公司新闻、产品更新和促销信息，可以保持客户的关注和兴趣。邮件内容需要简洁明了、重点突出，并附上清晰的产品图片和详细的说明。根据客户的反馈，调整邮件内容和发送频率，提高邮件的打开率和回复率。

（六）使用客户关系管理系统（CRM）

CRM 系统有助于业务员有效管理客户信息，跟踪销售进程、提高客户维护和开发的效率。通过 CRM 系统，业务员可以记录客户的基本信息、联系记录和购买历史，及时跟进客户需求和反馈。系统中的数据分析功能可以帮助业务员发现潜在的销售机会，制定针对性的销售策略。通过自动化工具提高工作效率，确保客户关系的持续维护。

（七）利用贸易机构和行业协会

贸易机构和行业协会是获取行业信息和客户资源的重要途径，可以帮助业务员拓展客户网络。通过参加贸易机构和行业协会组织的活动、研讨会和培训课程，可以了解最新的行业动态和市场需求，结识行业内的专家和潜在客户。通过这些平台，可以获取有价值的客户信息和商业机会，扩大业务覆盖范围。

（八）通过海关数据找客户

通过国内或国外的海关数据库可以获取到非常官方且有效的信息，其中包括相关公司的信息。海关数据库可直接查询到进口商的交易数据，如进口日期、供应商、采购的产品及 HS 编码及相关的货运信息。利用海关数据可以挖掘同行的客户、分析产品市场、监测老客户交易、开发新客户。海关数据库提供的信息通常是经过认证和核实的，因此，具有一定的可靠性，对于外贸推广和市场开拓有一定的帮助。

（九）通过行业论坛

行业论坛，如福步外贸论坛、外贸圈等，基本上各个行业都有相关的行业网站和论坛，从中可以找到客户的信息。外贸论坛是一个交流的平台，里面有很多外贸人和采购商发帖子，从而可以通过发帖子吸引采购商，或者直接找到采购商的帖子发送信息，这种方式开发资金成本低，同时获取的客户都是相对比较精准的客户。但其同时存在的缺点是需要不停地发帖子、找帖子，工作量大，时间成本高，获客率低。

（十）自建站

自建站相对 B2B 平台有自己的优劣势。

1. 自建站不受平台规则限制，具有相对灵活自由的优势，而使用平台则受到平台多样的规则限制和竞争对手的影响。

2. 自建站可以根据企业的具体需求定制开发，满足企业长期发展的需求，并随着企业的发展不断改进。然而，许多公司或个人外贸人员往往在网站上的投入较少，只是简单地展示产品，没有充分发挥自建站的优势。这种现象导致许多人错误地认为使用平台更好，进而忽视了自建站的优势。

3. 自建站需要专业的优化推广人员和技术支持。如果自建站进行了良好的优化推广，其效果可能比平台更好，甚至能够建立起品牌效应，从而有可能击败平台。

六、客户资信调查

对客户进行资信调查是外贸企业对外成交不应缺少的一个环节。外商资信状况直接关系到其能否严格履行合同、安全收汇。在对外贸易中，有些外贸企业对外商既不做资信调查，又轻率地采用对出口方具有极大风险的付款方式，如赊销、承兑交单等，从而给国外不法商人的欺诈行为提供了机会。

（一）客户资信调查的内容和范围

客户资信调查的内容和范围如表 2 - 1 所示。

表 2 - 1　　　　　　　　客户资信调查的内容和范围

序号	项目	调查内容
1	国外客户的组织机构情况	包括企业的性质、创建历史、内部组织机构、主要负责人及担任的职务、分支机构等。在调查过程中，应了解客户的中英文名称、详细地址，防止出现差错
2	政治情况	主要指企业负责人的政治背景、与政界的关系以及对我国的政治态度等
3	资信情况	包括企业的资金和信用两个方面。资金是指企业的注册资本、财产及资产负债情况等，信用是指企业的经营作风、履约信誉等。这是客户资信调查的主要内容，特别是对中间商更应重视
4	经营范围	主要是指企业生产或经营的商品、经营的性质是代理商、生产商，还是零售批发商等
5	经营能力	每年的营业额、销售渠道、经营方式及在当地和国际市场上的贸易关系等

（二）外贸企业客户资信调查的途径

客户资信调查是一项纷繁复杂、极为专业的工作，需要花费大量的时间和人力，对调查人员的素质要求也很高。对于绝大多数企业来讲，靠自身的力量很难完成这项工作。外贸企业面对的是国外客户，自己去调查的难度更大，一般可以通过下面几个途径完成。

1. 通过银行调查。这是一种常见的途径，按照国际习惯，调查客户的情况属于银行的业务范围，而在我国，一般委托中国银行办理。向银行查询客户资信时，银行一般不收费或收费很低。

2. 通过国外的工商团体进行调查。如商会、同业工会、贸易协会等一般都接受调查国外企业情况的委托，但对于通过这种渠道得来的资信，外贸企业要进行认真分析，不能轻信。

3. 通过我驻外机构和在实际业务活动中对客户进行考察所得到的材料进行调查。通过这种途径所得到的材料比较具体、可靠，对业务的开展有较大的参考价值。此外，外国出版的企业名录、厂商年鉴及其他有关资料对了解客户的经营范围和活动情况也有一定的参考价值。

4. 委托专业的资信调查机构（如中国出口信用保险公司等）进行调查。由于专业资信调查机构以完全中立的第三者角度进行调查，信息来源丰富，有庞大的数据库基础，并且能将多种渠道得到的资料进行综合分析后最终形成资信报告，其报告内容十分规范，具有很强的可参考性，因此，这种调查方式越来越受到大多数外贸企业的青睐。

5. 向与国外客户有往来的其他同行了解。许多国外客户都不只与我国一家公司有往来，还与我国其他公司有往来，可以向他们了解，从这种渠道得到的信息一般比较可靠。

6. 向海关、商检局等部门或机构了解。

第二节　案例分析

案 例 一

【案情介绍】

某年，广州 A 公司与德国 B 公司签订了一份设备购买合同，由德国 B 公司向广州 A 公司出售一套价值 200 万美元的设备。A 公司在收货验收时发现该套设备存在严重的质量问题。A 公司多次与 B 公司交涉，但均无果。A 公司遂向国际商事仲裁机构申请仲裁，要求 B 公司承担违约责任，赔偿经济损失。A 公司为保证仲裁结果最终能得到执行，委托广州 C 调查公司对德国 B 公司的资产状况进行调查，并提供了与 B 公司有关的资料。

广州 C 调查公司接受委托后，根据 A 公司提供的有关资料，及时地与德国的调查员取得联系，共同拟定了调查方案。通过调查员的实地访问等调查工作查明了德国 B 公司的真实情况。德国 B 公司是一家注册资金仅为 4 万欧元的私人有限责任公司。该公司无固定资产，办公场所系租赁。该公司主要从事林业方面的商务咨询，兼营国内和国际贸易。B 公司的贸易业务占公司收入比重非常小，根本不具有向 A 公司提供所需设备的能力。广州 C 调查公司最后向 A 公司提供的分析报告认为，B 公司目前无可供执行的财产。为此，A 公司根据广州 C 调查公司提交的报告改变了司法救济途径，从而避免了更大的经济损失。

资料来源：李娜．进出口业务案例与实训教程 ［M］．北京：清华大学出版社，2022．

【案例分析】

本案 A 公司的失误之处在于未对 B 公司的资信予以调查和核实，轻率签约。本案实质是合同的一方缺乏履约能力而导致合同不能履行。在国际贸易活动中，对于合同一方的缔约能力和履约能力应严格加以审查，以确保交易的安全。审查的具体内容包括：第一，是否具有合法的主体资格，即是否取得合法的注册；第二，是否拥有从事国际贸易的经营实力，即是否拥有足够资产，是否有良好的商业信誉，是否能提供担保机构；第三，若所在国政府对国际贸易有特别规定的，其是否取得所在国政府的认可。

本案中 B 公司是在其所在国登记注册的独立的法人实体，企业形式是有限责任公司，由于大多数国家对公司注册金额的要求较国内低，并且注册程序也较我国内宽松，不能简单地理解为凡是取得合法注册的国外公司就具有相应的国际贸易经营实力，而我国 A 公司就是按对国内公司的理解而轻率地与 B 公司缔约，最终导致较大的损失。

在国际贸易活动中应特别谨慎地选择贸易伙伴，在充分了解交易伙伴的资信状况与履约能力后才能与之发生业务往来。

案例二

【案情介绍】

广东出口企业 A 通过某国际电子商务平台接到一位自称为美国 B 买方 Mr. S 的询盘。在收到企业 A 给出的报价后，Mr. S 很快就确认了 30 万美元的采购金额，但他要求须以赊销 60 天的方式结算货款。起初，企业 A 对买方 Mr. S 心存疑虑，但 Mr. S 为打消企业 A 的疑虑，一方面提供了所谓的"公司官网"链接供企业 A 自行查阅；另一方面为表示其合作诚意，Mr. S 还向企业 A 支付了一笔小额的订金。在浏览了 Mr. S 提供的官网页面以及收到小额订金后，企业 A 打消了疑虑，同意了与 Mr. S 签订结算方式为 OA 60 天的贸易合同。待货物生产好后，Mr. S 又指示企业 A 将货物发送至乌干达港口。临近应付款日，企业 A 提示 Mr. S 尽快安排付款，却发现 Mr. S 已失联，相关货物在乌干达已经被提走。企业 A 感觉不妙，遂向中国信保广东分公司报损。

中国信保广东分公司委托海外律师与美国 B 公司取得联系，B 公司否认曾与中国企业 A 进行交易，表示未收取过涉案的货物，其在乌干达无任何分支机构。同时，B 公司否认 Mr. S 为其员工，Mr. S 所用的邮箱也并非其公司的邮箱，B 公司还提供了其官方网站，但此时 Mr. S 前期提供的所谓"公司官网"已无法打开。B 公司表示在发现被第三方冒用其名义与国外公司交易后，已向当地警方报案。

经审核，还发现如下问题：一是 Mr. S 下单邮箱与 B 公司官网上公开邮箱并不一致，采购商品与 B 公司官网主营产品不符；二是 Mr. S 邮件指示货物发送第三国，海运提单的收货人名称却仍为美国 B 公司名称，收货地址仅仅是在 B 公司美国经营地址后直接加上第三方国家名称，货物在第三国被提取；三是在 Mr. S 支付小额订金的银行水单上的付款账户名称与 B 公司存在拼写差异，账户地址位于第三国，非美国。

资料来源：陈健，欧阳小花. 辨明真假！谨防第三方冒用买方名义进行贸易欺诈 [DB/OL]. (2023 - 04 - 07). https：//mp. weixin. qq. com/s/FNvRTz2OaxzuYTLkSge-Fg.

【案例分析】

第三方冒用买方名义进行贸易欺诈的风险尽管防不胜防，但出口企业仍有对应的防范措施，以下几点建议，供出口企业参考。

1. 买方信息全面查，多方核实辨真伪。出口企业在贸易磋商阶段，除了从互联网渠道查询买方信息外，应全面掌握交易对手的情况：一方面，建议尽量要求对方业务人员提供公司注册类文件，如买方的公司注册文件、营业执照、税务登记文件等，查实交易对手的注册名称、注册地址、注册时间及负责人，充分掌握买方信息以便于核对；另一方面，建议充分利用资信调查等工具，通过公开信息获得买方联系方式并与买方取得直接联系，以核实交易的真实性。例如，拨打买方总机要求转接本次所接触的采购人员、向采购商公用传真号码或公开邮箱通过发送贸易相关信息进行正常贸易沟通等，提前辨清买方真实身份。

2. 初次交易需留心，赊销方式须谨慎。买方首次交易即要求大额赊销采购、对货物价格不敏感、指定货发第三国（常见希腊、乌干达等国的港口）都是第三方贸易欺诈的高风险信号。对于初次交易的买方，建议出口企业进一步提高对贸易欺诈的敏感度，通过各种方式和渠道，最大限度核实其采购背景，谨慎采用赊销支付方式。

3. 提单信息应一致，单证变更要审慎。提单是出口货物交付的核心凭证，建议提单上的发货人、收货人信息要与贸易买卖双方保持一致，审慎进行更改，以降低交易风险。其中，收货人信息除拼写一致外，还要留意收货人地址是否与其注册信息存在明显差异，通知人信息是否是有权收货的个人等。如有疑点，务必及时与买方核实，并通过公开信息核查清楚，避免出现钱货两空的局面。

案例三

【案情介绍】

福建某外贸企业 A 公司主营瓷砖产品出口，有近十五年的历史。A 公司主要通过参展广交会接单，并在阿里巴巴国际网站上推广产品，年出口规模约 1 000 万美元，其产品在非洲市场极为畅销。

2023 年 5 月 9 日，A 公司的业务邮箱接到尼日利亚 B 公司的询盘，B 公司声称其为尼日利亚知名的瓷砖批发商，年销售额达 8 000 万美元，因在国际网站上获知了 A 公司的瓷砖产品信息，对 A 公司的花色及价格很满意，很有诚意合作，计划订购一批约 17 万美元的产品。因 5 月正属 A 公司瓷砖出口的淡季，对于突如其来的订单，A 公司非常重视，立即安排有经验的业务员跟踪洽谈。于是双方通过邮件、微信热聊，经过多轮的谈判磋商，双方的合作意向很快就达成了。B 公司开出的付款条件甚为优厚，预付 50%，余款出货后 10 天内见提单副本付清，且其单价也不错，算起来 A 公司有将近 20% 的毛利。更为让人安心的是，B 公司仅仅花了两天时间，就确认了近 50 个产品的花色、尺寸和规格，并给 A 公司发来了正式的 purchase order 订单。更让人"惊喜"的是，B 公司提出其 5 月 11 日便会付 50% 的预付款约 8.5 万美元给 A 公司，只提出了一个小小的要求，就是 B 公司会多付 5 万美元，希望 A 公司帮其付人民币至国内其他供应商的账户，即一共会先付 13.5 万美元的款项至 A 公司账上，A 公司只需将 5 万美元折成人民币付给 B 公司的指定账户，剩下的当预付款。在日常生意往来中，华人往往崇尚"现金为王"，收到钱再转账再发货是有把握的生意，A 公司也不例外，老板和业务员均认为这是一个好买卖。随后，B 公司付款迅速，5 月 11 日 A 公司就收到了 B 公司的付款水单，5 月 12 日其美元账上果真多了 13.5 万美元，A 公司马上与 B 公司确认了金额，并着手安排货物的生产计划。B 公司得知 A 公司收到款项后，马上把江西的某个人人民币账户发给 A 公司，并说计划有变，那边亟需筹钱发货，希望 A 公司能帮忙多汇一些，约 10 万美元、折合人民币约 69 万元汇给江西的账户，因该金额仍小于 13.5 万美元，且 B 公司承诺其一周内将补齐预付款 8.5 万美元，A 公司也答应了 B 公司的请求。在整个订单洽谈及订金收到的过程中，A 公司的业务员及老板觉得自己简直人生开挂，非常容易就洽谈成了一个大单，且预期利润可观，但总觉得似乎太顺利了，好像缺了点什么，连合作的工厂也感叹 A 公司运气太好了。因 A 公司也是中国信保的统保老客户，按习惯会对所有买家进行资信调查，A 公司也向中国信保提出了资信调查申请。但经初步调查，虽 B 公司声称其是尼日利亚知名的瓷砖批发商，中国信保的系统中却无此家公司的任何资信记录及承保记录，需要重新发起新的资信报告申请，中国信保的客户经理也将信息告知 A 公司，并且通知新的资信报告约需要一周时间。获此信息 A 公司对于 B 公司的行业地位开始疑惑起来。此时，B 公司在马不停蹄地催促 A 公司转账给江西的个人账户，而且电话一个比一个急。在复盘的过程中，A 公司也终觉得订单太顺利了而有些蹊跷，故 A 公司也想缓一缓转账的动作，故和 B 公司说其银行系统有一些问题，5 月 12 日（正逢周五）转不了账，要等到下周一（5 月 15 日）。此时，B 公司急了，连续打了好多个电话给老板，希望他能帮忙协调，而且语气越来越不耐烦。B 公司越催，职业经验提醒 A 公司越不对劲。就在 A 公司疑惑的同时，5 月 15 日上午，A 公司的会计去银行办事时被告知其美元账户、人民币账户均被冻结，是由山东某公安局发起的，原因是涉嫌诈骗，且金额巨大。5 月 15 日下午，公司便迎来山东公安局的工作人员的到访，怀疑 A 公司参与诈骗活动，要求其配合经侦工作。A 公司这时一片茫然，账户确实收了钱，且还有意向帮其换成人民币"转账"，确实是跳进黄河也洗不清的状态了。原来这笔钱是山东某出口药材的国有企业的货款，邮箱被黑客入侵了，13.5 万美元货款被指定付至了 A 公司的账户，A 公司此时才恍然大悟，原来自己是被设圈套利用了。还好没及时转账出去，否则即使公安部门相信 A 公司是被利用了，A 公司也是要赔偿 69 万元的，A 公司惊呼逃过了一劫。

资料来源：中国出口信用保险公司. 聚焦！广交会中的贸易风险与防范策略 | 信看广交会 [DB/OL]. (2023-04-20). https：//mp. weixin. qq. com/s/7yJsnky85TeLvlku6V5OOA.

【案例分析】

当前国际贸易用"风云变幻，险象环生"形容并不为过，以往出口企业只要顺利接单，一旦买方付款便万事大吉，现金落袋为安。如今落袋也未必能安了，说不定是一个很大的陷阱。出口企业稍不留神，就可能遇到飞来横祸。这并非危言耸听，而是近年来频繁发生在中小企业的真实案例。

近年黑客案件频发，而且其手段越来越高明，不法分子通常还"舍得孩子来套狼"，让人防不胜防。经中国信保初步调查，上述案件是网络黑客案件的升级版，网络黑客通过非法获取买卖双方交易信息，伪造邮箱，指示国外买方将货款付至第三方账户，致使出口企业未能如期收款，并加入新骗术，让无辜的第三方账户来帮其实现诈骗，手段更为复杂和隐蔽。

在日益复杂的外贸过程中，由于互联网等信息技术高速发展所引发的系列问题值得出口企业引以为鉴。为此，有以下建议。

1. 谨慎接单。充分了解买家的资信情况后再接订单。建议出口企业从多方信息渠道核实买方公司真实身份，尤其是首次交易的买方。建议中国企业在收到此类买方订单时，要求买方提供其公司正式注册文件及负责人身份证明（如护照等），除了可向专门的信用机构调取买方的资信报告了解买方信息外，还可通过中国驻当地大使馆经商处或工业贸易促进部、行业协会等了解信息，并将买方提供的信息与中国信保资信报告及网上的公开信息进行详细认真的比对，并根据资信报告或公开信息上记载的联系方式与买方公司直接联系，核实贸易及订单的真实性，切勿在未充分调查之前就贸然进行交易，否则极易落入诈骗陷阱。

2. 切勿占小便宜。提高警惕，加强对账户的管理。本案中，出口企业 A 公司轻易答应帮 B 公司过账，给予骗子可乘之机，差点落入圈套，甚至被指控参与诈骗，并有洗钱的嫌疑。本案项下，A 公司为自证清白进行了充分的举证，提供了订单、往来函电等，因举证较充分且退回了相关款项，并未留下污点。但轻易答应帮他人转账的行为是外汇管理和反洗钱法所不允许的，A 公司也为此被外汇管理中心开出了 2 000 元的罚单。因此，出口企业应加强对账户的管理，严格遵守外汇管理和反洗钱的相关规定，对整套出口流程制定严格的制度，谨慎操作，提防被骗。

3. 提高对特殊国别的诈骗防范。近年来网络贸易诈骗猖獗，经中国信保的梳理，非洲尼日利亚、贝宁、乌干达、南非，欧洲的罗马尼亚、希腊，亚洲的土耳其、印度、柬埔寨等地诈骗案件频发，而且形式更为复杂隐蔽，出口企业在从事对外贸易时应提高警惕，加强对这些国别买家的风险防范。对于快速成交且对价格不敏感的买家，出口企业应多留心，若有疑问，可向中国信保咨询，若不幸中招，及时向公安机关报案并配合调查。

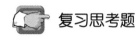 **复习思考题**

（一）简答题

1. 出口商如何防范国际贸易中的欺诈行为？

2. 出口交易前的准备工作具体包括哪些方面？

3. 出口商可以通过哪些渠道获取进口商信用信息？

4. 在调查进口商信用时，出口商应特别关注哪些风险点？

5. 如果进口商信用不佳，出口商应采取哪些措施来降低风险？

（二）案例分析题

1. 2024 年初，某出口商出口一个集装箱的蚕豆到墨西哥。货物装船出运后，业务员接到进口商的通知说，墨西哥正在调整进口政策，即日起，蚕豆一类农产品暂停入关。业务员大惊。因为货物已在海上，只有被动等待转机了。20 天过去了，墨西哥的进口政策还是没有变动，此时，货物已抵达墨西哥。出口商不得不电告船公司，在返航时将货物运回。两个月后墨西哥进口政策松动，出口商又将蚕豆复出口，但白白浪费了一趟海运费。

请分析此案例。

2. A 公司主要从事冷轧薄板的出口，客户所在的市场区域广泛。其中，一名巴西客户与 A 公司合作了两年多，业务来往顺利。2023 年 5 月，A 公司根据客户的采购周期和计划提供了最新报价，客户未表示太多疑虑就对订单进行了确认。

由于工厂生产能力紧张加之原料价格波动较大，A 公司在得到客户的回传订单后便与工厂签订了采购合同，确定了成交价格和交货期。正当工厂安排生产时，客户却打来电话说巴西从 6 月 5 日起提高了冷轧薄板等产品的进口关税，调整幅度高达 10%，希望 A 公司能调整价格并按期发货。A 公司很为难，因为这笔订单本来利润率就不高，而且价格已经和工厂敲定，工厂方面很难同意调整价格。最后只能向客户表示歉意，并将工厂加工的货物转卖给了其他客户。

请分析此案例。

3. 2023 年 2 月，Z 公司与客户签订了一份 500 吨的钢材出口合同，付款方式为 30% 预付、70% 见提单复印件付款，交货期为 5 月。预付款到账后，Z 公司就给国内工厂传真了采购合同，安排生产。但 4 月 9 日，接到国家下发的关于钢材产品出口退税调整的通知，Z 公司出口的热轧钢材取消退税。

钢材基本上属于薄利多销的产品，退税取消后，此单面临亏损。但出口合同早已签订，不可能再跟客户重新沟通价格，只能想办法减少损失。经过公司紧急磋商，决定先将货物运到保税区，然后再出口。因为运到保税区就视同出口，就不会受出口退税调整的影响。但进入保税区仓库也需要交纳费用，而且很多外贸公司都一拥而上，海运费也随之上涨了不少，最终合同盈利大幅缩水。

请分析此案例。

4. 2023 年 1 月，我国 A 公司与瑞士 S 公司签订了一份进口一套价值 20 万美元设备的进口合同。S 公司按照合同的规定将设备运到了我国，但 A 公司验收时发现该套设备存在严重的质量问题，于是与 S 公司交涉，要求其承担违约责任、赔偿经济损失，但 S 公司不予理睬。A 公司于是委托北京的一家调查公司对 S 公司的资产状况进行调查，调查公司在瑞士的调查员通过调查发现，S 公司是一家注册资金仅为 4 万瑞士法郎（合人民币 32.7 万元）的私人有限责任公司，无固定资产，办公场所是租赁的，主要从事林业方面的商务咨询，兼营国内和国际贸易，贸易业务占公司收入比重很小，根本不具有提供所需设备的能力，S 公司目前无可供执行的财产。请问 A 公司在这一过程中有什么失误？

5. 2024 年 4 月，A 公司参加了第 135 届广交会。会上，有一位加拿大客户驻足该公司的展位，并对公司的女士手提包很感兴趣，但因其当时好像有其他事情，没来得及详谈就走了，只留下了一张名片。回来后，公司经理让业务员发个邮件给这位客户，介绍一下公司的情况，再附寄一些商品照片，并调查一下该客户的资信。请问该客户属于哪种类型的客户？发给这位客户的邮件在外贸业界叫什么函？经理为什么要业务员调查一下该客户的资信？

6. D 出口公司与香港 W 公司签订了一笔大豆合同，总值 314 000 美元，FOB 大连目的港日本横滨港（香港 W 公司将货转售给日本商人），付款方式为 D/A 远期 120 天。D 公司按规定的装运期装运货物后，通过中国银行办理托收，中国银行委托香港地区某商业银行为代收行。单据到香港后，代收行向 W 公司提示承兑。W 公司承兑后取得提单，并通过转让提单向日本收货人收取了货款。远期汇票到期时，香港代收行向 W 公司提示付款，但 W 公司此时已宣布破产，并由香港地区破产管理处接管。经查，W 公司的注册本仅为 26 000 港元，即使全部用来偿付 D 公司的货款也不够，而 W 公司又是有限责任公司，D 公司由此遭受严重损失。请问 D 公司有哪些失误？

第三章 出口交易磋商与合同签订案例

第一节 出口交易磋商概述

一、交易磋商的内容和形式

交易磋商是国际货物买卖的重要环节，具有十分重要的意义。

交易磋商是指交易双方就交易的条件进行洽商，以求达成一致协议的过程。

交易磋商的结果决定着合同条款的具体内容，从而确定了合同双方当事人的权利与义务。

交易磋商的内容是各种交易条件，即合同条款。一份国际贸易合同究竟应包括哪些条款并没有统一规定，在实践中买卖双方并不就一份合同的所有条款进行磋商，为简化手续、节约交易成本，一般只磋商那些每次交易都有差异的主要条款；对每次交易都差不多的条款，则用格式合同条款来规定。格式合同可以由卖方或买方提供，其中，事先印就的条款称为"一般交易条件（general terms and conditions）"或"格式条款"。但并不是说格式条款不需要磋商，因为如果一方对对方提供的格式合同的格式条款有异议，可以在会签合同的过程中提出来磋商。从这个角度来看，格式条款仍然是交易磋商的内容。

交易磋商的形式可分为口头磋商与函电磋商。口头磋商包括参展、出国访问或外商来访时的当面洽谈，也包括打国际长途、利用网络即时通信工具进行的洽谈；函电磋商包括用传真、电子邮件、EDI 等手段进行的洽谈。在国际贸易中，由于双方的距离较远，口头磋商的时候较少，大多数是函电磋商，其中又以发传真和电子邮件居多。

二、交易磋商的基本原则

在交易磋商过程中，买卖双方应遵循"双赢"的原则。要实现"双赢"的原则，应该注意：第一，在交易磋商中，要以诚相待和互相沟通；第二，要正确运用商务谈判的基本方法和技巧；第三，争取在交易磋商过程中创造价值和寻找符合双方最大利益的最佳方案；第四，交易磋商的结果应该符合一般标准。

三、交易磋商的过程

交易磋商的过程可以分为询盘、发盘、还盘、接受四个环节。询盘（enquiry），指一方向对方询问有关交易条件。在各种交易条件中，双方最关心的一般是价格，因此，询盘又叫"询价"。询盘可以由买方发出，也可以由卖方发出，但以买方首先询盘的居多，买方发出的询盘英文叫"invitation to make a bid"，卖方发出询盘英文叫"invitation to make an offer"。

（一）询盘

询盘的特点是无法律约束力，即买方询盘不一定要买，卖方询盘不一定要卖。但为了树立良好的声誉，还是应尽量避免只询盘而不买或不卖。

询盘应注意下列问题：一是不宜局限于个别客户，要货比三家，但也不能因此在同一地区多头询盘、因为几家中间商可能将询盘反馈到同一厂家，造成市场需求旺盛的假象，招致厂商抬价。一般是"订一询三"，即一份订单大约向三家询盘比较适合；二是不宜流露购销心切，也不宜过早透露交易条件，以免陷于被动；三是对技术、机械设备一般直接向供应商询盘，尽可能减少中间环节；四是询盘的内容不应只限于价格，还应包含其他交易条件；五是对他人的询盘虽然可以不答复，但出于礼貌一般都应该及时答复。

（二）发盘

发盘（offer）指一方愿意按自己开列的条件与对方达成交易的表示，又称"发价""报价"，法律上叫"要约"。发盘可以由买卖双方的任何一方首先发出，但以卖方首先发盘的居多。卖方的发盘英文叫"selling offer"，买方的发盘英文叫"buying offer 或"bid（递盘）"。

发盘的特点是有法律约束力，一旦被对方接受，合同即宣告成立，发盘人不得赖账、反悔。发盘既是商业行为，也是法律行为。

1. 发盘的构成条件。

（1）发盘应向一个或一个以上特定的人提出。

（2）发盘内容必须十分确定（货物名称、数量、价格）。

（3）必须表明发盘人对其发盘一旦被受盘人接受即受约束的意思。

2. 发盘生效的时间和发盘的撤回与撤销。

（1）发盘生效的时间。根据《联合国国际货物销售合同公约》（以下简称《公约》）第 15 条规定，发盘送达受盘人时生效。

（2）发盘的撤回。根据《公约》的规定，一项发盘（包括注明不可撤销的发盘），只要在其尚未生效以前，都是可以修改或撤回的。

（3）发盘的撤销。根据《公约》的规定，在发盘已送达受盘人，即发盘已经生效，但受盘人尚未表示接受之前这一段时间内，只要发盘人及时将撤销通知送达受盘人，仍可将其发盘撤销。如一旦受盘人发出接受通知，则发盘人无权撤销该发盘。

而下列情况下的发盘一旦生效，则不可撤销：一是在发盘中规定了有效期，或以其他方式表示该发盘是不可撤销的；二是受盘人有理由信赖该发盘是不可撤销的，并本着对该发盘的信赖采取了行动。

（三）还盘

还盘（counter offer）指受盘人就对方的发盘提出修改意见的表示，又称为"还价"。还盘是对原发盘的拒绝，还盘一旦作出，原发盘即告失效，发盘人不再受原发盘约束。还盘又是从还盘人立场作出的一项新的发盘，如果还盘被对方接受，合同也宣告成立。

（四）接受

接受（acceptance），一方愿意按对方的发盘或还盘开列的条件与对方达成交易的意思表示，法律上叫"承诺"。接受一旦作出，合同即宣告成立。接受也是交易磋商的重要环节。

1. 接受的构成条件。

（1）接受必须由受盘人作出。

（2）接受必须是同意发盘所提出的交易条件。

（3）接受必须在发盘规定的时限内作出。

（4）接受的传递方式应符合发盘传递的要求。

2. 接受生效的时间。根据《公约》的规定，接受通知于送达受盘人时生效。

3. 逾期接受。如接受通知未在发盘规定的时限内送达发盘人，或者发盘没有规定时限，且在合理时间内未曾送达发盘人，则该项接受称作逾期接受。

4. 接受的撤回或修改。在接受的撤回或修改问题上，《公约》采取大陆法"送达生效"的原则，即接受在生效前，可以撤回及修改；但接受一旦生效，合同即告成立，接受就不得撤回或修改。

交易磋商的四个环节是从理论上来说的，在实践中并不都这样按部就班地进行。例如，可以不询盘而直接发盘，也可以不还盘而直接接受。新客户之间一般是收到对方的"开发信"后开始询盘；老客户之间一般是先由进口方发出一份制作某种产品的订单，并快递原材料和样品，看出口商是否能够照办，如果能照办，双方就价格和其他交易条件进行磋商。

第二节　国际贸易合同的签订

一、合同成立的其他法律条件

第一节中曾经指出，如果一方的发盘或还盘为对方所接受，合同即宣告成立。但这只是合同成立的基本条件，除了这个条件，还需要一些其他条件，对此，《公约》未涉及，现根据各国有关法律概括如下。

（一）当事人应具备缔约能力

缔约能力有多方面的含义，如当事人具有民事行为能力，其在订立外贸合同时要有外贸经营权，法人应通过其法人代表订立合同等。

（二）当事人的意思表示应真实

即"合意要真实"，指当事人订立合同时表达的意思应与其内在的意思一致。合意不真实的情况主要有：

1. 错误（mistake）。指当事人对其行为、对方当事人、标的物等存在误解。但并不是所有错误都可以导致合同无效，只有重大错误才能使合同无效。《中华人民共和国民法典》第一百四十七条规定，行为人对行为内容有重大误解的，一方有权请求人民法院或者仲裁机构予以变更或者撤销。

2. 欺诈（fraud）。包括"欺骗性不真实陈述"（fraudulent misrepresentation）和隐瞒事实真相等。各国法律都规定，蒙受欺诈的一方有权解除合同并请求损害赔偿。

3. 胁迫（duress）。指当事人在订立合同时受到了威胁。各国法律规定，在胁迫下订立的合同无效，但企业利用自己的优势达成对自己有利的合同不能作为胁迫，除非与所在国反不正当竞争法相抵触。另外，如果受胁迫的一方还有其他合理选择，但仍然与对方签订了合同，也不能算受到了胁迫。《中华人民共和国民法典》第一百四十八条规定："一方以欺诈手段，使对方在违背真实意思的情况下实施的民事法律行为，受欺诈方有权请求人民法院或者仲裁机构予以撤销。"

（三）合同的内容要合法

包括不违反法律、公共政策和善良的社会风俗等。在英美法中，赌博合同、高利贷合同、违反行业执照管理的合同、与敌国贸易的合同等被认为是违法合同。合同中含有限制性商业条款（如不合理限制销售渠道和出口市场等）、排除或限制产品责任的条款等，在许多国家被认为是违反了公共政策。

（四）合同的形式要合法

合同可分为"要式合同"（formal contract）和"不要式合同"（informal contract），前者指必须按照法定的形式和手续订立的合同，否则无效；后者指无须按照特定的形式和手续订立的合同。国际货物买卖合同属于"不要式合同"。《公约》第 11 条规定，"销售合同无须以书面订立或书面证明，在形式方面也不受任何其他条件的限制。销售合同可以用包括人证在内的任何方法证明"。1986 年，我国批准《公约》时对此提出了保留，要求国际货物买卖合同必须采用书面形式订立，否则无效。2013 年 1 月中国政府正式通知联合国秘书长，撤回对《联合国国际货物销售合同公约》所作"不受公约第十一条及与第十一条内容有关的规定的约束"的声明，该撤回已正式生效。在2021 年 1 月 1 日生效的《中华人民共和国民法典》的第三编合同中第四百六十九条规定，当事人订立合同，可以采用书面形式、口头形式或者其他形式。

（五）要有对价或约因

对价是英美法的概念，指为换取某一承诺而付出的代价；约因是大陆法的概念，指签订合同所追求的直接目的。英美法或大陆法认为，有对价或约因的合同才是法律上有效的合同，法院才能强制执行。

二、国际贸易合同的内容和形式

虽然《公约》和我国的《中华人民共和国民法典》都不要求国际贸易合同要有书面形式，但在实践中大多还是签订书面合同，这样对履行合同、处理违约和争议，办理保险、报关、出口退税、索赔和理赔等都比较方便。

书面国际贸易合同的形式有合同（contract）、协议（agreement）、备忘录（memorandum）、确认书（conformation）、订单（purchase order，P/O）等，其中常见的是确认书、合同和订单。合同比较详细，主要用于机电设备和大宗货物的进出口；确认书和订单比较简单，主要用于一般商品的交易。

确认书和合同可以由卖方拟定，也可以由买方拟定。由卖方拟定的确认书或合同叫销售确认书（sales confirmation，S/C）或销售合同（sales contract），由买方拟定的确认书或合同叫购货确认书（purchase confirmation，P/C）或购货合同（purchase contract）。

书面国际贸易合同的形式由约首、主体和约尾三部分组成，约首说明合同的名称编号，缔约的依据、日期和地点，当事人的名称和地址等；主体部分是各种合同条款；约尾是合同的份数、附件、缔约人签字、合同生效的时间、会签指示等。

以下是一份销售合同范本。

销售合同
SALES CONTRACT

卖方 SELLER:	××TRADING CO., LTD.	编号 NO.:	NEO2021026
	HUARONG MANSION RM2901 NO.85 GUANJIAQIAO,	日期 DATE:	Feb. 28, 2023
	NANJING 210005, CHINA	地点 SIGNED IN:	NANJING, CHINA
	TEL: 0086-25-4715004		

买方 BUYER:	××TRADING CO.
	P.O. BOX 99552, RIYADB 22766, KSA
	TEL: 00966-1-4659220

买卖双方同意以下条款达成交易：

This contract Is made by and agreed between the BUYER and SELLER , in accordance with the terms and conditions stipulated below.

1. 品名及规格 Commodity & Specification	2. 数量 Quantity	3. 单价及价格条款 Unit Price & Trade Terms	4. 金额 Amount
			CFR DAMMAM PORT, SAUDI ARABIA
ABOUT 2 000 CARTONS CANNED MUSHROOMS PIECES & STEMS 24 TINS X 425 GRAMS NET WEIGBT (D.W. 227 GRAMS) AT USD7.80 PER CARTON. ROSE BRAND.	2 000CARTONS	USD7.80	USD15 600.00
Total:	2 000CARTONS		USD15 600.00

允许 With	溢短装，由卖方决定 More or less of shipment allowed at the sellers' option

5. 总值 **Total Value**　　USD FIFTEEN THOUSAND SIX HUNDRED ONLY.

6. 包装 **Packing**　　EXPORTED BROWN CARTON

7. 唛头 **Shipping Marks**　　ROSE BRAND
　　178/2023
　　RIYADB

8. 装运期及运输方式 **Time of Shipment & means of Transportation**　　Not Later Than Apr.30, 2023 BY VESSEL

9. 装运港及目的地 **Port of Loading & Destination**　　From : SHANGHAI PORT, CHINA
　　To : DAMMAM PORT, SAUDI ARABIA

10. 保险 **Insurance**　　TO BE COVERED BY THE BUYER.

11. 付款方式 **Terms of Payment**　　The Buyers shall open through a bank acceptable to the Seller an Irrevocable Letter of Credit payable at sight to reach the seller 30 days before the month of shipment, valid for negotiation in China until the 15th day after the date of shipment.

OTBER TERMS:

（1）QUALITY/QUANTITY DISCREPANCY: In case of quality discrepancy, claim should be filed by the Buyers within 30 days after the arrival of the goods at port of destination, while for quantity discrepancy claim should be filed by the Buyers within 15 days after the arrival of the goods at port of destination.　In all cases, claims must be accompanied by Survey Reports of Recognized Public Surveyors agreed to by the Sellers.　Should the responsibility of the subject under claim be found to rest on part of the Sellers, the Sellers shall, within 20 days after receipt of the claim, send his reply to the Buyers together with suggestion for settlement..

（2）INSPECTION:The Certificate of Origin and/or the Inspection Certification of Quality/Quantity/Weight issued　by　the　relative institute shall be taken as the basis for the shipping Quality/Quantity/Weight.

（3）FORCE MAJEURE: The Sellers shall not be held responsible if they owing to Force Majeure cause or causes fail to make delivery within the time stipulated in this Sales contract or cannot delivery the goods. however the Sellers shall inform immediately the Buyers by fax. The Sellers shall delivery to the Buyers by registered letter, if it is requested by the Buyers, a certificate issued by the China council for the Promotion of International Trade or by any competent authority, certifying to the existence of the said cause or causes. Buyers' failure to obtain the relative Import license is not to be treated as Force Majeure.

（4）ARBITRATION : All disputes arising in connection with the Sales Contract of the execution thereof shall be settled amicably by negotiation. In case no settlement can be reached, the case under dispute shall then be submitted for arbitration to the Foreign Trade Arbitration commission of the China Council for the Promotion of International Trade in accordance with the Provisional Rules of Procedure of the Foreign Trade Arbitration commission of the China council for the Promotion of International Trade. The decision of the Commission shall be accepted as final and binding upon both parties.

The Buyer　　　　　　　　　　　　　　　　　　**The Seller**

××TRADING CO.　　　　　　　　　　　　××TRADING CO., LTD.

××　　　　　　　　　　　　　　　　　　　××

第三节　违约和争议的处理

一、《联合国国际货物销售合同公约》

在国内贸易中，交易磋商遵循的是国内法；在国际贸易中，交易磋商遵循的是国际性法规。在这方面，最重要的是《联合国国际货物销售合同公约》（以下简称《公约》），目前世界各国在国际货物买卖合同的磋商、签订、违约及争议的处理方面主要是遵循《公约》的规定。

（一）《公约》的产生、内容和适用范围

早在1930年，罗马国际私法统一协会就开始着手拟定一项国际货物买卖法方面的国际公约，以便将世界这个领域的法律统一起来，后来这项工作因第二次世界大战中断。战后，罗马国际私法统一协会又重启这项工作，到1964年产生了两项公约——《国际货物买卖统一法公约》和《国际货物买卖合同成立统一法公约》，这两项公约均于1972年

生效。但其实际效果并不理想，因为被批准参加前一个公约的只有 8 个国家，被批准参加后一个公约的只有 7 个国家。从 1969 年开始，联合国国际贸易法委员会又在两项公约的基础上继续开展这一工作，到 1978 年产生了《联合国国际货物销售合同公约》，并于 1988 年 1 月 1 日生效，由于《公约》较好地协调了大陆法与英美法的分歧，获得了各国的普遍认同。到目前为止，已有 90 多个国家参加，包括我国和世界的主要贸易大国。

《公约》一共 101 条，分为四个部分：第一部分，适用范围和总则；第二部分，合同的订立，阐明发盘和接受的规则；第三部分，货物销售，阐明买卖双方的义务、违约及其救济措施；第四部分，最后条款，说明《公约》的签字、加入、批准、生效、退出、允许保留的事项、与其他国际条约的关系等。

《公约》第 1 条第 1 款阐述了它的适用范围："本公约适用于营业地在不同国家的当事人之间所订立的货物销售合同：（a）如果这些国家是缔约国；或（b）如果国际私法规则导致适用某一缔约国的法律。"这段话有三个意思：第一，《公约》以营业地作为区分是否是国际货物销售合同的标准，而不考虑当事人的国籍等，"在确定本公约的适用时，当事人的国籍和当事人或合同的民事或商业性质，应不予考虑"。第二，《公约》只适用于国际货物买卖，不包括股票、债券、流通票据和其他权利财产的买卖，也不包括服务贸易。第三，《公约》除了适用于缔约国之间的货物买卖，还适用于缔约国与非缔约国之间的货物买卖。

（二）我国与《公约》的关系

我国是《公约》最早的缔约国之一，1986 年 12 月我国就提交了《公约》的核准书，但做了两项保留：一是关于适用范围方面的保留，我国只同意《公约》适用于缔约国之间的货物买卖；二是关于合同形式方面的保留。《公约》第 11 条规定："销售合同无须以书面订立或书面证明，在形式方面也不受任何其他条件的限制。销售合同可以用包括人证在内的任何方法证明。"在批准参加《公约》时，我国与其他计划经济体制国家一样存在内外有别的两个合同法：一个是 1982 年颁布的《中华人民共和国经济合同法》，它适用于国内经济合同；另一个是 1985 年颁布的《涉外经济合同法》，它适用于除运输以外的一切涉外经济合同，该法规定我国所有涉外经济合同必须采用书面形式，否则无效。因此当时对《公约》第 11 条作出了保留。

二、《公约》中关于买卖双方义务的规定

（一）卖方的义务

1. 交付货物和移交单据。关于交付货物方面，《公约》的规定涉及以下四点：

（1）按规定的地点和时间交货。关于交货的时间，《公约》规定："卖方必须按以

下规定的日期交付货物：（a）如果合同规定有日期，或从合同可以确定日期，应在该日期交货；（b）如果合同规定有一段时间，或从合同可以确定一段时间，除非情况表明应由买方选定一个日期外，应在该段时间内任何时候交货；或者（c）在其他情况下，应在订立合同后一段合理时间内交货。"

关于交货的地点，也应首先按合同的规定；如果合同没有规定，则按下列规则确定："（a）如果销售合同涉及货物的运输，卖方应把货物移交给第一承运人，以运交给买方；（b）在不属于上一款规定的情况下，如果合同指的是特定货物或从特定存货中提取的或尚待制造或生产的未经特定化的货物，而双方当事人在订立合同时已知道这些货物是在某一特定地点，或将在某一特定地点制造或生产，卖方应在该地点把货物交给买方处置；（c）在其他情况下，卖方应在其于订立合同时的营业地把货物交给买方处置。"

（2）将货物特定化。特定化指用加标记或发装运通知等方法将合同下的货物与其他货物明确地区分开。在国际贸易中将货物特定化具有重要意义，它是风险和货物所有权转移的必要条件。

（3）妥善安排运输。如果卖方有义务安排货物的运输，其必须订立必要的合同，按照通常运输条件，用适合的运输工具，把货物运到指定地点。

（4）及时提供买方办理保险需要的资料。在以买方办理保险的术语成交时，卖方必须在买方提出要求时向买方提供一切现有的必要资料，使其能够办理这种保险。

关于移交与货物有关的单据，"如果卖方有义务移交与货物有关的单据，其必须按照合同所规定的时间、地点和方式移交这些单据。如果卖方在那个时间以前已移交这些单据，其可以在那个时间到达前纠正单据中任何不符合同规定的情形，但是，此一权利的行使不得使买方遭受不合理的不便或承担不合理的开支。但是，买方保留本公约所规定的要求损害赔偿的任何权利"。

2. 对所交货物的品质担保义务。在这方面《公约》的规定涉及以下三方面的内容：

（1）卖方的品质担保义务。"卖方交付的货物必须与合同所规定的数量、质量和规格相符，并须按照合同所规定的方式装箱或包装。"

如果合同没有规定，则必须符合下列要求："（a）货物适用于同一规格货物通常使用的目的；（b）货物适用于订立合同时曾明示或默示地通知卖方的任何特定目的，除非情况表明买方并不依赖卖方的技能和判断，或者这种依赖对他是不合理的；（c）货物的质量与卖方向买方提供的货物样品或样式相同；（d）货物按照同类货物通用的方式装箱或包装，如果没有此种通用方式，则按照足以保全和保护货物的方式装箱或包装。"

（2）卖方品质担保的责任期间。卖方的品质担保责任期间是风险转移到买方之前，卖方应按照合同和本公约的规定，对风险转移到买方时所存在的任何不符合同情形负有责任，即使这种不符合同情形在该时间后才始明显。但卖方对风险转移给买方后发生的品质与合同不符也应负责，如果这种不符合同情形是由于卖方违反他的某项义务所致，包括违反关于在一段时间内货物将继续适用于其通常使用的目的或某种特定目的，或将保持某种特定质量或性质的任何保证。

（3）对买方检验货物的规定。卖方所交的货物与合同或有关法律、惯例的规定是否相符，要经过买方的检验才能确定。对于买方检验货物，《公约》的规定涉及两个方面：

第一，买方检验货物的时间和地点。首先，应按合同的规定办，如果合同未作规定，《公约》第 38 条规定应按下面的规则确定："（a）买方必须在按情况实际可行的最短时间内检验货物或由他人检验货物。（b）如果合同涉及货物的运输，检验可推迟到货物到达目的地后进行。（c）如果货物在运输途中改运或买方须再发运货物，没有合理机会加以检验，而卖方在订立合同时已知道或理应知道这种改运或再发运的可能性，检验可推迟到货物到达新目的地后进行。"

第二，买方通知卖方货物不符的时间。如果合同有规定，照合同的规定办；如果合同没有规定，《公约》第 39 条规定，应按下面的规则办："（a）买方对货物不符合同，必须在发现或理应发现不符情形后一段合理时间内通知卖方，说明不符合同情形的性质，否则就丧失声称货物不符合同的权利；（b）无论如何，如果买方不在实际收到货物之日起两年内将货物不符合同情形通知卖方，他就丧失声称货物不符合同的权利，除非这一时限与合同规定的保证期限不符。"但如果货物不符合同规定指的是卖方已知道或不可能不知道而又没有告知买方的一些事实，则卖方无权援引第 38 条和第 39 条的规定。

3. 对所交货物的权利担保义务。卖方的权利担保义务包括所有权和知识产权方面的担保义务。见公约第 41、第 42 条。

（二）买方的义务（见《公约》第三章第一节和第二节第 54～60 条）

1. 支付货款。
2. 收取货物。

三、违约的处理

（一）违约概述

违约（breach of contract）指合同当事人没有履行或没有完全履行合同的义务。

《公约》第25条规定，一方当事人违反合同的结果，如使另一方当事人蒙受损害，以至于实际上剥夺了其根据合同规定有权期待得到的东西，即为根本违反合同，除非违反合同一方并不预知，而且一个同等资格、通情达理的人处于相同情况中也没有理由预知会发生这种结果。"非根本性违反合同"指没有达到根本违约程度的违约。

（二）违约的基本救济措施

违约的救济措施指一方违约后另一方可以采取的补偿损失的措施。

1. 实际履行（《公约》第46条第1款）。

2. 损害赔偿（《公约》第74~77条）。

3. 撤销合同（《公约》第49条、第64条）。

（三）索赔和理赔、不可抗力

损害赔偿是通过索赔和理赔来实现的。索赔和理赔不只发生在买卖双方之间，也发生在买方或者卖方与其他当事人之间。

1. 买卖双方之间的索赔和理赔。

（1）索赔。索赔指受损害的一方向违约方请求损害赔偿。索赔主要涉及下列问题：

一是索赔对象。国际贸易的关系人很多，违约的不一定是卖方或买方，因此，对于买卖双方之间的索赔，首先要弄清索赔的对象是不是卖方或买方。弄清索赔对象要考虑的因素很多，如货物的状况、货运单据当事人的责任范围、有关法律惯例的规定等。

二是索赔依据。索赔不能只凭空提要求，还要有依据。索赔依据分为事实依据和法律依据，事实依据包括有关证明文件、往来函电、商检证书、发票、提单、理货报告、承运人签发的短缺或残损证明。法律依据主要包括合同中相关的条款、有关法律和惯例的规定等。

三是索赔数额。索赔的数额有约定的和法定的两种，约定的指合同中约定的索赔数额，法定的指没有约定索赔数额的情况下根据有关法律惯例规定的赔偿数额。

四是索赔期限。索赔期限也有法定的和约定的两种，约定的索赔期限指双方在合同中规定的索赔期限，法定的索赔期限指在没有约定索赔期限的情况下根据有关法律惯例规定的索赔时效。

（2）理赔。理赔是违约方对索赔方受到的损失进行赔偿。理赔应注意下列问题：第一，看是否是自己的责任，如果不是，应请对方向责任方索赔。第二，认真审核索赔依据，看依据是否符合合同或信用证的规定、理由是否充分。第三，看索赔额的计算是否符合《公约》或其他法律的规定、是否合理。第四，看是否超过了索赔期限。如果确实是自己的责任，对方索赔的依据和理由充分，索赔额的计算合理又未超过索赔期限，违约方应该坦诚理赔。

2. 买方或卖方向其他当事人索赔。国际贸易的其他当事人很多，如国际货代、承运人、保险公司、仓储公司、装卸公司等。在此过程中，同样要搞清楚索赔对象，在索赔期限内有理有据地索赔。

3. 不可抗力。

不可抗力（force majeure）指某些人力不可抗拒的自然灾害和社会事件，各国法律都确定因不可抗力违约，违约方可以免责，对不可抗力事件的免责是通过在合同中订立不可抗力条款来实现的。对不可抗力事件的处理方法主要有两种：一是解除合同。如果不可抗力事件导致合同无法履行，只能解除合同。二是变更合同。如果不可抗力事件只是导致合同不能全部履行或不能按期履行，可以变更合同。不可抗力的免责只能向合同的当事人提出，不能向银行引用。

（四）争议的处理

在处理违约的过程中有时候会发生争议，这就涉及争议的处理。国际贸易中处理争议的方法有四种：友好协商、调解、仲裁和诉讼。

1. 友好协商。友好协商指争议发生后，双方本着互谅互让的精神，在没有第三者的参与下，通过相互协商来解决争议。这种解决争议的方式的优点是节省时间和费用，不伤和气，有利于将来继续合作，有利于保守商业秘密。因此，在国际贸易合同中都将其作为解决争议的首选。

2. 调解。调解是指争议发生后通过第三者从中斡旋，使双方在自愿的基础上达成和解、解决争议。它的优点是花费时间、精力和费用比较少、对抗性不太强，比较有利于双方继续合作，程序比较简单灵活，可以当面进行，也可以通过信函进行，调解不成还可以申请仲裁或诉讼。这种解决争议的方式特别适合解决案情比较简单、金额比较小的争议。

3. 仲裁。仲裁是指双方达成仲裁协议，将其争议提交给仲裁机构，国际贸易仲裁是国际商事仲裁的一种。

仲裁的优点是程序比较简单，花费的时间、精力和费用比诉讼少，其对抗性没有诉讼强，有利于保守商业秘密。仲裁机构一般比较专业，解决争议的效率高。

争议应尽量通过友好协商或调解来解决，最好不用仲裁，尤其是索赔金额不大的情况，因为仲裁投入的时间、精力和财力比较多，如果要在国外执行裁决，投入就更大，即使胜诉，也很可能得不偿失。

4. 诉讼。诉讼是指通过法院解决争议的方法，俗称打官司，国际贸易诉讼是国际商事诉讼的一种。诉讼的优点是解决争议的效率高，但是它的费用高、手续比较麻烦、对抗性很强，而且打过官司后，双方就难以再保持业务关系。在国际商事诉讼中，各国法院多少有保护本国当事人的倾向，因而有时候会影响判决的公正性。

第四节　案例分析

案例一

【案情介绍】

某年3月5日，荷兰A电子有限公司（简称A公司）向我国B电子集团公司（简称B公司）提出"出售集成电路板20万块，每块FOB鹿特丹港25美元"的发盘。我方接到发盘后，于3月7日发电还盘，请求把集成电路板的数量减少至10万块，每块价格降至20元，并要求对方即期装运。

3月10日，A公司电邮告知B公司，同意把集成电路板的数量减少至10万块，保证即期装运，但集成电路板的价格每块只能降至22美元，同时规定，新发盘的有效期为10天。接到新发盘后，B公司经多次会议研究，决定同意A公司的新发盘，并于3月15日向A公司发出电邮，表示接受新的发盘。

3月18日，A公司再次发来电邮，告知B公司，集成电路板出售事宜已与其他公司签约，现已无货可供，要求取消3月10日的发盘。

3月20日，B公司复电："我公司已按10万块集成电路板制订生产计划，不同意撤销3月10日的发盘，请贵公司执行合同。"A公司则称："无法执行合同。"因此，双方对合同是否成立发生纠纷。

经过双方多次协商，A公司同意赔偿因不能履行合同给B公司造成的损失，使争议得到了解决。

资料来源：傅海龙等. 进出口操作疑难解答及案例解析［M］. 北京：对外经济贸易大学出版社，2010.

【案例分析】

本案涉及的关键是有效发盘的撤销问题。

发盘的撤销是指发盘生效之后，发盘人将发盘取消，使其失去效力。《联合国国际货物销售合同公约》（以下简称《公约》）第16条规定："（a）在未订立合同前，如果撤销通知于受盘人发出接受通知之前送达受盘人，发盘得予撤销。（b）但在下列情况下，发盘不得撤销：发盘写明接受发盘的期限或以其他方式表示发盘是不可撤销的；受盘人有理由信赖该发盘是不可撤销的，而且受盘人已本着对该项发盘的信赖行事。"根据该公约的规定，发盘送达生效后，在合同订立之前，即在受盘人发出接受之前这段时间内，只要发盘人撤销发盘的通知在接受通知发出之前送达受盘人，发盘可以撤销。但是，发盘中写明了接受期限的，则该项发盘不可以撤销。

本案中，A 公司 3 月 5 日向 B 公司提出的"出售集成电路板 20 万块，每块 FOB 鹿特丹港 25 美元"的内容是一个集成电路板买卖的发盘。3 月 7 日，B 公司针对 A 公司的发盘发出电邮，要求 A 公司减少数量、降低价格，同时还要求对方即期装运。电邮内容明显不同意 A 公司发盘的内容，即拒绝发盘，因此，3 月 5 日 A 公司的发盘在 B 公司拒绝时即告中止。3 月 10 日 A 公司再次向 B 公司发出的电邮则构成新的发盘，并且新的发盘是规定了期限的发盘，该新的发盘送到 B 公司后，从 B 公司电邮接受新发盘时起，合同即告成立并发生法律效力。A 公司 3 月 18 日的电邮是要撤销 3 月 10 日的新发盘。但因 3 月 15 日 B 公司已对 A 公司 3 月 10 的新发盘作出了接受，因此，A 公司 3 月 18 日电邮所做的撤销发盘的行为是无效的，即 3 月 10 日的发盘是不能撤销的，B 公司作出接受以后，关于集成电路板的买卖合同即告成立，因此，B 公司要求 A 公司履行合同的做法完全正确。

最后，经过双方多次协商，A 公司同意赔偿因不履行合同给 B 公司造成的损失，终止履行合同。B 公司考虑到 A 公司的实际困难以及 A 公司愿意赔偿损失的诚意而不再坚持履行合同也是合乎常理的。

案例二

【案情介绍】

广州 A 外贸公司从越南进口某商品转卖到法国，因此向法国 B 公司发盘。B 公司在发盘的有效期内复电："接受，请提供产地证。"A 公司未予置理。半个月后，A 公司收到 B 公司开来的信用证，信用证要求提供产地证。A 公司正准备按信用证规定发运货物，因该商品非本国产品，我国商检机构不能签发产地证，经电请 B 公司取消信用证中要求提供产地证的条款，遭到拒绝，于是出现争议。A 公司提出其从未对提供产地证的要求表示同意，依法无此义务；而法国 B 公司坚持 A 公司必须提供产地证。因此，双方产生纠纷。

资料来源：张华. 国际贸易实务案例分析［M］. 北京：中国经济出版社，2020.

【案例分析】

根据《公约》第18条的规定，构成一项有效接受有三个要素：第一，接受必须由被发价人作出，即发价所指的特定人；其他人作出接受，即使条件与被发价人相同，也不能构成接受。第二，接受必须是有条件的。第三，接受的方式可以是声明（用口头或书面作出的），也可以是其他行为。行为一般包括积极行为和消极行为。积极的行为属于法律上的作为，例如买方来电购货，卖方用发货表示接受，合同是有效的；消极的行为属于法律上的不作为，即沉默。本条明确规定缄默或不作为本身不等于接受，因而排除了用不作为表示接受的途径。

《公约》第19条规定：（a）对发价表示接受但载有添加、限制或其他更改的答复，即为拒绝该项发价，并构成还价。（b）但是，对发价表示接受但载有添加或不同条件的答复，如所载的添加或不同条件在实质上并不变更该项发价的条件，除发价人在不过分迟延的时间内以口头或书面通知反对其间的差异外，仍构成接受。如果发价人不作出这种反对，合同的条件就以该项发价的条件以及接受通知内所载的更改为准。

由此可见，在接受时如果对发价的内容作了变更，则只有在符合以下两项条件时，该项接受才被认为有效、合同才能成立：（a）接受中对发价所作的变更并非实质性的变更；（b）发价人对此项非实质性的变更没有及时提出任何异议。在本案中，我国与法国均为《公约》缔约国，由于交易双方对《公约》的适用未作排除和保留，解决争议适用《公约》的规定。A公司在收到B商行对其发盘作出"提供产地证"附加条件的接受时，未提出任何异议，即接受有效，A公司应负有提供产地证的义务。B公司已根据其接受条件开立信用证，A公司接受信用证后又未提出异议，并准备履行信用证的规定交货，后因商检机构不能出证，这与B公司无关，A公司构成违约。

《公约》第19条第（3）款还具体列明了何种变更为实质上变更发价的条件，即"有关货物价格、付款、货物质量和数量、交货地点和时间、一方当事人对另一方当事人的赔偿责任范围或解决争端等等的添加或不同条件，均视为在实质上变更发价的条件"。据此，如被发价人在接受通知中对原发价中发价人提供的单据种类及份数等的修改均应视为非实质性修改，只要发价人未在不过分迟延的时间内向被发价人提出反对意见，则接受有效，据此成立的合同就应以发价内容及附有非实质性修改内容的接受为准。

【案情介绍】

某年 5 月 1 日北京时间上午 9 点，中国广州 A 公司通过电子邮件向美国纽约 B 公司发盘，欲出售一批手工艺品，纽约时间 5 月 1 日上午 9 点，B 公司打开电脑发现 A 公司的发盘，遂派出业务员 Tom 负责了解该商品的市场情况。此后的几天里，Tom 走访了公司的新老客户，进行了广泛的调查，并把调查结果向公司做了汇报。5 月 6 日早晨 9 点，B 公司经过研究认为 A 公司的发盘条件可以接受，电话指示 Tom 发出接受通知，Tom 于纽约时间 5 月 6 日上午 10 点在去荷兰的途中，用自己携带的手提电脑给 A 公司发出接受通知，A 公司发现接受通知是北京时间 5 月 7 日上午 8 点 30 分，电脑显示的接受时间是早晨 6 点 22 分。请问在此情况下合同是什么时候成立的？于何地成立？

资料来源：傅海龙等．进出口操作疑难解答及案例解析［M］．北京：对外经济贸易大学出版社，2010．

【案例分析】

合同成立的时间取决于接受何时生效，因为按照各国的法律，接受一旦生效，合同即告成立，双方当事人就要受合同的约束，承担合同所产生的权利与义务。

在接受生效问题上，英美法与大陆法分歧很大。英美法采取"投邮生效原则"，规定凡以信件、电报作出接受时，接受的函电一经投邮、拍发立即生效，合同即告成立；大陆法则采取"到达生效原则"，接受的通知必须于其到达相对人时才生效，合同亦于此时才成立。《公约》对接受生效的时间原则上采用"到达生效原则"。

对于采用计算机网络方式订立合同来说，英美法中的"投邮生效原则"是不适用的。因为网络上的电子信息可以在任何不同的网点上发出，如发送人的营业地、发送人使用计算机的任何地点，甚至可以用手提电脑在旅途中发出接收的电子信息。如果采用"投邮生效原则"，将使合同成立的地点具有很大的不确定性，甚至根本无法确定该合同究竟是在什么地点成立。而采用"到达生效原则"对于网络商务合同的订立更为适宜，因为收到信息的一方较为容易确定，有利于提供关于订立合同地点的法律确定性。

就网络商务合同中接受生效的时间和地点，可以通过对收到数据电文的时间和地点加以确定而得知。1996 年，联合国国际贸易法委员会订立了《电子商务示范法》，对此做了详细规定："除非发件人与收件人另有协议，数据电文的收到时间按下述办法确定：如收件人为接收数据电文而指定了某一信息系统，以数据电文进入该指定信息系统的时间为收到时间；如数据电文发给收件人的一个信息系统但不是指定的信息系统，则以收件人检索到该数据电文的时间为收到时间。如收件人未指定某一信息系统，则以数据电文进入收件人的任何一个信息系统的时间为收到时间。"

《电子商务示范法》对接受生效的地点进行了确定："除非发件人与收件人另有协议，数据电文应以发件人设有营业地的地点为其发出地点，以收件人设有营业地的地点为其收到地点。就本款的目的而言：如发件人或收件人有一个以上的营业地，应以其与基础交易具有最密切关系的营业地为准，又如果并无任何基础交易，则以其主要营业地为准；如发件人或收件人没有营业地，则以其惯常居住地为准。"

这一规定给订立合同的时间和地点规定了法律确定性。至于数据电文进入信息系统的时间和接受方检索到电文的时间在计算机信息系统中都有记录，因而具备客观性确定性、可查性，可以确定合同成立的时间。关于接收数据电文一方的联系营业地及主要营业地和惯常居住地都可以依据传统的判定方法进行判别后加以确定。

据此可以确定本案的生效时间是北京时间 5 月 7 日上午 6 点 22 分，生效地点为北京。

案例四

【案情介绍】

我国某出口公司甲方于 2022 年 3 月 27 日通过某国外中间商丙与进口商乙方签订书面合同销售某商品，总值为 51 000 元人民币，即期 L/C 付款，乙方付款后，由甲方汇寄丙方佣金 4%。开证日期为 2022 年 5 月 15 日前，交货时间为 6 月。

但在合约签订后，乙方未按合同规定开证，后经甲方多次催证，不仅未开证，连一个答复也没有。直到 7 月 12 日，中间商丙来电称：由于迄今未领到进口许可证，乙方请求撤约或改装至自由港口—C 港。于是，甲方电告丙，不同意撤约，但同意货运目的港改为 C 港，并请其迅速开证。不久，丙又电请甲方同意将信用证即期付款改为 D/P 即期付款。甲方未及时答复。到 11 月上旬才电告丙同意 D/P 即期付款，并告已订好舱位，月中装船。丙接电后复甲方："乙方表示拒收货物，我方仅仅是一个代理，但仍愿以 D/P120 天接收该批货物。"

甲方接电时货物已经装船，于是电告丙方请其接受货物，但对甲方是否接受D/P120 天未作任何表示。丙获悉后再次要求改为 D/P120 天，甲方对此表示不同意，因此，丙始终未提货。直至货到目的港 2 个多月后甲方才表示同意 D/P120天。此时，丙又电告甲方，船方要索取货物存入海关仓库的存仓费，如甲方负担这笔费用，丙方按 D/P120 天提取货物。甲方对此又表示不能接受，并说明这笔费用是由于丙不提货所致。甲、丙双方为此又多次争执不下，直至货物被海关当局拍卖处理。因此，甲方无法从丙处得到补偿，使甲方完全丧失该批货物。

问题：

（1）这笔交易的买卖双方当事人究竟是谁？该合同是否已由甲、乙双方转移为甲、丙双方，从而确立了新的合同关系？

（2）丙的法律地位和责任是什么？

资料来源：叶德万. 国际贸易实务案例教程［M］. 广州：华南理工大学出版社，2016.

【案例分析】

（1）这笔交易的书面合同是由甲、乙双方通过磋商达成协议后签署的正式书面合同，买卖双方都是具有权利能力和完全行为能力的独立法人，根据各国的法律规定和国际贸易惯例，双方都具有充当交易主体的资格。双方缔约的程序也符合国际贸易中缔约的一般要求，因而这是一项法律上有效的合同，双方都应受合同的约束，并应承担履行合同的法律责任。这种合同关系本来是清楚的。乙在甲多次催促下始终未开出 L/C，这是一种违约行为。根据国际惯例和各国法律规定，甲完全可以向乙提出损害赔偿的请求，直至解除合同。但是，甲却没有这么做，当时，甲由于售货心切，在多次电催乙（乙不复）后，突然接到丙来电，即抛开缔约的另一方乙而抓住中间商丙不放，多次与丙往返交涉磋商，并同意修改原合同的交易条件，直至给下发货。这样就搞乱了合同关系，甲、丙要履行的合同是原来由甲、乙双方所签订的合同，还是由甲、丙双方后来所缔结的一项新合同，或者是把原合同由乙转让给了丙呢？

如前所述，原合同关系清楚，甲、乙双方是缔约人，丙为中间商，甲、丙共同履行合同，丙不仅不是代表乙的签字人，也不是乙的担保人。从甲、丙以后的来往电文来看，其双方始终没有确立新的合同关系，因为一项合同关系的建立，必须是双方意见一致，并经过合法的程序，即一方要约和另一方的接受才能产生受合同约束的法律效果。而丙提出了一些条件，甲一开始都表示不同意或故意回避，数月后无计可施才又表示接受，这当然不能说双方已达成了协议，更不能说一方的要约经另一方接受而确立了新的合同关系。

至于一项合同的转让，从法律上说是可以的，但是，合同的转让必须经合同的双方当事人同意并办理必要的转让手续才能生效，否则任何一方都不能随意将合同的权利、义务单方面地转让给第三者。在正常的情况下，转让经双方同意后，一般还要有书面协议或委托书作为法律上的依据。而在本案中，这些手续都没有办过，乙始终退居三舍、避而不理。

（2）佣金代理商的法律地位是中间媒介，一旦买卖双方交易达成后，即由买卖双方直接签约。有时，代理商受买方或卖方的委托以委托人的名义签约，代理商与委托人的关系仍然是委托关系，合约由委托人去履行，代理商不负履约责任，但有一定程度督促对方履约的义务，享有收取佣金的权利。

本案中甲不是抓住了订约人乙据理力争，说服乙履约，乃至采取某些必要的途径，根据仲裁条款提请仲裁督促乙履约或请求乙赔偿因违约给自己造成的损失，而是放过乙，却与代理商纠缠不清，这样必然使自己处于完全被动的地位。

案例五

【案情介绍】

某年春，我国某食品进出口公司（以下简称 A 公司）与荷兰某客户（以下简称 B 公司）按 CIF 鹿特丹条件达成销售一批冷冻食品的合同。货物总量为 80 公吨，总价值为 38 000 欧元，凭规格买卖，其规格为"去毛、头及内脏"，合同中的"异议和索赔条款"规定："双方同意以装运港中国出入境检验检疫局签发的品质和数（重）量检验证书作为信用证项下议付单据的一部分。买方有权对货物的品质、数（重）量进行复检。复检费用由买方负担。如果发现品质和数（重）量与合同不符合，买方有权向卖方索赔。索赔期限为货到目的港 25 天内。"另有仲裁条款规定："一切与本合同有关的争议，双方应通过协商解决。如协商不能解决，应提交中国国际经济贸易仲裁委员会进行仲裁。"

不久，B 公司开来信用证，A 公司当即凭此办理装运，并提交全套单据向中国银行议付货款。其中，出入境检验检疫局出具的品质检验证书注明"本产品加工及冷冻良好，完全适合人类食用。"

货到目的港后，B 公司发来电传，声称"货物达到目的港时，品质和包装均完好，经过海关放行，已开始向客户销售，但所有客户都抱怨食品带有鱼腥味，当地卫生局认为不适合人类食用，禁止出售。"

货物在冷冻条件下是没有气味的，也不存在运输途中遭受外界污染的迹象，故不能向轮船公司或保险公司索赔。但解冻和融化后就会出现这种问题。可以推断，所选用的家禽系用鱼粉饲养，并一直用到屠宰前为止。

随后，B公司又寄来了当地某大学实验室的化验报告，证实货物存在缺陷，同时建议我方派人实地复检。B公司还表示："如不同意，就将根据合同条款进行仲裁，要求退货和偿还全部货款以及赔偿开证费、利息、运输费用、进口税等一切损失。"如此，A公司将遭受经济和声誉双重损失。

对此，A公司一再声称，其完全按照合同规定交付了货物，也提供了"适合人类食用"的品质检验证书，故不同意索赔。B公司复电仍坚持要求退货，并要求赔偿全部损失共计40多万欧元。

A公司经过反复研究后认为，根据合同条款，其既没有违约，也没有过错，可以不承担责任。A公司指出："我们不能接受你们的退货要求，也没有义务承担你们的任何损失。因为我们所装的货物是适合人类食用的，也就是符合合同规定的。至于其中有一部分带有鱼腥味，这是国际市场上也是我方供货的通常品质。而且我方供给你方的货物与供给其他地区的货物在品质上是相同的。其他地区都反映良好，销售逐年增加，更没有因带有鱼腥味而被称为'不适合人类食用'，因此，我方按合同规定供应的货物是无可指责的。我方再次声明不能受理你方索赔，也不同意你方提出退货和赔偿的要求。"

请问：中方A公司提供的货物合格吗？其拒绝退货和赔偿的理由成立吗？为什么？

资料来源：陈丽丽. 国际贸易案例精选与解析［M］. 北京：中国人民大学出版社，2020.

【案例分析】

本案例争议的焦点是B公司能否以货物不适合人类食用为理由主张退货和索赔，也就是卖方所交货物是否符合合同的要求。

本案中合同的品质条款只规定了商品的品名和规格，并没有明确规定商品的使用目的，因此应该理解为卖方交付货物的品质担保是符合合同明确规定的质量规格以及适合人类食用的通常使用目的的。如果交付货物确实不适合人类食用，也就是"不适合同一规格之货物的通常使用目的"或"不适合商销品质"，卖方则应对此承担责任。但是实际情况是A公司的供货并非如此，这是因为：第一，出入境检验检疫局的品质检验证书上已经注明"完全适合人类食用"；这种品质的食品在其他地区早有销售，无不良反应，足以说明这种带有鱼腥味的食品并不影响人体健康。由此证明，B公司"货物不适合人类食用"的理由是不能成立的，B公司不得以此为理由退货和索赔。

复习思考题

（一）简答题

1. 什么是出口交易磋商？其一般程序包括哪些环节？

2. 构成一项有效的发盘需要具备哪些条件？

3. 在国际贸易中，合同的成立时间和生效方式是如何规定的？

4. 在出口交易磋商中，如果发盘人撤销了发盘，其法律后果是什么？

5. 如何避免出口交易磋商与合同签订中的问题？

6. 如何保障出口合同条款的合法性和执行力？

（二）案例分析题

1. 广州某进出口公司，与德国一家公司签订了 6 万公吨大米的 CIF 出口合同，装运期分别为当年的 4、5、6 月，每月装运 2 万公吨。广州公司在 3 月初便组织好了货源，恰好该公司的另一交易租用的船只因解约而空仓，便于 3 月 10 日将 2 万公吨大米装上了船。货到汉堡港，德国公司拒绝付款赎单，理由是广州公司没按合同规定时间将大米装船，从而给德国公司带来了仓储费及其他额外费用，打乱了其销售计划安排，广州公司赶紧与德国公司磋商，表示愿意承担上述各项额外费用，希望德国公司付款赎单，但此时大米国际市场行情下跌，德国公司拒绝了上述建议，广州公司只好将大米就地廉价处理，问广州公司应吸取哪些教训？

2. 广州一外贸公司出口法国一批货物，合同规定用塑料袋包装，唛头要用英文和法文。但广州公司的交货改用了其他包装，只有英文的唛头，国外商人为了适应当地市场的销售要求，不得不雇人重新更换包装和唛头，后向广州公司提出索赔。请问广州公司是否完成了卖方的交货义务？法国公司是否可以索赔？

3. 某年 9 月，我国某进出口公司（买方）与美国某贸易公司（卖方）签订了两份购买柠檬酸的合同，CIF 成交，合同规定标的物为 CITRIC ACID BP80。据 BP80 标准，柠檬酸和一水柠檬酸的状态应该为无色结晶或结晶性粉末，但当第一笔合同的货物到达后，我方发现有结块现象，于是在次日向卖方提出索赔，并称将安排 SGS 检验。

但卖方拒绝我方的索赔，理由如下：一是柠檬酸结块是普遍的正常现象；二是根据 INCOTERMS2020 有关规定，合同的风险在装运港装上船后就已经转移到买方，因此与己无关，但对我方提出将安排 SGS 检验没有提出异议。

其后，我方向 SGS 申请检验，SGS 委托 SJH 公司出具检验报告。检验报告指出，集装箱完好无损，而已取出放在仓库托盘上的货物，大多数袋内货物已经结块，有些袋外有干的棕色锈斑，第二份合同货物的情况也基本相同。对此，卖方又提出，根据合同的规定，作为索赔依据的检验证明必须由卖方同意的检验机构作出，我方委托的SGS 没有经过他们同意，因此无效，

请分析该案卖方是否要负赔偿责任。

资料来源：余庆瑜. 国际贸易实务原理与案例［M］. 北京：中国人民大学出版社，2014.

4. 我国某出口公司 A 向日本公司 B 以 CIF 大阪条件出口一批土特产，B 公司又将该批货物转卖给韩国的公司 C。货物到达大阪后，B 公司发现货物的质量有问题，但是 B 公司仍然将原货物转销至韩国。其后，B 公司在合同规定的索赔期限内凭韩国商检机构签发的检验证书向 A 公司提出退货要求。

请问这种情况下，A 公司应该怎样处理？为什么？

5. 我国 A 公司向新加坡 B 公司以 CIF 新加坡条件出口一批服装。订立合同的时候，A 公司已经知道该批货物要转销乌干达。该货物到达新加坡之后立即被转运乌干达。其后，新加坡的买主在合同规定的索赔期限内凭乌干达商检机构签发的检验证书向 A 公司提出索赔。

请问我国的 A 公司应该怎样对待乌干达商检机构签发的这个检验证书？为什么？

6. 青岛 A 公司向香港 B 设备进出口公司订购三台特殊的印刷设备，单价 8 000 美元，交货期某年 6 月 5 日。A 公司告诉香港 B 设备进出口公司务必及时交货，否则会影响一笔 7 万美元的订单。之后，香港公司没有按时交货，A 公司只好以 8 150 美元一台的价格（当时的市场价格）向其他公司购买了三台同样的设备，另外还失去了 7 万美元的订单。请问：按《公约》规定，A 公司是否有权就印刷设备的差价向香港 B 公司索赔？A 公司是否可以向香港公司索赔失去 7 万美元订单的损失？如果这一时期有一家美国公司向 A 公司预订了一笔 10 万美元的业务，也由于香港 B 公司没有及时交货而失掉了，A 公司能否就该笔业务的损失向香港 B 公司索赔？

7. 买方从国外进口一批供感恩节出售的火鸡，卖方交货的时间比合同规定的时间晚了一个星期，由于感恩节已过，火鸡在市场上难以销售，请问买方是否有权撤销合同？

买方从国外进口一批普通肉鸡，卖方的交货时间比合同的规定时间晚了一个星期，在这段时间里，肉鸡的市场价格没有发生什么变化，供销情况亦正常，请问买方是否有权撤销合同？

8. 某外贸公司以 CIF 从巴西进口马口铁，投保了海洋货物运输保险条款的一切险。在上海卸货后发现部分货物有不同程度锈蚀。为了弄清锈损原因，有关方面会同外轮代理公司、港区、理货等单位进行了调查，通过查阅有关单证，发现载货轮船并未进过水，途中也未遭遇海上事故，在港区卸货时天气晴好，堆货场地上盖下垫都没有问题，卸货后堆存期间也未下过雨，因此，排除了在运输过程中进水致损的可能，断定为装船前货物在堆场堆放期间因木底脚吸潮所致。请问，该货损的责任人是谁？保险公司是否要负责任？

9. 广州某公司以 CIF 广州从澳大利亚进口巧克力食品 2 000 箱，即期不可撤销信用证支付。货物从澳大利亚某港口装运后，出口商向银行提交了已装船清洁提单和包括一切险及战争险的保险单。货到广州后，公司复验发现下列情况：该批货物共 8 个批号，抽查 16 箱，其中 2 个批号沙门氏细菌超标；短少 8 箱；有 21 箱货物外表状况良好，但箱内货物共短少 85 千克。请问以上各项损失应该向谁索赔？

10. 某年 8 月 20 日，一艘承载上海某贸易公司（本案进口方）的进口钢材的外国货轮到达广州港，船在锚地进行检查时发现钢材上层严重锈蚀。后据调查，该船到达前曾航行于赤道附近多日，并曾遇到过大雨。该钢材买卖合同采用的是 CIF 条件，付款方式为托收，但没有索赔条款。那么，作为买方，在收到受损的货物后应当如何进行进口索赔呢？

11. 我国某外贸公司曾代国内某用户引进一套榨菜籽油的设备，合同总金额为 870 万欧元。合同规定："主要设备在瑞士、德国、奥地利、瑞典及其他卖方选择的国家制造"。"卖方保证供应的设备都是新的和现代化的，以及在植物油工业中都具有先进技术标准。""卖方保证该设备能够达到国际标准，保证期限将限于开工后 12 个月或设备装运后 20 个月，哪一个先发生，便以哪一个为准。"

检验索赔条款当中规定："货物运抵后……买方应请求中国商品检验局做初步检验，若买方提出索赔，卖方有权自费指派国外检验机构 SGS 检验员证实有关索赔，检验员的检验结果为终局的，对双方具有约束力。"

支付条款中规定："为了保证……本金和利息的偿还，买方应按卖方指定……形式开出五份本票，应由中国银行无条件并以不可撤销的以……形式（保函）给予保证。"

仲裁条款中规定："执行本合同发生的一切争执，应通过友好协商解决；如果不能友好协商，任何一方都可以提交……王国国际商会仲裁院进行仲裁，仲裁院将采用……王国实体法，仲裁裁决是终局的，对双方都有约束力。"

购进的设备经过安装、调试和试用，部分设备不能正常运转，我方即凭中国商检机构出具的品质检验证书向外商索赔，但经过多次交涉均未获结果，致使我方遭受无法补救的经济损失。请分析本案中的合同条款有何不妥之处。

资料来源：陈同仇，薛荣久．国际贸易案例分析［M］．北京：对外经济贸易大学出版社，2014．

12. 我国某公司（以下简称为我方）与荷兰某公司（以下简称为对方）于某年1月通过函电签订了一份销售合同，由我方向对方出售化工原料5 000公吨。注明价格条款为CIF鹿特丹港，总金额250万美元（total amount cif rotterdam net usd 2 500 000）。包装条款为适于海运的包装（packing in seaworthy packing）。保险由卖方办理（insurance to be covered by the seller）。索赔条款：货物到达目的港经卖方认可的检验人员证明后，数量和规格问题应于15天之内、质量问题应于90天之内向卖方提出索赔要求。

在货物发运前，对方公司负责人到我方仓库查看了货物包装情况，表示满意。从当年2月起，我方开始向对方发货；船方也出具了清洁提单，对袋装及托盘并无批注意见。货物运抵目的港后，对方发现两批货物中有部分托盘和袋子损坏。于是，对方单方面聘请×××公证行检验货物，并自行将损坏的托盘更新，以便继续在陆上运输。对方的检验报告表明破损原因是"由于托盘木条强度不够、不适宜海上运输，以及包装袋捆扎不紧所致"。对方于5月写信给我方提出索赔，要求我方负责赔偿重新包装破损货物以及所使用的人力、铲车、制作新托盘、购买新袋子、监工、货物检验等费用，索赔金额20万美元。我方答应负担有关损失的一半，并"希望贵公司能仔细考虑并将意见复告，并盼早日来人商谈具体事宜"。

6月，我方同对方驻京代表进行洽谈。我方仍坚持按对方所提赔偿的50%理赔，并要求对方补齐所缺的公证行证明，但洽谈没有结果。对方于8月电传我方，要求我方赔偿全部索偿金额的70%。对此，我方予以拒绝。

之后，我方又曾去电传要求对方再订购一定数量的货物作为我方理赔的条件，但对方未接受。10月，对方向中国国际经济贸易仲裁委员会上海分会提出仲裁申请。

对方申诉书提出：

（1）按CIF条款成交，卖方应该将货物完整无缺地交给买方，否则与FOB条款无区别；

（2）卖方发货包装不牢固、托盘木条强度不够，有潜在缺陷，不适宜海上运输。

（3）卖方提出的有条件的赔偿这个先决条件不公平。

我方答辩：

（1）按国际贸易惯例，履行CIF销售合同，卖方的风险在货物装上船后即转移给买方，货物的灭失与损坏均由买方负责。

（2）我方货物的习惯包装是25千克一袋的塑料内包装和聚丙烯编织袋外包装，适合远洋运输，没有违反合同。托盘是运输工具，不是包装，托盘的结构和捆扎方式是一目了然的。经过承运人有专业经验的人员验收并出具了清洁提单，不存在"潜在缺陷"的问题。货物到达目的港后，托盘的作用已经结束，对方重新整理托盘是为了其自身业务的需要，目的是将该批货物再由陆路转运销售给其客户，这与本合同无关，我方不应承担这项整理费用。

（3）以前双方协商时，我方出于发展双方业务及友好关系的良好愿望，曾提出如果对方购买一定数量的化工原料，我方同意贴补争议费用的50%，这纯系争取业务的优惠方法。贸易业务中的先决条件是否公平、接受与否由贸易双方协商决定，绝不意味着我方同意承担赔偿。

最后，在上海仲裁委员会的调解下，双方于当年12月通过协商并达成协议，对方撤诉，不再提及修理托盘的费用，我方则给予对方适当补贴，主要是对方直接以25千克的小包装装卸而增加的费用。至此，本案了结。请问：本案中的合同条款存在哪些问题？我方的包装有没有问题？托盘是运输工具还是包装？按CIF条款成交，卖方是否应该将货物完整无缺地交给买方？在处理对方提出索赔时，我方有何失误之处？

13. 某年7月，我国某粮油进出口公司（以下简称我方公司）与新西兰GP公司成交油炸花生米300公吨，每公吨380美元，总金额11 400美元，交货期为当年10～11月。合同规定，双方发生争议时先协议解决；如协商不成，则提交仲裁机构解决，仲裁地点为中国，仲裁机构为中国对外经济贸易仲裁委员会。

我方公司在签订合同后开始组织货源，但由于供应货物的加工厂能力有限，致使货源不足，我方公司当年只交了100公吨，其余200公吨经双方协商同意延长至下一年度交货。

次年，我国部分花生产地发生自然灾害，花生减产，又加上供货的工厂停止生产这种产品，我方公司无力组织货源，于是次年10月20日函电对方公司，以不可抗力为理由，要求免除交货责任。

对方公司在随后的回电当中认为自然灾害并不能成为卖方免交货物的"不可抗力"理由，并称该商品市场价格已经上涨，由于我方公司未交货已致使其损失3万美元，因而要求我方公司无偿供应其他品种的同类食品抵偿其损失。

我方公司不同意此项要求，坚持"不可抗力"是不能交货的理由，因而不承担不能交货的责任，也无义务对对方公司进行其他补偿。

在协商不成的情况下，对方公司根据仲裁条款向中国仲裁机构提出仲裁。仲裁申请书中强调，中方公司所称不可抗力的理由不能成立，延迟交货的原因是加工不足，而这之后出现的自然灾害不能作为不可抗力的理由而免除交货的责任，并提出中方公司如不愿以商品抵偿其损失，对方公司就坚持索赔3万美元。请问本案例中中方公司能否以不可抗力为理由要求免除交货责任？为什么？

第四章　国际贸易术语案例

第一节　国际贸易术语及《Incoterms®2020》

一、贸易术语与国际贸易惯例

（一）贸易术语的含义

贸易术语（trade terms）也被称为价格术语、价格条件（price terms），是在长期的国际贸易实践中产生的，用来表示成交商品的价格构成和交货条件，确定买卖双方风险、责任、费用划分等问题的专门用语。

（二）贸易术语的作用

1. 有利于贸易双方缩短洽商时间，订立交易合同。由于每一种贸易术语对贸易双方的义务都有统一的解释，有利于贸易双方明确各自的权利和义务，早日成交。

2. 有利于贸易双方核算价格和交易成本。各种贸易术语对于成本、运费和保险费等各项费用由谁负担都有明确的界定，贸易双方比较容易核算价格和交易成本。

3. 有利于解决贸易过程中的争议。由于贸易术语由相关的国际惯例解释，贸易双方在交易中的争议可通过国际贸易惯例来解释。

（三）有关贸易术语的国际贸易惯例

1. 《1932年华沙牛津规则》。《1932年华沙牛津规则》（Warsaw-Oxford rules, 1932）是由国际法协会制定的，旨在统一解释CIF合同的规则。该规则共包含21条，对CIF合同的性质、特点以及买卖双方的权利和义务进行了具体的规定和说明。它为那些按CIF贸易术语成交的买卖双方提供了一套易于使用的统一规则，供买卖双方自愿采用。在缺乏标准合同格式或共同交易条件的情况下，买卖双方可约定采用此项通则。凡在CIF合同中订明采用华沙牛津规则者，则合同当事人的权利和义务应按此规则的规定办理。由于现代国际贸易惯例建立在当事人"意思自治"的基础上，具有任意法的性质，因此，买卖双方在CIF合同中也可变更、修改规则中的任何条款或增添其他条款。当此规则的规定与 CIF 合同内容相抵触时，仍以合同规定为准。自 1932 年公布以来，华沙牛津规则一直沿用至今，并成为国际贸易中颇有影响力的国际贸易惯例。这一规则在一定程度上反映了各国对 CIF 合同的一般解释，其中，某些规定的原则还可适用于其他合同。例如，规则规定在 CIF 合同中，货物所有权转移给买方的时间应当是卖方把装运单据（提单）交给买方的时刻，即以交单时间作为所有权移转的时间。这一原则虽是针对 CIF 合同的特点制订的，但一般认为也可适用于卖方有提供提单义务的其他合同。

2. 《1990 年美国对外贸易定义修订本》。《1990 年美国对外贸易定义修订本》（Revised American foreign tradede finitions 1990）（简称《美国对外贸易定义》）是由美国几个商业团体制定的。它最早于 1919 年在纽约制定，原称为《美国出口报价及其缩写条例》。后来于 1941 年在美国第 27 届全国对外贸易会议上被修订。这一修订本经美国商会、美国进口商协会和全国对外贸易协会所组成的联合委员会通过，由全国对外贸易协会予以公布。1990 年，根据形势发展的需要，该定义被再次修订，并被命名为《1990 年美国对外贸易定义修订本》。《1990 年美国对外贸易定义修订本》中所解释的贸易术语共有六种，分别为：EXW（ex works）（产地交货）；FOB（free on board）（在运输工具上交货）；FAS（free along side）（在运输工具旁边交货）；CFR（cost and freight）（成本加运费）；CIF（cost, insurance, freight）（成本、保险费、运费）；DEQ（delivered ex quay）（目的港码头交货）。

《美国对外贸易定义修订本》主要在美洲一些国家使用，由于它对贸易术语的解释，特别是对第 2 和第 3 种术语的解释与下面提到的《国际贸易术语解释通则》有明显的差异，所以，在同美洲国家进行交易时应加以注意。

3. 《国际贸易术语解释通则》。《国际贸易术语解释通则》（以下简称《通则》）英文为 international rules for the interpretation of trade terms，缩写形式为 incoterms，它是国际商会为了统一对各种贸易术语的解释而制定的。最早的《通则》产生于 1936 年，后来为适应国际贸易业务发展的需要，国际商会先后在 1953 年、1967 年、1976 年、1980 年、1990 年、2000 年、2010 年、2020 年共八次进行过部分修改和补充。

二、《国际贸易术语解释通则 2020》

2019 年 9 月 10 日，国际商会（ICC）官方正式对外发布新版《国际贸易术语解释通则 2020》（Incoterms®2020），并于 2020 年 1 月 1 日正式实施。总体上看，《国际贸易术语解释通则 2020》的国际贸易术语分成两类、4 组、11 个贸易术语。其中，两类分别是适用于任何运输方式（EXW、FCA、CPT、CIP、DAP、DPU、DDP）以及仅适用水运（FOB、FAS、CFR、CIF）。4 组分别是 C 组、D 组、E 组、F 组。11 个术语分别是 EXW、FOB、FAS、FCA、CFR、CIF、CPT、CIP、DAP、DPU、DDP 等。

Incoterms®2020 的结构

适用于任何运输方式类（any mode of transport）		
EXW	ex works	工厂交货
FCA	free carrier	货交承运人
CPT	carriage paid to	运费付至
CIP	carriage and insurance paid to	运保费付至
DPU	delivered at place unloaded	运输终端交货
DAP	delivered at place	指定目的地交货
DDP	delivered duty paid	完税后交货
仅适用于水运类（sea and inland waterway transport only）		
FAS	free alongside ship	装运港船边交货
FOB	free on board	装运港船上交货
CFR	cost and freight	成本加运费
CIF	cost, insurance and freight	成本加运保费

（一）EXW（ex works）工厂交货

是指当卖方在其所在地或其他指定的地点，如工场（强调生产制造场所）、工厂（制造场所）或仓库等，将货物交给买方处置时即完成交货。卖方不需将货物装上任何运输工具，在需要办理出口清关手续时，卖方亦不必为货物办理出口清关手续。

交付地点：卖方所在地的工厂仓库或其指定地。

双方都应该尽可能明确地指定货物交付地点，因为此时（交付前的）费用与风险由卖方承担。买方必须承担在双方约定的地点或在指定地受领货物的全部费用和风险。

EXW 是卖方承担责任最小的术语。它应遵守以下使用规则：卖方没有义务为买方装载货物，即使在实际中由卖方装载货物可能更方便；若由卖方装载货物，相关风险和费用亦由买方承担。如果卖方在装载货物中处于优势地位，则使用由卖方承担装载费用与风险的 FCA 术语通常更合适。

（二）FOB（free on board）装运港船上交货

由卖方将货物交付至买方指定的船上。买方承担货物交付后起至买方工厂所在地期间的所有费用和风险。

交付地点：卖方所在地装运港的船上。

1. 卖方承担。

费用：工厂仓库至装运港的船上期间的运输费、装卸费。

风险：工厂仓库至装运港的船上期间的一切风险。

其他文件手续：需准备出口所需的一切文件，如商业发票、装箱单、原产地证明等。

2. 买方承担。

费用：货物交付后的一切费用，如运输费、保险费、出口国和进口国的关税等。

风险：货物交付后的一切风险，如货物灭失被盗、限制进口等。

（三）FAS（free alongside ship）装运港船边交货

由卖方将货物交付至买方指定的船边。买方承担货物交付后起至买方工厂所在地期间的所有费用和风险。

交付地点：卖方所在国装运港的船边的装卸码头。

1. 卖方承担。

费用：工厂仓库至装运港的船边的费用。

风险：工厂仓库至装运港的船边的一切风险。

其他文件手续：需准备出口所需的一切文件，如商业发票、装箱单、原产地证明等。

2. 买方承担。

费用：货物交付后的一切费用，如运输费、保险费、进口国的关税等。

风险：货物交付后的一切风险，如货物灭失被盗、限制进口等。

（四）FCA（free carrier）货交承运人

由卖方将货物交付至买方指定承运人的仓库或其指定地点。买方承担货物交付后起至买方工厂所在地期间的所有费用和风险。

交付地点：卖方所在地指定承运人的仓库或其指定地点，承运人通常为第三方货运代理人。

1. 卖方承担。

费用：工厂仓库至指定承运人的仓库或其指定地点期间的运输费、装卸费。

风险：工厂仓库至指定承运人的仓库或其指定地点期间的一切风险。

其他文件手续：需准备出口所需的一切文件，如商业发票、装箱单、原产地证明等。

2. 买方承担。

费用：货物交付后的一切费用，如运输费、保险费、出口国和进口国的关税等。

风险：货物交付后的一切风险，如货物灭失被盗、限制进口等。

（五）CFR（cost and freight）成本加运费

由卖方将货物交付至买方指定的船上并支付工厂仓库至买方目的港码头的运输费用。买方承担货物交付后起至买方工厂所在地期间的部分费用和风险。

交付地点：卖方所在地装运港的船上。

1. 卖方承担。

费用：工厂仓库至买方目的港码头的运输费用。

风险：工厂仓库至装运港的船上期间的一切风险。

其他文件手续：需准备出口所需的一切文件，如商业发票、装箱单、原产地证明等。

2. 买方承担。

费用：货物交付后的一切费用，但不包含卖方已支付的运输费用，如部分运输费、保险费、进口国的关税等。

风险：货物交付后的一切风险，如货物灭失被盗、限制进口等。

（六）CIF（cost，insurance and freight）成本加保险费、运费

由卖方将货物交付至买方指定的船上并支付工厂仓库至买方目的港码头的保险费和运输费用。买方承担货物交付后起至买方工厂所在地期间的部分费用和风险。

交付地点：卖方所在地装运港的船上。

1. 卖方承担。

费用：工厂仓库至买方目的港码头的保险费和运输费用。

风险：工厂仓库至装运港的船上期间的一切风险。

其他文件手续：需准备出口所需的一切文件，如商业发票、装箱单、原产地证明等。

2. 买方承担。

费用：货物交付后的一切费用，但不包含卖方已支付的保险费和运输费用，如部分运输费、部分保险费、进口国的关税等。

风险：货物交付后的一切风险，如货物灭失被盗、限制进口等。

补充说明：虽然卖方支付了至目的港的保险费和运输费用，但实际的交付地点并没有延长至买方所在地的目的港，买方需要承担交付后的一切风险和部分费用。

（七）CPT（carriage paid to）运费付至

由卖方将货物交付至指定交货地点并支付工厂仓库至买方所在的目的地的运输费

用。买方承担货物交付后起至买方工厂所在地期间的费用和风险。

交付地点：指定交货地点。

1. 卖方承担。

费用：工厂仓库至买方所在的目的港期间的运输费用。

风险：工厂仓库至买方所在的目的港期间的一切风险。

其他文件手续：需准备出口所需的一切文件，如商业发票、装箱单、原产地证明等。

2. 买方承担。

费用：货物交付后的一切费用，但不包含卖方已支付的费用，如进口国的关税等。

（八）CIP（carriage and insurance paid to）成本加保险费、运费付至

由卖方将货物交付至指定地点并支付工厂仓库至买方所在的目的地的保险费和运输费用。买方承担货物交付后起至买方工厂所在地期间的费用和风险。

交付地点：指定交货地点。

1. 卖方承担。

费用：工厂仓库至买方所在的目的港期间的保险费和运输费用。

风险：工厂仓库至买方所在的目的港期间的一切风险。

其他文件手续：需准备出口所需的一切文件，如商业发票、装箱单、原产地证明等。

2. 买方承担。

费用：货物交付后的一切费用，如进口国的关税等。

风险：货物交付后的一切风险，如限制进口等。

（九）DAP（delivered at place）指定目的地交货

由卖方将货物交付至买方所在地。

交付地点：买方所在地。

1. 卖方承担。

费用：工厂仓库至买方所在地期间的一切费用。

风险：工厂仓库至买方所在地期间的一切风险。

其他文件手续：需准备出口所需的一切文件，如商业发票、装箱单、原产地证明等。

2. 买方承担。

费用：进口国的关税、货物到达后的卸货费等。

（十）DPU（delivered at place unloaded）运输终端交货

由卖方将货物交付至买方所在地并承担卸货费。

交付地点：买方所在地。

1. 卖方承担。

费用：工厂仓库至买方所在地期间的一切费用并承担卸货费。

风险：工厂仓库至买方所在地期间的一切风险。

其他文件手续：需准备出口所需的一切文件，如商业发票、装箱单、原产地证明等。

2. 买方承担。

费用：进口国的关税。

风险：无

（十一）DDP（delivered duty paid）完税后交货

由卖方将货物交付至买方的工厂所在地并支付进口国的关税。

交付地点：买方的工厂所在地。

1. 卖方承担。

费用：工厂仓库至买方的工厂所在地期间的一切费用。

风险：工厂仓库至买方的工厂所在地期间的一切风险。

其他文件手续：需准备出口所需的一切文件，如商业发票、装箱单、原产地证明等。

2. 买方承担。

费用：无。

风险：无。

总体而言，买方在 EXW 条款下需要承担最大的费用和风险，而在 DDP 条款下承担最小的费用和风险。对于卖方而言，在 EXW 条款下需要承担最小的费用和风险，在 DDP 条款下承担最大的费用和风险。贸易术语发起于国际跨境贸易，但部分条款（如 EXW、DDP）同样适用于国内贸易。贸易术语必须后缀具体的交付地点名称才是完整的，比如：EXW DONGGUAN、CIF HONGKONG、DDP BEIJING 等。

三、贸易术语的选择

1. 买卖双方的市场优势：若是买方市场，卖方可选择对其较有利的 EXW、FAS 或

FOB 条件。

2. 当事人的能力：若买方的营销能力强，卖方所在地设有分支机构、代办处，可办理出口手续，则可采用 EXW 条件；对应地，能力强的卖方可采用 DDP。

3. 运输方式：以海运方式运输的合同可采用 FAS、FOB、CIF、CFR，而 EXW、FCA、CPT、CIP、DDP 可适用任何运输方式。

4. 货物的种类：若成交的是 general cargo，多数以定期租船运输为主，需要预订，采用 CFR、CIF、CPT 或 CIP，由卖方在出口地负责安排运输事宜；若成交货物为大宗物资或散装货，多以不定期船运输，采用 FOB 或 FAS 等由买方洽订运输。

5. 法规限制：有些国家规定，以 CFR 或 CIF 条件出口的，需指定本国船公司运输及/和保险公司投保。

6. 运费及保费的考虑：有些出口商和船公司或保险公司有良好关系或契约，可享受优惠费率，则可选择由卖方安排运输和/或保险；若运费及保费有上涨/下跌趋势，可采用 FOB/CIF 或 CFR 条件。

第二节　案例分析

案 例 一

【案情介绍】

中山古镇 A 灯饰企业出口 3 000 套灯具，报价 FOB。由于进口国没有集装箱运输条件，买方规定用托盘装载，20 套灯具一个托盘。在出运港装船时，一个托盘从钓钩中滑落，20 套灯具落入水中损坏，最后 A 灯饰企业自己承担损失。

资料来源：张泽海，费彬河，杨家威 . FOB 交货，货物发生损失谁承担？ ［DB/OL］. (2019 - 12 - 04). https://mp. weixin. qq. com/s/F31hjGoVc8t9_DPKcg_W7w.

【案例分析】

卖家把货放上船前，物权还是属于卖家，货物一旦发生损坏、灭失，风险和责任由卖家承担。即交货的临界点是把货物"放到船上"。使用 FOB 时，尽管船是买方指定的，但是装船环节产生的损失还是归于卖方。卖方在实务中如果提前沟通好装船方式并提供相匹配的产品包装方式，可以有效避免装船环节的意外。

案例二

【案情介绍】

东莞沙田一水泥企业向韩国出口水泥1万公吨，报价为 FOB 青岛 USD40.00/MT。合同订立后，因货源紧张，卖方请求韩国买方延迟派船，买方口头同意，但未对合同作出修改。卖方装船后寄出提单，但是货到目的港时正逢水泥市价大跌，买方便以装船期违反合同为由，拒不付款提货，最终卖方只能将水泥低价折让。

资料来源：张泽海，费彬河，杨家威. FOB 交货，货物发生损失谁承担？［DB/OL］.（2019－12－04）. https：//mp. weixin. qq. com/s/F31hjGoVc8t9_DPKcg_W7w.

【案例分析】

FOB 条件下买方延迟派船或其他原因导致不能按期装船，卖方就只能在仓储等待，这一方面会增加仓储等费用的支出，另一方面也会导致卖方在装运期限上违约。首先，使用 FOB 时，卖方要重视船货衔接的问题，既要明确约定买方的派船细节，也要为自己预留足够的交货期；其次，无论对合同做任何的修改，都应当留下书面的证据，避免纠纷出现后吃"哑巴亏"。

案例三

【案情介绍】

出口商 A 公司向美国 B 公司出口一批日用商品，价格术语为 FOB。货物在起运港按 B 公司的指示交指定货代，并由承运人运往美国。货物运输期间 B 公司破产，致使部分货物到目的港后滞留，后又被美国海关扣留，B 公司无力提货，也无法弃货、转卖或退运。

一段时间后，A 公司收到承运人催讨运费、港口仓储费和滞箱费等损失的邮件。承运人称，由于 B 公司已经破产，截至邮件日已产生堆存费6 520美元，之后每日每箱仍将收取370美元费用。由于货物提单上记载的托运人为 A 公司，承运人依照《海商法》第八十八条规定要求 A 公司作为托运人承担相关费用。

资料来源：中国信保企业服务编辑部. 信保说案｜FOB 价格条件下出口企业对承运人费用的补充责任风险［DB/OL］.（2020－03－26）. https：//mp. weixin. qq. com/s/WMs83RkkzSzzXQz4TnerrA.

【案例分析】

本案例中，因缔约托运人已经破产，实际已无法追讨。在承运人留置货物并拍卖后仍无法弥补相关费用的情况下，被保险人 A 作为发货托运人仍有对相关损失的补充责任。这也是承运人向 A 公司追讨的基本理由。

综上所述，即便是 FOB 这类买方负责运输的价格术语，出口商作为发货托运人仍有对承运人的损失承担补充责任的法律风险。因此建议：

（1）出口商应在贸易合同中明确约定相关承运人费用全部由买方承担，要求买方向卖方出示其与承运人约定运费及目的港费用均由买方承担的订舱合同，以及卖方在起运港交付货物前要求承运人书面确认运费及目的港费用均向买方收取，与卖方无关。

（2）如未取得上述文件时，应密切关注货物走向，一旦发现货物在目的港滞留时应及时指示承运人回运、转运或处置，要求承运人尽到减损义务，从而规避或减少前述的额外损失。

案例四

【案情介绍】

某年 7 月，广东韶关某外贸公司与阿联酋一商人以 CFR 价格术语签约外销一批工业缝纫机，支付方式为即期信用证付款。签约后不久，买方按期开来信用证，外贸公司凭证发货，在韶关装箱后，运往广州黄埔装船，全套单据齐备后，交往中国银行韶关分行议付，中行很快从开证行处收回货款。

货到目的港后，客户提货时发现部分货物有锈损现象，当即请 SGS（瑞士通用检验公司）予以检验，检验结果表明集装箱内上方结有一层水珠、靠近集装箱内顶的货物外包装纸箱背浸湿、部分缝纫机镀铬部分发生锈损、集装箱顶部有沙眼，并拍摄了 18 张照片以资证明。客户根据检验结果推断损失原因为：一是载货集装箱本身潮湿，事先未经干燥处理；二是货物在韶关装箱时，冒雨作业；三是从韶关运往黄埔港途中遇暴风雨，水珠从沙眼处渗入箱内。客户进一步认为，货物损失发生在装箱后至装船前，即 CFR 价格术语规定的风险责任转移之前，因此认为韶关该外贸公司应负责赔偿责任。

问题：

（1）水珠的形成还有没有其他原因？

（2）为什么外商总是强调货损发生在装船前？而不提有可能发生在海运

途中?

（3）货损发生在海运途中，损失应由谁负担?

（4）如果本案例支付方式为远期付款交单或货到后付款，结果会怎么样?

（5）怎样让外商放弃索赔要求?

如果你作为该案主管业务员，应如何处理上述问题?

资料来源：朱春兰等. 新编国际贸易实务案例分析 [M]. 大连：大连理工大学出版社，2016.

【案例分析】

（1）货物装箱时气温很高，热空气被密封于集装箱内，海运途中一旦遇冷，便在集装箱内部凝结成水珠。

（2）CFR 合同属象征性交货，风险和责任划分为装运港船上，买方是想将货损责任推到卖方头上。

（3）CFR 合同风险和责任划分为装运港船上，海运途中的风险自然由买方承担。一般买方通过投保转移风险，但本案中买方并未投保，所以才会将责任推给卖方。

（4）买方会利用这两种对其有利的付款的方式拒绝付款或扣除一定比例的货款作为赔偿，将未投保造成的损失转嫁到卖方头上。

（5）首先，先从船代处开具一份集装箱经过干燥处理的证明，再从装箱地气象局弄一份装箱后至装船前这一时期天气晴好的证明；其次，声明 CFR 条款风险划分为装运港船上，装船后所遇风险造成的损失可向保险公司索赔，如果买方未保险，后果自负。

案例五

【案情介绍】

我某外贸公司与德国进口商签订一份皮手套合同，价格条件为 CIF 汉堡，向中国人民保险公司投保一切险。生产厂家在生产的最后一道工序将手套的温度降到了最低温度，然后用牛皮纸包好装入双层瓦楞纸箱，再装入 20 英尺集装箱，货物到达汉堡后，检验结果表明，全部货物湿、霉、沾污、变色，损失价值达 8 万美元。据分析，该批货物出口地不异常热，进口地汉堡不异常冷，运输途中亦无异常，完全属于正常运输。

问题：

（1）保险公司是否应对该批损失给予赔偿?

（2）进口商是否应对受损货物支付货款？为什么？

（3）你认为出口商该如何处理此事？

资料来源：傅海龙等．进出口操作疑难解答及案例解析［M］．北京：对外经济贸易大学出版社，2010.

【案例分析】

本案主要应从以下三个方面进行分析。

（1）保险公司不赔。因为案情中介绍道"该批货物的出口地不异常热，进口地鹿特丹不异常冷，运输途中无异常，运输完全属于正常运输。"因此，损失不是由于运输途中的风险造成的，而是由于商品的内在的缺陷造成的。而对保险公司来说，属一切险的除外责任，所以保险公司不予赔偿。

（2）进出商对于该批货物不能拒付。因为 CIF 是象征性交货（symbolic delivery），卖方凭单交货，买方凭单付款。卖方只要按期在约定地点完成装运，并向买方提供合同规定的包括物权凭证在内的有关单据，就算完成了交货义务，买方必须付款。至于卖方交货时存在的问题，买方在付款后可凭买卖合同及商检证明向卖方索赔。

（3）因为从案情分析中可知，损失是由于商品内在缺陷造成的，所以出口商应对此负赔偿责任。

案例六

【案情介绍】

某年 5 月，美国某贸易公司（以下简称进口方）与湖南某进出口公司（以下简称出口方）签订合同，购买一批日用瓷器，价格条款为 CIF Los Angeles，支付方式为不可撤销的跟单信用证。出口方随后与广州某运输公司（以下简称承运人）签订运输合同。8 月初，出口方将货物备妥，装上承运人派来的货车。途中，由于驾驶员的过失发生了车祸，耽误了时间，错过了信用证规定的装船日期。得到车祸通知后，出口方即刻与进口方洽谈，要求将信用证有效期和装船期延展半个月，并本着诚信原则告知进口方有两箱瓷器可能受损。进口方同意延展，但要求货物降价 5%。出口方据理力争，同意受损两箱降价 1%，但其余未损坏的不能降价。进口方坚持要求全部降价。最终出口方还是作出让步，受损两箱降价 2.5%，其余降价 1.5%，为此受到货价、利息等损失 15 万元。

事后，出口方作为托运人又向承运人提出索赔。对此，承运人同意承担有关仓储费用，两箱受损货物的损失以及利息损失 50%，理由是自己只承担一部分责任，因为出口方修改单证也耽误了时间，而未受损货物货价的损失则不予理赔，认为这是出口方与进口方单方面协商所致，与己无关。出口方则认为全部货物降价及利息损失的根本原因都在于承运人的过失，坚持要其全部赔偿。经过 3 个月的协商，承运人最终赔偿各方面损失共计 5.5 万元。出口方实际损失 9.5 万元。

资料来源：叶德万. 国际贸易实务案例教程［M］. 广州：华南理工大学出版社，2016.

【案例分析】

该案例充分表明了 CIF 术语在应用于内陆地区出口业务时显得心有余而力不足。在 CIF 贸易术语下，出口方应对货物装上船前的一切风险和损失承担责任，而实际情况是，托运人（出口方）将货物交给承运人掌管后，已经丧失了对货物的实际控制权。对货物的报关、配载、装运等都由承运人自行操作，托运人只能进行监督。让出口方在其已经丧失对货物实际控制权的情况下继续承担责任和风险，这是非常不合理的。尤其是从内陆地区装车到港口装上船，中间要经过较长时间，会发生什么事情，谁都无法预料。

从出口方责任看，使用 CIP 术语时，出口方风险与货物实际控制权同步转移，责任可及早减轻。CIF 术语下，出口方是在装运港交货，买卖双方是以货物装上船为界划分风险，在货物装上船之前，卖方都要向买方承担货损风险。而 CIP 术语下则比较灵活，交货地点由双方约定，可以是港口，也可以是内陆地点，但无论在哪里，出口方责任以货交承运人处置时终止，出口方只负责将货物安全转交承运人即完成自己销售合同和运输合同项下的交货任务，此后货物发生的一切损失均与出口方无关。CIP 术语比 CIF 术语更适合内陆地区出口业务。

案例七

【案情介绍】

海南某进出口公司与外商以 FCA 价格术语签订了一份出口合同，该进出口公司的所在地为三亚，外商指定的承运人所在地为海口，因此，卖方须将货物运到海口交给承运人装柜，然后装船出运。合同规定交货日期为 8 月 31 日之前，请问这是指货物装柜那一天，还是指货物装船那一天？买方认为海口和三亚同属海南省，卖方是在其所在地交货，因此装卸费都应归卖方负担，这样的要求是否合理？

资料来源：陈岩. 最新国际贸易术语适用与案例解析［M］. 北京：法律出版社，2012.

【案例分析】

《2020 年国际贸易术语解释通则》规定，FCA 术语下卖方在货交承运人后即告完成交货义务，此后所发生的费用及风险都由买方承担，因此，本案例中的交货日期是货交承运人或其代理人的那一天。本案例中，卖方的地址在三亚，三亚才是卖方所在地，交货地点在海口，不属于卖方所在地，所以装卸费用应由买方承担，案例中买方的要求是不合理的。

 复习思考题

（一）简答题

1. 请解释 CIF（Cost Insurance and Freight）术语的具体含义，并说明其在国际贸易中的应用。

2. 在国际贸易中，FAS（Free Alongside Ship）术语与 FOB 有何异同？

3. 简述 FOB、CIF、CFR 三种贸易术语在运输方式和风险承担上的异同。

4. 在签订国际贸易合同时，如何根据货物的性质、运输距离和客户需求选择合适的贸易术语（如 FOB、CIF、DDP 等）？请详细解释选择过程中的考虑因素。

5. 在签订合同时，如果双方对贸易术语的理解存在分歧，应如何解决？这种分歧可能对合同的履行产生哪些影响？

（二）案例分析题

1. 某年，欧洲某进口公司（买方）与广州一出口公司（卖方）签订一份 5 000 件纸箱包装的轻工产品进口合同，合同规定贸易条件为 FOB 广州，2 月 15 日前装运，付款方式为不可撤销即期信用证。1 月 21 日，卖方收到买方银行按合同规定开来的信用证及买方转来的其与我国某海运公司（承运人）签订的装运期为 2 月 10 日～2 月 15 日的运输合同副本。卖方随后备齐货物及出口手续，并于 2 月 13 日在买方指定的船舶抵达广州时将合同货物装船。2 月 14 日凌晨 4 点，货物装载完毕。4 点 30 分左右，值班船员向船长报告，载货货舱出现火情。船长随即组织船员启用二氧化碳系统灭火，但约 15 分钟后仍不见火情减弱，这时才发现船上灭火系统已失灵。经检验部门鉴定，5 000 件货物中已有 2 300 件被烧毁，其余 2 700 件也因严重污染而丧失原商业价值。卖方立即将情况通报买方，征求处理意见。次日，买方来电称，鉴于该批货物已丧失原商业价值，要求卖方负责将损毁货物卸下，并重新备齐货物装船，否则将指示银行撤销已开出的信用证。卖方认为，货物已安排装船，合同义务已履行，没有义务再卸货和重新备货，并应获得已装船价款。承运人见货物已全部损毁，要求托运人（即卖方）将损毁货物卸下，并承担船期损失，但遭托运人拒绝。卖方见买方欲拒付货款转而要求承运人赔偿货款，被承运人以火灾免责为由拒绝。

请问：

（1）买方可否要求卖方替换货物？

（2）买方可否拒付货款？

（3）卖方对毁损货物是否负有责任？

2. 佛山南海粮油进出口公司 A 与欧洲某国一客商 B 签订出口大米若干吨的合同。该合同规定：规格为水分最高 20%，杂质最高为 1%，以中国商品检验局的检验证明为最后依据；单价为每公吨 ×× 美元，FOB 南沙港，麻袋装，每袋净重 ×× 千克，买方须于 × 年 × 月派船只接运货物。

B 并没有按期派船前来接运，其一直延误了数月才派船来广州接货，当大米运到目的地后，买方发现大米生虫。于是委托当地检验机构进行了检验，并签发了虫害证明，买方据此向卖方提出索赔 20% 货款的损失赔偿。当 A 接到对方的索赔后，不仅拒赔，而且要求对方支付延误时期由 A 方支付的大米仓储保管费及其他费用。

另外，保存在中国商品检验局的检验货样至争议发生后仍然完好，未生虫害。

请问：

（1）A 要求 B 支付延误时期的大米仓储保管费及其他费用能否成立，为什么？

（2）B 的索赔要求能否成立，为什么？

3. 我方某进出口公司 A 公司于某年 3 月与英国 B 公司按 CFR 条件签订了一份出口帆布手包的合同。相关内容如下：

Name of Goods and Specification：100% Cotton canvas bags art No. 04 – 01 – 505

Quantity：8 000 Doz

Packing：In cartons

Shipment：To be made on or before Aug. 5 from Tianjin to Liverpool with partialshipments and transshipment to be allowed

Insurance：To be effected by the buyer

Payment：D/P at 60 days after sight

根据合同规定，A 进出口公司向 H 海运公司办理订舱。H 海运公司接受承运后进行配载，并运载空集装箱至 A 进出口公司的生产厂家进行装箱。由于 A 进出口公司业务繁忙，业务员没有到生产厂家亲自查看整批货物装箱情况。货物装箱完毕后，H 海运公司直接将已装货的集装箱运至堆场。然后，在合同规定的装运期内将货运往利物浦。A进出口公司及时将装船通知以电传方式通知B公司，随后进行制单，委托银行托收货款。

1个月后，B公司来电，向A进出口公司索赔，原因是帆布包有很大刺激气味，影响销售。A公司接到B公司的索赔电后，立即查找原因。经查，从生产到包装没有使帆布包产生刺激气味的条件与可能，遂断定，帆布包的刺激气味是运输过程中产生的。同时，A公司对进出口合同进行分析，根据《Incoterms®2020》对CFR的解释，货物在装运港装上船，卖方即完成交货，交货后货物灭失或损坏的风险已转移至买方。于是，A公司认为，在运输途中导致帆布包产生刺激气味的风险应由B公司承担。A公司进一步分析认为，CFR条件下，由买方办理保险。因此，如果买方办理了相关险别的保险，此损失应由保险公司赔付；若买方没有办理相关险别的保险或没有办理保险，则损失应由买方自己承担。因此，A公司认为，B公司不应向A公司索赔，并回电向B公司进行陈述。

第二天，B公司再一次来电称，根据《Incoterms®2020》，卖方提供符合合同规定的货物是卖方的基本义务。经查，帆布包之所以产生刺激气味，是由于集装箱油漆未干透所致。在CFR条件下，卖方负责租船订舱，因此，买方向卖方索赔是完全站得住脚的。

A进出口公司接到复电后再一次仔细认真地对合同进行分析得到的结论是：在CFR条件下，由卖方负责租船订舱和装运，由于我业务员未能监装，没有发现集装箱油漆未干透，致使货物产生刺激气味，影响销售，确是我方的责任，于是同意降价5%后收回货款、了结此案。

请问：

（1）本案中集装箱油漆未干透致使货物产生刺激气味的责任应该由谁承担？可否向保险公司索赔？

（2）A公司为什么要承担责任？其可否向船公司索赔？

4. 德国GK公司（卖方）和中国华信贸易公司（买方）以CIF条件签订了一笔1万公吨钢材的买卖合同，支付条件为信用证，交货期为某年7月20日。买方向对方及时开出信用证，GK公司也在7月20日之前按照合同规定的装运条件出运。此后不久，GK公司以电邮通知买方"装运给贵公司的1 900公吨钢材是与另外发给广西北海的20 000公吨钢材一起装在一条船上的。"买方收到信息后，立即通知GK公司，这条船应在福州港卸完货后再驶往广西北海。GK公司复传真说："我们已经按贵公司要求通知船公司，该船将先靠福州港。"不料，该船实际上并没有先靠福州港，而是先靠了广西北海，并且在那里停留并检修了差不多1个月后才驶往福州港。在此期间，钢材价格下跌，人民币与美元的兑换比率已有很大变动，买方需要付出更多的人民币才能兑换出足够支付这批钢材所需的美元。结果买方不但得不到预期利润 80 000 美元，反而损失了 20 000 美元，共计损失 100 000 美元。于是买方在对方货物迟迟不到的情况下，以 GK 公司单据与信用证不符为由通知了银行拒付货款。货物抵达目的港福州之后，买方认为对方违反其"先靠福州港"的承诺，而且人民币对美元贬值，致使买方即使接受该批货物亦无利可图。于是，买方拒收该批货物。由于买方拒收，直接导致 GK 公司所派的船不能按时卸货，对方不得不支付滞期费 40 000 美元，并将该货售予另一买主。GK 公司认为 CIF 合同下，作为卖方，其已经在合同规定的期限内在装运港把货物装上了船，已经完成了交货义务。至于货物何时抵达目的港，并非 GK 公司所能控制，系船方所为。因此，卖方认为买方没有理由拒收货物，并要求买方赔偿其滞期费损失。买方以对方违约在先为由拒赔。于是，GK 公司将争议提交中国国际贸易委员会进行仲裁。

请问：

（1）卖方 GK 公司是否完成了交货义务？

（2）GK 公司承诺"先靠福州港"是否构成一项明确的承诺？

（3）买方可否以"人民币与美元的兑换率发生变动"为由拒收货物？

（4）买方是否可以向船公司索赔？

（5）从本案中可以得到什么教训？

资料来源：朱春兰等．新编国际贸易实务案例分析［M］．大连，大连理工大学出版社，2016.

5. 中国粮油食品进出口总公司（以下简称中粮总公司）与欧洲九家客户签约，外销圣诞节食品原料、礼品、装饰品一批，总数量 18 000 多公吨，总金额 800 多万美元。合同规定价格术语 CIF 安特卫普，支付条件为即期信用证，采用程租船运输。其中还列明了交货条件——卖方必须保证载货船舶能于 12 月 2 日前抵达比利时安特卫普港。

中粮总公司如期租赁船只来装运这批货物。该轮停泊在装运港时，船长报告该轮上次航行时有个部件有轻微异响，要求更换。但外运公司考虑到该批货物有限定的到货期，未能答应船长的要求。遗憾的是，作为货运代理人，外运公司未将此情况通报中粮总公司。

10 月上旬，该轮载货后离港。当时正值中东爆发战争，苏伊士被封锁，船舶只能绕好望角航行。船过好望角后，出现异响的大轴轮部件断裂，船舶失去续航能力。考虑到该批货物价值太高，中粮总公司先没有追究责任，而是迅速倾尽全力相救，租了一艘拖船拖拽出事轮前行。当船舶抵达安特卫普港时已是 12 月 3 日凌晨 4 点，已比预定时间晚了 4 个小时。除了两家大客户基于长期友好的业务关系考虑提走了总货量的67%，余下的 7 家小客户以货未按时抵港构成重大违约，联手拒提。

请问:

（1）客户为什么要在 CIF 合同中加列限定到货日期条款？

（2）限定到货日期条款与 CIF 术语性质相冲突，为什么可以加列在合同中？

（3）加列限定到货日期条款之后，是否改变了 CIF 术语的性质？

（4）船公司是否应负船舶不适航的责任？

（5）保险公司是否应负赔偿责任？

（6）本案所致损失应由谁承担？

（7）我们应从该案例中吸取什么样的教训？

6. 我国秦皇岛一家公司与美国 K 公司签订了一份购买大宗木材的合同，合同规定采用 FAS 术语，且卖方自行选择承运人。双方约定买方预先支付 40% 的定金，待卖方完成交货后，买方再支付剩余款项。

5 月 12 日，卖方完成交货后，我国秦皇岛公司收到代理人的传真，告知货物的通关手续还未办理，买方及时终止了对剩余货款的支付，并敦促卖方立即办理出口通关手续并承担相应损失。卖方来电称，美国贸易术语中的 FAS 出口通关手续是由买方负责办理的，并催促我方尽快支付剩余货款。买方无奈之下，只好支付了剩余货款，费尽周折办好了出口通关手续，却蒙受了巨大损失。

请分析此案例。

7. 新加坡卢记商业有限公司（以下简称 A 公司）与中国腾飞商贸公司（以下简称 C 公司）订立 CIF（上海）合同，销售白糖 500 公吨，由 A 公司向保险公司投保以合同标的价格加 10% 为保险金额的一切险（包括仓至仓条款）。为联系货源，A 公司与马来西亚扎拜股份有限公司（以下简称 B 公司）订立 FCA 合同，购买 500 公吨白糖，合同约定提货地为 B 公司所在地。7 月 3 日，A 公司派代理人到 B 公司所在地提货，B 公司已将白糖装箱完毕并放置在临时敞篷仓库中。由于人手不够，A 公司代理人要求 B 公司帮助装货，B 公司认为依国际惯例，货物已交 A 公司代理人照管，自己已履行完应尽的合同项下的义务，故拒绝帮助装货。A 公司代理人无奈返回，3 日后 A 公司再次组织人手到 B 公司所在地提走货物。但是，在货物堆放的 3 天时间里，因遇湿热台风天气，货物部分受损，造成 10% 的脏包。A 公司将货物悉数交与承运人，承运人发现存在 10% 的脏包，欲出具不清洁提单，A 公司为了取得清洁提单以便顺利结汇，便出具保函，许诺承担一切责任。承运人遂出具了清洁提单，A 公司得以顺利结汇，提单和保险单转移至 C 公司手中。7 月 21 日，货到上海港，C 公司检验出 10% 的脏包，遂申请上海海事法院扣留承运人的船舶并要求追究其签发不清洁提单的责任。当日货物被卸下，港口管理部门将货物存放在其所属的仓库中，C 公司开始委托他人办理排港/报关和提货的手续，从 7 月 21 日起至 7 月 24 日止，已陆续将 300 公吨白糖灌包运往各用户所在地。7 月 24 日晚，港口遭遇特大海潮，未提走的 200 公吨白糖受到浸泡，全部损失。C 公司向保险公司办理理赔手续时被保险公司拒绝，理由是 C 公司已将提单转让，且港口仓库就是 C 公司所在目的港的最后仓库，故保险责任已终止。

请问：

（1）在 A 公司与 B 公司之间的 FCA 合同中，有关货物 10% 的损失应由哪一方承担？

（2）保函对何方发生效力？承运人是否要对签发清洁提单负责？

（3）保险公司的保险责任是否在货物进入港口仓库或 C 公司委托人提货时终止？

8. 某机械进出口公司出口一批机械设备，双方在合同中规定使用 DAP 术语，不可撤销信用证付款，12 月 15 日交货，开证行凭买卖双方货到目的地经检验合格后会签的货物交接凭证付款。11 月上旬，该机械进出口公司的机械设备装上 A 轮驶向目的港。此时，买方要求货装船后卖方将全套提单空邮买方，以便买方及时据此办理进口通关手续，卖方照办。由于海上风浪很大，船舶行驶缓慢，延迟了几天才到达目的港，因此遭到买方责难，并以降价相要挟，经过卖方努力争取，买方才未予以追究。货物到达目的港后，对卸货费用由谁负担的问题双方又发生了争议。最后，由卖方负担卸货费用。卸货后，买方派人检验设备，声称设备不完全符合合同规定，拒绝在货物交接凭证上签字。经卖方艰难交涉并降价 5%，买方才在货物交接凭证上签字，开证行才予以付款，但卖方公司损失不少。

请分析此案例。

第五章 国际货物运输案例

第一节 国际货物运输概述

一、国际货运的特点和方式

国际货运有下列特点：一是距离远。例如，从我国到欧美的海运大约要 20~30 天。即使到周边国家，距离一般也比国内货运远。二是风险比较大。国际货运要经过不同的国家和地域，沿途遭遇自然灾害、意外事故、社会风险的可能性比国内货运大。三是专业性强、操作复杂。首先，国际货运要涉及世界地理、运输工具、单证制作、有关国际条约和惯例、各国海关管理制度等方面的知识；其次，要与承运人、海关、商检、仓储、报关行等许多管理部门和专业机构打交道。正因如此，进出口商大都通过国际货代办理运输。四是费用高。国际货运的费用一般占进出口商品价格的 10% 左右，价值不高的货物运费所占的比例就更高，有的占到 30%~40%，对进出口商品的价格有举足轻重的影响。

国际货运的方式可归纳为海运、陆运、空运和其他运输方式四大类，其中，最重要的是海运、空运和铁路运输。这些运输方式各有不同的特点，适合不同货物、不同地区的运输，在选择时一般要考虑下列因素。

（1）货物的性质和数量。例如，粮食、煤炭、矿砂、钢材、木材等大宗低值货物，件杂货物一般适合海运或铁路运输；鲜活、贵重、时效要求高的货物适合空运；石油、天然气等适合管道运输；样品、单证、文件等适合国际快递。

（2）客户所在的位置。例如，我国对欧美的进出口贸易可采用海运和空运（到欧洲还可以采用中欧班列），到俄罗斯、蒙古国、东欧、周边国家的货物可采用铁路或公路运输。

（3）时效要求。例如，鲜活、易腐的水产品、瓜果、花卉等时效要求高的货物可采用空运，时效要求不高的货物可以采用海运、铁路或公路运输。

（4）运输成本。在满足其他条件的情况下，还要考虑运输成本，应尽量选择运费低廉的运输方式。

（5）对物权的控制要求。在各种运输单据中，海运提单是物权凭证，可以较好地控制物权；空运单和陆运单不是物权凭证，通常要采用保障安全收汇的措施。

二、国际货运的当事人

国际货运涉及的当事人很多，但主要的有四类。

1. 货主。即进出口商，它们是进出口货物的收发货人，是运输服务的需求方。

2. 承运人。可分为两类：一是实际承运人，即各种运输企业，它们拥有主要的运输工具，从事实际的货运工作。实际承运人很多，例如，海运方面的马士基（MAER-SK）、中远（COSCO）、中海（CSCL）、东方海外（OOCL）等，空运方面的大韩航空（KE）、国泰航空（CX）、新加坡航空（SQ）、韩亚（OZ）、南航（CZ）、国航（CA）等。二是契约承运人，主要是以承运人身份出现的国际货运代理，它们没有主要的运输工具，也不承担主要的运输任务，却以承运人的身份承揽货运，并通过实际承运人来完成运输任务。

3. 运输代理人。它们是货主和实际承运人之间的中介企业，可分为三类：一是货运代理人（freight forwarder/freight agent），简称"货代"，它们是为进出口商和承运人办理与货运相关的业务的企业。货代在办理运输业务时，有时候以代理人的身份出现，有时候以契约承运人的身份出现。二是船舶代理人（ship's agent/owner's agent），简称"船代"，它们是代理与船舶有关业务的企业，例如我国的中国外轮代理公司。在海运行业中，不管多强的船舶所有人或经营人，都不可能也没有必要为自己的船舶在停靠的每一个港口设立分支机构，而是通过挑选合适的船代来处理相关业务。船代的业务范围十分广泛，例如，代办船舶进出港、订舱、签发提单、改单、进口换单、放箱等，船代的业务范围一般会事先公布。在实践中，一家船代可以服务于众多的船公司，根据它们为船公司提供服务的时间长短又可以分为航次代理、长期代理等。三是租船经纪人（shipping broker），它们是租船市场上的中介，为租船人和船公司代办船舶租赁业务，从中赚取佣金。

4. 装卸公司和理货公司。装卸公司是接受船公司或货主的委托，在码头从事货物装卸的企业；理货公司是接受船公司委托，在货物装卸时，负责核对标志、检查残损、监督装船积载、办理交接签证、提供理货证明等的企业。

三、海洋运输的方式和特点

海洋运输是国际贸易最重要的运输方式，在国际贸易货运总量中，海运占2/3以上；在我国对外贸易货运总量中，海运占90%以上。海运的方式可以分为班轮运输和租船运输两大类。

1. 班轮运输（liner transport）。又称"定期船运输"，它是船舶按预定的航行时间表在固定的航线和港口之间往返运送货物，并按相对固定的费率收取运费的一种运输方式。

班轮运输的特点是：第一，"四固定"即固定船期、固定航线、固定停靠港口和相对固定的运费费率；第二，承运的品种、数量比较灵活，货运质量较有保证；第三，"一负责"：船方负责装卸配载，运费中包含了装卸费用，船货双方不计算滞期费和速遣费；第四，船货双方的责任以船方签发的提单条款为依据。

2. 租船运输（shipping by chartering）。是租用船舶来运输货物的方式，又分为程租、期租和光租。其特点是船期、航线、装运港和目的港等均由租船人和船东双方商定，故又称"不定期船运输"。

租船运输的优点是运输量大、运费比班轮运输低廉、可以选择直达航线，因此是大宗低值货物的主要运输方式。租船运输运送的主要是干散货和液散货。干散货主要是原材料和初级产品，如铁矿石、煤炭、粮谷、铝矾土和磷矿土等，液散货包括原油、成品油、液化石油气、天然气、化学品等。

四、航线、港口和承运人

从事海运，要熟悉海运航线、港口和承运人。海运航线是受自然、社会、政治、经济等条件的影响而形成的船舶航行路线。海运航线很多，从世界角度来看，主要有太平洋航线、大西洋航线和印度洋航线，这些大的航线下又有许多具体航线；从我国角度看，海运航线有澳新线，北非线，地中海线，东非线，东南亚线，东欧、黑海线，港澳台线，韩国、朝鲜线，红海线，加拿大线，美东线，美西线，南非线，欧洲线，日本线，西北线，西非线，印巴线，远东线，中东波斯湾线，中南美线等。我国习惯上把亚丁港以东地区的亚洲和大洋洲航线称为近洋航线，其他称为远洋航线。

海运港口是供船舶进出、停靠、装卸货物的地方。国外著名的港口有荷兰的鹿特丹（ROTTERDAM），美国的纽约（NEW YORK）、新奥尔良（NEW ORLEANS）、休斯敦（HOUSTON），日本的神户（KOBE）、横滨（YOKOHAMA），法国的马赛（MAR-SEILLES），新加坡的新加坡（SINGAPORE），比利时的安特卫普（ANTWERP），英国的伦敦（LONDON），德国的汉堡（HAMBURG），澳大利亚的悉尼（SYDNEY），韩国的釜山（BUSAN）、仁川（INCHON）等。我国主要的海运港口有上海、宁波—舟山、广州、天津、苏州、青岛、大连、连云港、秦皇岛、厦门、营口、唐山、深圳港以及基隆（台湾）、高雄（台湾）和香港等。

海运承运人即船公司，如丹麦的马士基（MAERSK LINE），瑞士的地中海航运

（MSC），法国的达飞轮船（CMA CGM），新加坡的美国总统轮船（APL）、太平洋船务（PIL），德国的赫伯罗特（HAPAG-LLOYD）、汉堡航运（HAMBURG SÜD），日本的商船三井（MOL）、日本油轮（NYK）、川崎汽船（K-LINE），韩国的韩进（HANJIN）、现代（HMM），以色列的以星（ZIM），我国的中远（COSCO）、中海（CSCL），中国台湾的长荣（EVERGREEN）、阳明（YANG-MING）、万海（WAN-HAI），中国香港的东方海外（OOCL）等。

第二节 海洋运输单据

一、海运提单

海运提单（ocean bill of lading，B/L）是海运承运人或其代理人在货物装船后或收到货物后签发给托运人的运输单据。

（一）海运提单的内容

海运提单是由各班轮公司自己制定的，内容上有一些差异，但基本相同，可分为正面和背面。正面主要是各种需要填写的记载事项，主要包括提单编号，托运人、收货人的名称和地址，通知人的名称、地址和联系方式，货物的名称、毛重、尺码、件数、包装和唛头，船名和航次，装运港和目的港，收货地和交货地（对多式联运而言），运费条款，已装船批注，正本提单的签发日期、地点及份数，承运人或其代理人的签字、盖章等。从法律上看，这些记载事项可分为"必要记载事项"和"一般记载事项"两类，前者是《海牙规则》《汉堡规则》《维斯比规则》等国际公约或有关国家的国内法规定必须有的事项，后者是承运人可以根据业务需要自由记载的事项。

提单背面是承运人事先印就的运输合同条款，规定承运人、托运人、收货人或提单持有人的权利、责任和义务，有的船公司的提单有30多条，有的20多条，主要有：定义条款（对提单中有关用语作出定义），首要条款（说明提单适用的国际公约或国内法），管辖权条款（说明有关提单的争议由哪国法院管辖及适用什么法律），承运人的责任、责任期间条款，装货、卸货和交货条款，运费和其他费用条款，自由转船条款（说明在发生不可抗力的情况下，承运人有权采取自由转船等措施的条款），选港条款（说明收货人选择卸货港的有关规则），赔偿责任限额条款，危险货物条款，舱面货条款等。

（二）海运提单的性质

（1）它是承运人或其代理人出具的货物收据；

（2）它是代表货物所有权的凭证；

（3）它是承运人与托运人之间订立的运输契约的证明。

二、海运提单的种类

1. 根据货物是否装船，可分为已装船提单（on board B/L）和备运提单（received for shipment B/L）。

2. 根据提单上有无对货物或货物外包装的不良批注，分为清洁提单（clean B/L）和不清洁提单（unclean B/L）。

3. 根据提单收货人栏填写方式的不同分为记名提单（straight B/L）和指示提单（order B/L）。

4. 根据运输方式的不同分为直运提单（direct B/L）、转运提单（transshipment B/L）和联运提单（through B/L）。

5. 根据提单内容的繁简可分为全式提单和略式提单。

6. 其他种类的提单。

（1）倒签提单（anti-dated B/L），是指承运人应托运人的要求，提单签发的日期早于实际的装船日期。

（2）顺签提单（post-dated B/L），是指货物装船后应托运人的请求，承运人将提单的日期往后移的提单，也就是提单的签发日期晚于实际装船日期。

（3）预借提单（advanced B/L），是指货物还没装船或者没有装船完毕时签发的提单。

（4）过期提单（stale B/L），是指出口商取得提单后未能及时到银行，超过了信用证规定的装运后交单期提交的单据；如果信用证没有规定交单期，则指超过了装运日后21个日历日提交的单据。

（5）甲板提单（On deck B/L），是指货物装于露天甲板上承运时并于提单上注明"装于舱面"字样的提单。

三、与提单有关的国际公约

提单是各国船公司自己制定的，内容不太统一，这种情况不利于国际航运和国际贸易的发展。为了统一提单的内容，有关国际组织制定过一些有关提单的国际公约，供各国的船公司共同遵循，这样的公约主要有三个。

1.《海牙规则》，全称《关于统一提单若干法律规定的国际公约》，由国际法协会于1921年在海牙起草，1922年、1923年又做过修订，1924年26个国家在布鲁塞尔首先签订了该公约，因在海牙起草，故简称《海牙规则》，1931年6月生效。

该公约一共16条，第1～8条规定承托双方的权利与责任，第9条是对承运人赔偿限额的货币单位的解释，第10条规定适用范围，第11～16条规定缔约国批准、退出、修改海牙规则的程序。各国在参照《海牙规则》制定国内法时主要参照第1～8条。

《海牙规则》是目前海上运输法方面影响最大的国际公约，它有80多个缔约国，包括欧美许多航运大国，许多船公司的提单的首要条款都规定适用《海牙规则》，它对统一国际海上运输法起到了积极作用。但它较多地偏袒承运人的利益，因此一直受到作为货主的不发达国家的批评。

2.《维斯比规则》，全称《修订统一提单若干法律规定的国际公约的议定书》，简称《维斯比规则》。该公约是对《海牙规则》的修订，修订工作由国际海洋法委员会主持，最初在维斯比进行，1968年在布鲁塞尔通过，1977年生效，目前有20多个缔约国。该公约一共17条，第1～5条是对《海牙规则》的修改和补充，第6～17条是加入退出以及解决纠纷的程序。因《维斯比规则》对《海牙规则》的修改不大，因此常被统称为《海牙—维斯比规则》。

3.《汉堡规则》。由于《维斯比规则》对《海牙规则》修改不大，发展中国家要求对其进行修改。在这种情况下，1976年联合国国际贸易法委员会拟定了一个海上货物运输公约草案，1978年在汉堡会议上通过，名为《联合国海上货物运输公约》，简称《汉堡规则》，1992年11月生效。

该公约一共34条，第1～26条是对《海牙规则》的修订和补充。第27～34条是加入、退出和修改公约的程序。《汉堡规则》对《海牙规则》做了较大的修订，较多地加重了承运人的责任，维护了货主的利益。但由于主要的航运大国均未参加，因此影响不大。我国没有加入以上三个公约，但三个公约对我国海运的影响很大，我国《海商法》第四章第二至六节有关提单合同的规定就是参照《海牙规则》《维斯比规则》制定的，并吸收了《汉堡规则》的一些条款，我国海事法院在审理有关案件时也常引用这三个公约的规定。

四、海运单

海运单（sea waybill）是快捷提单（express bill）的一种，收货人在目的港只需证明自己身份与提单上的 consignee 一致就可以在缴清 local charges（若是 FOB，还要缴清运费）后提领货物，而不需要出示任何提单，哪怕是副本。

五、电放提单

电放提单（telex release）也就是电报放货的简称。发货人不领取正本提单或者向承运人交回正本提单并出具保函，申请船公司用电讯手段通知目的港代理放货给指定收货人。

收货人可凭加盖正本公章的提单复印件和保函换单提货。

六、船公司提单、货代提单

船公司提单 MB/L（Master Bill of Lading）是指由船公司签发的提单。拿着正本海运提单在目的港直接向船公司提货。整柜才有 MB/L。

货代提单 HB/L（House Bill of Lading）是指由货运代理人签发的提单。拼箱只有货代提单。货代提单是不能直接提货的，需要在目的港的指定代理或分公司将货代提单换取成海运提单再提货。

第三节　案例分析

案 例 一

【案情介绍】

广州出口商 A 公司与美国进口商 B 公司签订了一笔外销合同，采用 FOB 贸易术语，双方约定 B 公司先支付 50%，等 A 公司发货后再支付余款。A 公司通过 B 公司安排的境外货代发货后，取得货代提单，并等待 B 公司支付余款再寄提单，但是 B 公司迟迟不支付余款，A 公司联系货代决定退运货物，经查询才了解到客户早已串通货代将货物提走。A 公司决定起诉该货代公司时，发现其已经申请破产，且美国进口商 B 已人去楼空，造成 A 公司钱货两空。

请分析 A 公司钱货两空的原因。

资料来源：陈丽丽. 国际贸易案例精选与解析［M］. 北京：中国人民大学出版社，2020.

【案例分析】

A 出口商导致钱货两失的原因如下。

第一，采用了高风险的 FOB 价格术语。这导致了两个后果，其一是出口商无从知晓实际承运人，其二是无法获得保险赔付。首先，FOB 术语下，由买方指定船公司或货代，并与船公司或者货代签订海上货物运输合同，买方的权益得到了合同的保护；而卖方除了将货物交付给买方指定的船公司或货代外，与其并无其他接触，对其并不了解。因此，如果买方与船公司或货代恶意欺诈串通，则卖方因无法得知船公司与货代的具体信息，而无法采取有效的诉讼措施，使自己处于完全被动的地位。其次，在 FOB 贸易合同下，卖方既不是货物投保人，也不是保险受益人，因此无权向保险公司索赔。

第二，买方指定的货代为高风险的境外货代。这带来了两个问题：其一，在买方未支付货款或只有预付款的情况下，境外货代将海运提单交给买方，买方持提单提取货物并随即转售，或者直接出售海运提单，之后买方与货代便携款跑掉，最终遭受损失的只有卖方；其二，由于货代经营规模较小、实力较弱，即使成功起诉对方，也很难获得赔付，此外，由于对境外法律不熟悉且诉讼费用高昂，这也使得很多受损公司自咽苦果。

第三，受到预付款的欺骗。其一，进口商利用预付款使出口商放松警惕，在取得进口商的信任后，进口商将货物交给其指定的货代，然后进口商与货代勾结，取得货物后逃之夭夭，利用预付款欺诈已经成为了国外进口商的惯用手法。其二，分期付款协议和预付款结合成为了一种新型的诈骗手法。当出口商发现承运人或者货代无单放货后，进口商会提出与进口商签订分期付款协议，协议签订后，进口商便拒绝支付余款或少付款，而给出口商带来无穷的麻烦。

案例二

【案情介绍】

2022 年底，河北某公司与巴西买方签订了纺织品买卖协议，约定支付方式是 D/P（即期付款交单），贸易术语 FOB，承运人由巴西买家指定。

2023 年 5 月，货物从中国天津港海运至巴西桑托斯，河北公司随即将全套正本提单交付给托收行，委托其代收货款。

2023 年 6 月，货物运至桑托斯港，但巴西买家因经营不善，面临破产重组，不能及时付款赎单。得知这一消息后，河北公司立即告知承运人，提醒其妥善保管货物，可能会需要运回，此时承运人告知该河北公司，货物已经由巴西买方凭副本提单提走。河北公司钱货两空。

请分析此案例。

资料来源：中国信保广东分公司. 信保微知识 | 发生无单放货，只能钱货两空？2 个案例，9招应对［DB/OL］.（2020 – 01 – 16）. https：//mp. weixin. qq. com/s/MSTs-jeNPime_zt5Ys42Xw.

【案例分析】

无单放货又叫无正本提单放货，是指承运人或其代理人（货代），或港务当局、仓库管理人在未收回正本提单的情况下，依提单上记载的收货人或通知人凭副本提单或提单复印件放行货物的行为。包括巴西、尼加拉瓜、危地马拉、洪图拉斯、萨尔瓦多、哥斯达黎加、多米尼加、委内瑞拉等中南美国家，以及安哥拉、刚果等非洲国家，都可以无单放货。这些国家都是对进口货物实施单方面放货政策，由海关来决定是否放货给收货人，船东对正本提单的操控被取消。所以船公司在法律上无权控货，因目的国政府政策引发的无单放货行为，船公司免责。

案例三

【案情介绍】

某年，四川某出口企业 A 与美国进口商 B 签订了一批服装产品出口合同，金额 20 万美元，支付方式为 LC 30 天。

进口商开出信用证，信用证要求指定进口商为提单收货人，并指定美国某公司为承运人。出口商及时安排出运并向银行交单，但货款迟迟未到账，此时银行提出不符点，并退回单据。

出口商急忙查询货物下落，被告知货物已经被提走。出口商 A 要求船公司解释为何三份正本提单仍在银行且无放货指令，凭什么放货？

船公司告知，根据美国法律，记名提单可不凭正本提单，仅凭收货人的身份证明即可放货，船公司无责任。出口商 A 面临着手持正本提单却货款两空的残酷现实。在要求船公司赔偿货物无果的情况下，一纸诉状把船公司推上了被告席。

最终此案判定适用于美国 1936 年海上运输法，而按此法规定，记名提单项下承运人可以不凭正本提单放货，只要收货人提供了证明自己合法身份的有关文件即可，最终判决船公司不承担责任。

请分析此案例。

资料来源：中国信保广东分公司. 信保微知识 | 发生无单放货，只能钱货两空？2 个案例，9 招应对 [DB/OL]. (2020 – 01 – 16). https：//mp. weixin. qq. com/s/MSTs-jeNPime_zt5Ys42Xw.

【案例分析】

此案正是因为"记名提单"惹的祸。依美国《统一商法典》的规定，承运人将货物交给记名提单的收货人即完成交货义务，无须收货人出示正本提单，《美国联邦提单》第 6 条规定：记名提单不得流通，且在其正面应载明"不得流通（non-negotiable）"。第 9 条明确规定承运人有权向记名提单的收货人交付货物。但如果货主行使了中途停运权，承运人仍向记名收货人放货则应承担责任（第 22 条）。记名提单的背书不赋予受让人任何额外权利（第 29 条）。在美国贸易中，如果提单记名收货人，此种提单不能流通。根据第 9 条规定，承运人有权甚至在未提交记名提单的情况下，向记名人交付货物。因此，在美国，记名提单不是物权凭证，美国记名提单是一种不可转让、不能据以提货的单据，记名提单已不具有提单性质，只不过是海运单的另一别名，且货物所有权在货物装上船舶之时起便已转归记名收货人所有。即便卖方留置记名提单，也不能使卖方保留所有权，承运人未凭记名提单放货并不承担责任。所以，出口到美国的货物，当进口商要求在提单收货人栏打上进口商名称时，就必须十分谨慎，对客户资信不十分了解的，不能接受记名提单，如果客户坚持记名提单，则事先应研究承运人的提单条款，要求承运人在提单上加列"此提单适用中国海商法"或"凭正本提单提货"等条款，并必须在承运人确认的情况下才付运，以约束承运人无正本提单放货的风险。

通常，我国发货人把货物托运出口以后发生被承运人无单放货的情况必然采取两种办法：一种是与收货人联系督促其付款，另一种就是到法院起诉承运人无单放货。当发生记名提单项下货物被承运人无单放货以后，若发货人对提单条款未作批注的，则根据不同的提单条款来处理，可以向承运人追索直告上法庭；如为出口美国的，如果起诉承运人，则由于法院对适用法律的认识不同，判决亦有差异，很难保证官司会打赢，只能起诉进口商。

因此，出口美国要慎用记名提单，美国某些不法奸商或骗子钻各国法律空子，利用我国的一些出口业务员不了解美国的法律，轻易地凭借提单副本甚至提单复印件和合法的身份证件在没有正本提单的情况下提取了货物。发货人如果跟收货人直接联系，或收货人以货物质量有问题、市场形势变化销路有问题等要求降低货物价格或是分期付款，则发货人的处境会十分尴尬。同时，发货人通过法律起诉进口商也很难有胜诉的把握。

出口到美国的货物，当进口商要求在收货人栏打上进口商名称时，特别是在FOB条件下，买方指定境外货代的情况，更要十分谨慎，对客户资信不十分了解的，不能接受记名提单。如果客户坚持记名提单，应先收到对方款项后再发运。当出口商在完成货物装船后，在承运人处换取正本提单时，如为记名提单，必须认真审视提单背面的条款。一旦发现有"适用美国《1936年海上货物运输法》条款"字样，托运人应与承运人（提单签发人）协商修改或增加部分内容，例如删去"适用美国《1936年海上货物运输法》"的内容，改为"此提单适用中国海商法"，或要求增加"承运人必须凭正本提单交付货物"，及发生争议时管辖法院或仲裁机构为中国等内容，并必须在承运人确认的情况下才付运，以约束承运人无正本提单提货之风险。

案例四

【案情介绍】

某年1月，中国某服装进出口公司与墨西哥某外贸公司签订一项关于运动衫的货物买卖合同。双方在合同中约定由中国某服装进出口公司作为卖方向墨西哥某外贸公司出售一批运动衫，数量50 000件，合同采用的贸易术语为FOB上海。双方还约定这批货物应在当年3月15日前交付给墨西哥某外贸公司指定的承运人以便运输。当年3月9日，中国某服装进出口公司将生产好的50 000件运动衫分别装在1 000个纸箱中，交付墨西哥某外贸公司指定的承运人——香港某远洋运输公司的"惠兴"轮进行运输。"惠兴"轮的船长在对这批货物进行初步检查后，向中国某服装进出口公司签发清洁提单，中国某服装进出口公司收到清洁提单后到银行议付了货款。

但当这批运动衫运抵墨西哥后，墨西哥某外贸公司立即对这批货物进行检查，结果发现这批货物并没有达到合同约定的数量50 000件。在这1 000个纸箱中有100余个纸箱出现运动衫数量短少的情况，短少的数量从几件到几十件不等。墨西哥某外贸公司随后又立即请一家商品检验机构对这批货物进行检验。这家商品检验机构也随即出具了有关这批货物数量短少的证明。墨西哥公司立即向我国进出口公司索赔，我进出口公司认为：第一，这批货物的承运人向该公司签发了清洁提单，说明这批货物在交付承运人的时候是完好的，不存在破损或数量短少的情况，因此不能证明这批运动衫数量短缺的责任在中国某服装进出口公司一方；第二，买卖双方在签订合同时约定的贸易术语是FOB，根据该术语，货物由卖方交付承运人后，当货物跨过承运人的船时，货物灭失的风险就转移给了买方，作为卖方的中国某服装进出口公司就不应为此承担任何责任，而作为买方的墨西哥某外贸公司应当追究承运人的责任。

请分析本案中卖方的说法是否合理。为什么？

资料来源：李娜. 进出口业务案例与实训教程［M］. 北京：清华大学出版社，2022.

【案例分析】

卖方的说法不合理。因为清洁提单所记载的是货物在装船时的表面状况良好，承运人只要确认货物的表面状况良好，即可签发清洁提单，没有义务确保货物的内在质量和数量符合合同的规定。本案中，香港某远洋运输公司在接收货物时，只要检查这 1 000 个纸箱是否发生破损或其他问题，至于每个纸箱是否按照合同的约定装满 50 件运动衫，承运人没有义务也不可能对每个纸箱都开箱检查清点数量，然后再决定是否签发清洁提单。即虽然承运人签发清洁提单，也只能表明货物装船时的表面状况良好，不能证明货物装船时内在的数量和质量符合合同的规定。而卖方却认为既然承运人签发了清洁提单，那么货物在装船时就是符合合同规定的，卖方对装船后的货物数量短缺不承担责任，这是不合理的。另外，货物短少发生在装运前且由卖方过失所致，所以卖方并不能以货物已经装上船、风险已转移为由拒不负责该损失。

 复习思考题

（一）简答题

1. 在国际货物运输中，海运相较于其他运输方式（如空运、陆运）有哪些显著的优势和局限性？

2. 海运提单包含哪些基本内容？作为国际贸易中重要的物权凭证，其具体法律效应体现在哪些方面？

3. 作为出口商，在选择承运人时应考虑哪些因素？

4. 班轮运输的固定航线、固定船期、固定费率和固定装卸港口的"四固定"特点如何影响出口商的贸易策略？

5. 海运提单中的电放操作是什么？在哪些情况下出口商可能会选择电放提单？

（二）案例分析题

1. 国内 A 公司向尼日利亚 B 公司出口一批货物，付款方式为 D/ P 即期，价格条款及金额为 FOB 大连 5 万美元。

此订单于当年 11 月成交，A 公司于次年 2 月 28 日出运，货物于 4 月中旬运到尼日利亚拉各斯港。所有正本提单于次年 4 月 15 日由中国银行通过 DHL 寄出，并在 4 月 17 日到达客户指定的银行。在货到目的港而提单未寄至 B 公司指定银行时，B 公司指示承运人放货给买家。买家收货后，由于货物价格一落千丈，无力偿付货款，致使 A 公司货款两空。

请分析此案例。

2. 某年 6 月，中国 A 公司与日本 B 公司订立了一份 CFR 合同，约定由 B 公司向 A 公司销售 300 台日产空调，A 公司以信用证方式付款，并规定该批日产空调应于 7 月 28 日前装货。合同订立后，A 公司依约开出了以 B 公司为受益人的不可撤销即期信用证，信用证规定的装船期为不迟于 7 月 28 日。B 公司电邮 A 公司称已安排中国 C 公司承运。后来因风浪影响了船期，C 公司的轮船 8 月 5 日才抵达日本，8 月 6 日装货完毕。但应 B 公司的要求，C 公司的代理人在提单上填写的装船时间为 7 月 28 日，倒填 9 天的结果使该提单的装船期与信用证的规定相符。

B 公司凭全套单据从开证行取得了信用证项下的全部货款。8 月 20 日，上述提单所记载的货物才运抵目的港。由于销售旺季已过，A 公司的国内销售商对 A 公司提出索赔。A 公司经调查后确认载明其进口货物的提单的装船日期是倒签的。A 公司遂以 C 公司为被告向某海事法院提起诉讼，认为 C 公司倒签提单的行为侵犯了其合法权益，请求法院判令 C 公司赔偿其损失。

法院经审理后认为，A 公司作为国际货物销售合同的买方和提单的被通知人，在其向银行付款赎单后，其提单收货人的法律地位便已确立。A 公司就 C 公司倒签提单所造成的损失有权向 C 公司行使诉权。C 公司因不正当履行承运人的义务，在签发提单时违反国际惯例倒填装船时间而损害了 A 公司的利益，因此，C 公司应对 A 公司的损失承担赔偿责任。

请问承运人倒签提单应承担怎样的责任？遭遇倒签提单问题时，收货人应如何处理？

资料来源：朱春兰等. 新编国际贸易实务案例分析［M］. 大连，大连理工大学出版社，2016.

3. 某中国内陆出口商与英国进口商商定一笔货物买卖合同。英国进口商准时开来信用证。但出口商将货物生产出来以后，如果通过铁路或公路把货物运往港口，已赶不上信用证的装运期，同时，船公司拒绝倒签提单，而且其在内陆也没有代理人可以代为签发船公司提单。于是出口商与船公司和内陆货运代理公司商议采用双提单操作的方法。

出口商一方面要求船公司在其签发的船公司提单的收货人栏目（consignee or order）里打上"To order of the holder of ×××Corporation B/L number ×××"（听凭××公司×××号提单持有人的指示）"字样，另一方面请内陆货运代理公司签发货代提单（即前述×××公司×××号提单），以供结汇（货代提单可以是陆海联运提单，以内陆地区装车日期为提单签发日期，以赶上信用证的装运期）。

船公司提单可直寄英国进口商，或由出口商转寄进口商。但英国进口商还应到银行赎单，拿到货代提单后方可凭两份提单提货，这样不仅船公司避免了倒签提单，减轻了责任，内陆货运代理公司也扩大了业务，不必在目的港有货运代理人，卖方可以顺利结汇，但买方可能凭借实际装船期较晚的甚至是不清洁的船公司提单提货。

通过本案例分析双提单操作有何利与弊。

资料来源：朱春兰等．新编国际贸易实务案例分析［M］．大连，大连理工大学出版社，2016．

4. 某年6月，广州A出口公司与泰国B进口商达成一笔总金额为6万多美元的羊绒纱出口合同，合同中规定的贸易条件为CFR BANKOK BY AIR，支付方式为100%不可撤销的即期信用证，装运期为当年8月自广州空运至曼谷。

合同订立后，进口方B按时通过泰国一家商业银行开取信用证，通知行和议付行均为国内某银行，信用证中的价格术语为"CNF BANKOK"，出口方当时对此并未太在意。出口方在收到信用证后，按规定发运了货物，将信用证要求的各种单据备妥交单，并办理了议付手续。然而，国内议付行在将有关单据寄到泰国开证行后不久即收到开证行的拒付通知书，拒付理由为单证不符——商业发票上的价格术语"CFR BANKOK"与信用证中的"CNF BANKOK"不一致。得知这一消息后，出口方立即与进口方联系，要求对方付款赎单；同时，通过国内议付行向开证行发出电邮，申明该不符点不成立，要求对方按照《UCP600》的规定及时履行偿付义务。但进口方和开证行对此都置之不理，在此情况下，出口方立即与货物承运人联系，其在曼谷的货运代理告知该批货物早已被收货人提走。在如此被动的局面下，出口方最终不得不同意降价20%了结此案。

请问造成出口方陷入被动局面的原因是什么？如何防范空运方式下的风险？

资料来源：朱春兰等．新编国际贸易实务案例分析［M］．大连，大连理工大学出版社，2016．

5. 某出口公司A与瑞士商人B成交一笔贸易。在国外开来的信用证中，开证行在L/C开端表示："We hereby open our irrevocable Letter of Credit NO. 0589321 by orderer of B Trading CO., Ltd."（我行受B贸易有限公司的委托开立第0589321号不可撤消L/C），单据条款对提单作如下规定：" Full set of clean on board ocean bill of lading made out to orderer marked freight prepaid（全套清洁已装船海运提单，收货人抬头做成"To

orderer"，并标明运费预付）。" A 公司即按证装船并提供了上述要求的海运提单。该提单的收货人栏按 L/C 的说法填写为 "To orderer"。外轮代理公司从来未见过这样填制收货人的，怀疑系 "To order" 之误，多了 "er"。A 公司经办人员又核对了 L/C 并告知外轮代理公司，L/C 就是如此规定，提单制法完全正确，否则无法结汇。A 公司向议付行交单办理议付手续时，议付行对提单收货人栏的填法提出异议。A 公司经办人员坚持认为该提单的填法与 L/C 规定丝毫不差，且该提单系船长亲自签发，何况船早已开航离港，难以更改。最后 A 公司以担保议付方式寄单。单据寄到国外后，开证行提出拒付货款，其理由是提单的收货人填法有误，不符合 L/C 规定的要求，故无法接受单据，暂代保管，听候卖方处理意见。议付行即将上述开证行拒付货款的情况通知 A 公司。A 公司最后通过驻外机构与 B 商洽多次，拖延了 4 个多月才收回货款，损失利息 5 400 多美元。

请问 A 公司所犯错误有哪些？

资料来源：朱春兰等. 新编国际贸易实务案例分析［M］. 大连，大连理工大学出版社，2016.

6. 韩国当地时间（3 月 2 日）早上八点左右，以星轮船旗下一艘船名为 TIANJIN、运力高达 10 070TEU 的大型集装箱船与马士基旗下另一艘运力为 5 057TEU 的 SAFMARINE NOKWANDA 集装箱船在韩国釜山港发生了严重碰撞。SAFMARINE NOKWANDA 号撞击 TIANJIN 船尾，造成严重的货物损坏，多个集装箱压碎倒塌。船尾受到结构损伤。NOKWANDA 船头也受到了包括裂口在内的损坏。

以星轮船官方船期资料显示，这次发生撞船事故的 TIANJIN 轮运力超过万 TEU，目前服务于美东 ZCP 航线，事发前刚刚从中国天津、青岛、宁波、上海等港口离开，船上满载大量中国出口货物！同时，公开资料也显示，除了以星，汉堡南美、现代、马士基、MCC、Safmarine 等多家船公司在此船有共舱。鉴于发生撞船事故的两艘集装箱船不仅运力大，涉及多家共舱船公司，同时，起运港和目的港均为国内多个重要港口，不仅存在大量货损的可能，而且去往美东的货物也将面临严重船期延误。

假设你是上海的一家外贸公司，刚好有 10 个集装箱的货物在 TIANJIN 货轮上，进口商是纽约一家公司，请问你该怎么办？

7. XY 公司出口运动鞋，采用 CFR 贸易术语，通过货代公司由意大利 ABC 船公司承运，航程中遇台风，XY 公司的两个大货柜跌入大海，造成货物全损。之后，XY 公司对 ABC 船公司提起诉讼，针对提单纠纷的管辖权是在中国还是在意大利双方发生争议。ABC 公司又提出其主提单上已载明："因本提单引起或与本提单有关的所有索赔和纠纷，应由米兰的法院管辖，排除其他国家的法院管辖。" 因此，该提单的管辖权不在中国，而在意大利米兰，XY 公司则认为法律适用地应视他们手中的货代提单上载明的条款而定，即管辖权在中国。最终法院作出了该纠纷应适用意大利米兰法律的判决，

XY公司败诉，此时ABC公司也不愿意因官司而损害其在当地的声誉，提出了索赔货损60%的和解方案，XY公司得以挽回部分损失。

请分析此案例。

8. 青海出口商H公司向俄罗斯K公司出口虾仁1 900箱，总值18万美元，付款方式为"付款交单"。合同签订后，H公司委托Z货代公司运输并取得货代提单，实际承运人为C船公司。后H公司将货代提单交给托收银行后，一直未收到货款。通过查询，得知货物已被收货人在未提交正本提单的情况下提取。由于C船公司作为承运人擅自将所承运的货物放掉，造成H公司货值损失18万美元。为挽回自己的损失，H公司作为原告，向Z货代公司和承运人C船公司提起无正本提单放货纠纷诉讼，主张由两公司共同承担全部损失的赔偿责任。经过一审、二审诉讼，该案最终以C船公司单独承担全部赔偿责任的结果而告终。

请分析此案例。

第六章　国际货运保险案例

第一节　国际货运保险概述

国际货运的一个特点是风险大，加上国际贸易交易金额往往比较大，如果运输途中发生损失，对进出口商都会带来严重的问题。因此，国际货运大多数情况下都要办理货运保险。

一、保险的基本原则

（一）可保利益原则

可保利益原则是指投保人或被保险人必须对保险标的具有可保利益，才能同保险人订立有效的合同。如果投保人或被保险人对保险标的没有可保利益，则他们与保险人所签订的保险合同是非法的、无效的合同。

（二）最大诚信原则

最大诚信原则是指在保险活动中投保人和保险公司都要讲诚信。如果不讲诚信，则保险合同无效。对被保险人来说，坚持最大诚信原则主要涉及三方面的内容：告知、陈述、保证。

（三）补偿原则

保险的补偿原则是指当保险标的物发生保险责任范围内的损失时，保险人应按照合同条款的规定履行赔偿责任。

当保险标的发生保险责任范围内的损失时，保险人在对被保险人进行理赔时，对赔偿原则主要掌握如下几个方面的内容：赔偿金既不能超过保险金额，也不能超过实际损失；被保险人必须对保险标的具有可保利益；被保险人不能通过保险赔偿而得到额外利益。

（四）代位追偿原则

代位追偿是指当保险标的物发生了保险责任范围内的由第三者责任造成的损失，保险人向被保险人履行了损失赔偿的责任后，有权在其已赔付的金额限度内取得被保险人在该项损失中向第三责任方要求索赔的权利，保险人取得该权利后，即可站在被保险人的地位上向责任方进行追偿。

（五）重复保险的分摊原则

重复保险亦称"双重保险"，是指被保险人以同一保险标的物向两家或两家以上的保险公司投保了相同的保险，在保险期限相同的情况下，其保险金额的总额超过了该保险标的的价值。在出现重复保险的情况下，当保险标的发生损失时，按照保险补偿原则，被保险人是不能从保险人那里获得超过保险标的的受损价值的补偿的。对重复保险分摊金额的计算，最常使用的方法是比例分摊责任，即在保险标的发生损失时，各保险人按各自保险单中所承担的保险金额与总保险金额的比例来承担保险赔偿责任。

（六）近因原则

所谓近因是指在效果上对损失最有影响的原因，而不是在时间上或空间上最近的原因。在损失发生时，应考虑造成损失的有效的和有支配力的原因，将远因排除在外。

二、中国保险条款

保险条款是保险公司说明自己的责任范围、除外责任、责任起讫等内容的文件。在我国的对外贸易中，用得最多的是中国保险条款；但从世界范围来看，用得最多的是协会货物条款（ICC）。

中国保险条款（China insurance clauses，CIC）是中国人民保险公司制定的各种与对外贸易运输有关的保险条款的统称，包括基本险与附加险。其中，主要的基本险有《海洋运输货物保险条款》《陆上运输货物保险条款》《航空运输货物保险条款》《邮包保险条款》《海洋运输冷藏货物保险条款》《陆运冷藏货物保险条款》《海洋运输散装桐油保险条款》《活牲畜、家禽的海陆空运输保险条款》等。

中国保险条款的影响很大，在我国不仅大多数中资保险公司采用，许多进入我国的外资保险公司也采用。

《海洋运输货物保险条款》（2018 版）

在中国贸易条款中与海洋货运有关的保险条款主要有《海洋运输货物保险条款》《海洋运输冷藏货物保险条款》《海洋运输散装桐油保险条款》《活牲畜、家禽的海陆空运输保险条款》等，其中，最基本的是《海洋运输货物保险条款》。

1963 年，中国人民保险公司参照协会货物条款制定了自己的《海洋运输货物保险条款》。该条款于 1972 年、1976 年、1981 年、2009 年、2018 年做过多次修订，其中，使用时间最长的是 1981 年的修订本，最新的是 2018 年的修订本。

（一）《海洋运输货物保险条款》基本险的险别与责任范围

中国人民保险公司的海洋运输货物保险基本险包含平安险、水渍险及一切险三种险别。

1. 平安险（free from particular average，FPA），直译为"单独海损不保"，它负责赔偿：

（1）恶劣气候、雷电、海啸、地震、洪水造成整批被保险货物的全损，包括实际全损或推定全损；

（2）水上运输工具遭受搁浅、触礁、沉没、与水以外的任何外部物体碰撞或触碰造成被保险货物的全损或部分损失；

（3）陆上运输工具遭受碰撞、倾覆或出轨造成被保险货物的全损或部分损失；

（4）火灾、爆炸造成被保险货物的全损或部分损失；

（5）在船舶或驳船装卸时，任何整件被保险货物落海或跌落造成被保险货物的全损或部分损失；

（6）保险事故发生后，被保险人为防止或减少被保险货物的损失而支付的必要的、合理的费用，但以不超过该批被救货物的保险金额为限；

（7）水上运输工具遭遇天灾、海上或者其他可航水域的危险或者意外事故，致使运输或运输合同在保险单载明的目的地以外的港口或地点终止，由于卸货、存仓及运送被保险货物至本保险单载明的目的地所产生的必要的、合理的额外费用；

（8）共同海损的牺牲、分摊和救助费用；

（9）运输合同订有"船舶互撞责任"条款，保险事故发生后，根据该条款规定应由货方偿还承运人的损失。

2. 水渍险（with particular average，WPA 或 WA），直译为"包括单独海损在内"，其责任范围除包括上列平安险的责任范围外，还负责被保险货物由于恶劣气候、雷电、海啸、地震、洪水五种自然灾害所造成的部分损失。

3. 一切险（all risks，AR），其责任范围除包括上述平安险和水渍险的责任范围外，还负责被保险货物由于外来原因所造成的全损或部分损失。

（二）除外责任

中国人民保险公司的海洋运输货物保险对下列原因造成的损失和费用不负赔偿责任：

1. 被保险人的故意行为或过失所造成的损失。

2. 属于发货人责任所引起的损失。

3. 在保险责任开始前，被保险货物已存在的品质不良或数量短差所造成的损失。

4. 被保险货物的自然损耗、本质缺陷、特性以及市价跌落、运输延迟所引起的损失或费用。

5. 本公司海洋运输货物战争险条款和货物运输罢工险条款规定的责任范围和除外责任。

（三）保险期间

中国人民保险公司的海洋运输货物保险负"仓至仓"责任，保险责任自被保险货物在本保险单载明的起运地仓库或储存处所向运输工具装载时开始，包括正常的运输过程，直至发生下列任一情况时终止：货物抵达本保险单载明的目的地的最后收货仓库或处所并从运输工具卸载完毕；货物抵达本保险单载明的目的地或之前的，由被保险人用作分配、分派的其他储存处所或非正常运输的其他处所并从运输工具卸载完毕；运输行程终止后，被保险人或其雇员使用最后的运输工具用于货物存储时；货物在最后卸载港全部卸离海轮后满 60 天。

如在上述 60 天期限内被保险货物需转运到非本保险单载明的目的地时，则至该货物开始转运时，保险责任终止。

（四）附加险条款

附加险是对基本险的补充和扩大。投保人只能在投保一种基本险的基础上才可加保一种或数种附加险。目前，中国保险条款中的附加险有一般附加险、特殊附加险和特别附加险三种。

1. 一般附加险（general additional risk）。

承保一般外来风险造成的全部或部分损失。有如下 11 种：

（1）碰损、破碎险（risk of clash and breakage）。

（2）串味险（risk of taint of odour）。

（3）淡水雨淋险（fresh water and/or rain damage，FWRD）。

（4）偷窃、提货不着险（theft，pilferage and non-delivery，TPND）。

（5）短量险（risk of shortage）。

（6）渗漏险（risk of leakage）。

（7）混杂、玷污险（risk of intermixture and contamination）。

（8）钩损险（hook damage）。

（9）受潮受热险（damage cause by sweat and heating）。

（10）锈损险（risk of rust）。

（11）包装破裂险（loss for damage cause by breakage of packing）。

2. 特殊附加险。

（1）战争险（war risks）。根据中国人民保险公司《海洋运输货物战争险条款》，海运战争险负责赔偿直接由于战争、类似战争行为和敌对行为、武装冲突或海盗行为所致的损失，以及由此而引起的捕获、拘留、扣留、禁止、扣押所造成的损失。还负责各种常规武器（包括水雷、鱼雷、炸弹）所致的损失以及由于上述责任范围而引起的共同海损的牺牲、分摊和救助费用。

（2）罢工险（strike risks）。罢工险也叫罢工暴动民变险（Risk of Strike, Riots and Civil Commotions, SRCC），对被保险货物由于罢工、工人被迫停工或参加工潮、暴动等因人员的行动或任何人的恶意行为所造成的直接损失，和上述行动或行为所引起的共同海损的牺牲、分摊和救助费用负责赔偿。

3. 特别附加险。

（1）黄曲霉素险（aflatoxin risk）。

（2）交货不到险（failure to deliver risk）。

（3）舱面险（on deck risk）。

（4）进口关税险（import duty risk）。

（5）拒收险（rejection risk）。

（6）货物出口到香港（包括九龙）或澳门存仓火险责任扩展条款（fire risk extension clause, F. R. E. C. —— for storage of cargo at destination HongKong, including Kowloon, or Macao）。

三、协会货物条款（ICC）

从世界范围来看，大约2/3的海运货物保险采用协会货物条款。

协会货物条款起源于1779年英国劳合社制定的船货保险单（Lloyd's SG Policy），1906年，该保单被编入了《英国海上保险法》。之后经过多次修订，1912年初步形成了协会货物条款（Institution Cargo Clause, ICC），当时只有水渍险和平安险；到1963年形成了较完整的协会货物条款，在原有两个基本险的基础上又增加了一切险。1978

年，在联合国贸易与发展会议的推动下，英国劳氏保险人协会和伦敦海上保险人协会又对 1963 年的 SG 保单和协会货物条款做了修订，到 1982 年完成，1983 年 4 月 1 日生效。修订后将平安险、水渍险、一切险三险的名称改为 A、B、C 三险。1983 年的协会货物条款自产生以来被使用了 20 多年，各方面的情况又发生了许多变化。为了反映这些变化，从 2006 年开始，联合货物委员会（Joint Cargo Committee）又开始对 1983 年协会货物条款进行修订，到 2008 年产生了目前使用的协会货物条款，其于 2009 年 1 月 1 日生效。

2009 年协会货物条款包括 6 个险别，其名称如下：

（1）协会货物条款（A）[institute cargo clauses（A），ICC（A）]；

（2）协会货物条款（B）[institute cargo clauses（B），ICC（B）]；

（3）协会货物条款（C）[institute cargo clauses（C），ICC（C）]；

（4）协会战争险条款（货物）（institute war clauses cargo，IWCC）；

（5）协会罢工险条款（货物）（institute strikes clauses cargo，ISCC）；

（6）恶意损害险条款（malicious damage clauses）。

其中，A、B、C 三险是基本险，可以单独投保；其余的是附加险，但战争险和罢工险条款有完整的结构，在征得保险人同意后也可以单独投保。

第二节　案例分析

案 例 一

【案情介绍】

某年，广州 A 公司向泰国 B 公司出口罐头一批，共 500 箱，按照 CIF 曼谷向保险公司投保一切险，交由 C 船公司承运。但是因为海运提单上只写明进口商的名称，没有详细注明其地址，货物抵达曼谷后，承运人无法通知进口商 B 公司提货。承运人未与托运人 A 公司取得联系，自行决定将该批货物运回装运港广州南沙港。货物运回广州后，A 公司没有将货物再卸下，只是在海运提单上补写进口商 B 公司的详细地址后，承运人又将货物运回泰国。在运回途中因为轮船渗水，有 230 箱罐头受到海水浸泡。进口商 B 公司提货后发现罐头已经生锈，所以只提取了未生锈的 270 箱头，其余的罐头，C 船公司又运回广州。A 公司收到退货后，发现货物有锈蚀，一方面向买方 B 公司退款，一方面凭保险单向保险公司提起索赔，要求赔偿 230 箱货物的锈损。保险公司经过调查发现，生锈发生在第二航次，而不是第一航次。投保人未对第二航次投保，不属于承保范围，于是保险公司拒绝赔偿。托运人转而要求承运人赔偿货物锈损的货款，而承运人则要求托运人支付货物运回与第二次往返（共三程）运费。后经过调解，由托运人承担货物损失，承运人负担三程运费。

资料来源：叶德万. 国际贸易实务案例教程 ［M］. 广州：华南理工大学出版社，2016.

【案例分析】

保险公司拒绝赔偿是正当的。原因如下：

（1）保险事故不属于保险单的承保范围，本案中被保险人只对货物运输的第一航次投了保险，但是货物是在由广州至泰国的第二次航行中发生风险损失的，即使该项损失属于一切险的承保范围，保险人对此也不予承担保险责任。

（2）被保险人在提出保险索赔时明显违反了诚信原则。被保险人向保险人提出的索赔明知是不属于投保范围的航次造成的损失，其目的是想利用保险人的疏忽将货物损失风险转嫁给保险人，这违反了诚实信用的原则，保险人有权拒绝赔偿。

根据中国人民保险公司《海洋运输货物保险条款》的规定，平安险、水渍险或一切险有下列除外责任：

①被保险人的故意行为或过失所造成的损失；

②属于发货人责任所引起的损失；

③在保险责任开始前，被保险货物已存在的品质不良或数量减差所造成的损失；

④被保险货物的自然损耗、本质缺陷、特性以及市价跌落、运输延迟所引起的损失或费用；

⑤海洋运输货物战争险条款和罢工险条款规定的责任范围和除外责任。

案例二

【案情介绍】

广州 A 外贸公司与德国 B 进口商签订一份出口皮手套合同，价格条件为 CIF 汉堡，向中国人民保险公司投保一切险。生产厂家在生产的最后一道工序时，将手套的湿度降低到了最低程度，然后用牛皮纸包好，装入双层瓦楞纸箱，再装入 20 英尺集装箱，卖方按合同规定凭出口地检验合格证装船并结汇完毕。货物到达汉堡后，德国 B 进口商将货物送当地检验机构检验，检验结果表明，全部货物湿、霉、沾污、变色，损失价值达 8 万美元。保险公司接到索赔要求后，委托代理德国保险公司进行实地调查。后者经分析认为，该批货物的出口地不是异常地热，进口地汉堡也不是异常地冷，运输途中均无异常，完全属于正常运输。因此，中国人民保险公司拒绝赔偿。

资料来源：陈同仇，薛荣久．国际贸易案例分析 [M]．北京：对外经济贸易大学出版社，2014.

【案例分析】

本案例涉及的是保险公司的责任与谁该对货损负责赔偿的问题。皮手套在正常的温度状况下运输，货物发生湿、霉、沾污、变色问题，不是运输过程中外来因素造成的或由于自然灾害造成的，应是商品本身的内在质量缺陷，即生产过程中没有把水分处理到符合该产品应有的干湿度。商品本身的内在质量缺陷属保险公司的除外责任。根据《中国人民保险公司海洋运输货物保险条款》的"除外责任"条款规定，"被保险货物的自然损耗、本质缺陷特性以及市价跌落、运输延迟所引起的损失或费用"，保险公司不负赔偿责任。根据《中华人民共和国海商法》第 51 条规定，在运输责任期间货物发生的灭失或者损坏是"由于货物的自然特性或者固有缺陷"造成的，承运人不负赔偿责任。CIF 合同属象征性交货性质的合同，卖方凭单交货，买方凭单付款，卖方所提交的单据符合买卖合同，买方即应付款，若实际交付的货物不符合合同，买方可凭货抵目的港后的检验证书向卖方索赔。既然是商品本身的内在质量缺陷，卖方理应负责赔偿。

案例三

【案情介绍】

昌隆号货轮满载货物驶离上海港。开航后不久，空气温度过高导致老化的电线短路引发大火，将装在第一货舱的 1 000 条出口毛毯完全烧毁。船到新加坡港卸货时发现，装在同一货舱中的烟草和茶叶由于受毛毯燃烧散发出的焦煳味影响而被不同程度地串味。其中，由于烟草包装较好，串味不是非常严重，经过特殊加工处理，仍保持了烟草的特性，但是品质已大打折扣，售价下跌三成。而茶叶则完全失去了其特有的芳香，不能当作正常茶叶出售了，只能按廉价的填充物处理。船舶经过印度洋时又不幸与另一艘货船相撞，船舶严重受损，第二货舱破裂，舱内进入大量海水，剧烈的震荡和海水浸泡导致舱内装载的精密仪器严重受损。为了救险，船长命令用亚麻临时堵住漏洞，造成大量亚麻损失。在船舶停靠泰国港口进行大修的时候，船方联系了岸上有关专家就精密仪器的抢修事故进行了咨询发现，修理恢复过程十分复杂，已经超过了货物的保险价值。为了方便修理船舶，不得不将第三货舱和第四货舱部分纺织品货物卸下，在卸货时有一部分货物有钩损。

请分析这些货物的损失都属于什么性质。

资料来源：傅海龙等. 进出口操作疑难解答及案例解析 [M]. 北京：对外经济贸易大学出版社，2010.

【案例分析】

第一货舱的货物：1 000 条出口毛毯的损失是由意外事故（火灾）引起的实际全损。实际全损分为四种情形：保险标的物完全灭失；保险标的物不能再归被保险人所拥有；保险标的物完全失去原有的形体、效用；载货船舶失踪。1 000 条出口毛毯的损失属于实际全损当中的第一种，即保险标的物完全灭失。烟草的串味损失属于火灾引起的部分损失，因为经过特殊加工处理之后，烟草仍然保持其属性，可以按照烟草来出售，贬值是烟草的部分损失。至于茶叶的损失则属于实际全损，因为火灾造成保险标的物丧失了原有的效用。虽然茶叶的实体还在，但是其已经完全丧失了原有的效用。

第二货舱的货物：精密仪器的损失属于意外事故（碰撞）造成的推定全损。推定全损是指当保险标的物的实际全损不可避免，或者为了避免发生实际全损所需支付的费用与继续将货物运抵目的港的费用之和超过保险价值，也就是恢复、修复受损货物并将其运送到原定目的地的费用将超过该目的地的货物价值。精密仪器的恢复费用异常昂贵，超过了其保险价值，已经构成了推定全损。亚麻的损失是在危急时刻为了避免更多的海水涌入货舱威胁到船货的共同安全而被用来堵塞漏洞造成的，这种损失属于共同海损，应该由有关受益方共同分摊。

第三货舱和第四货舱纺织品所遭受的损失是为了方便船舶修理而被迫卸货的时候钩损所造成的，也属于共同海损，应该由有关受益方共同分摊。

案例四

【案情介绍】

某公司向欧洲出口一批器材，投保海运货物平安险。载货船舶在航行中发生碰撞事故致使部分器材受损。另外，公司还向美国出口一批器材，由另外一艘船装运，也投保了海运货物平安险。船舶在运送途中遭受暴风雨的袭击，船身颠簸，货物相互碰撞，发生部分损失，船舶又不幸搁浅，经拖船拖曳后方才脱险。

请分析上述货物是否该由保险公司承担赔偿责任。

资料来源：张华. 国际贸易实务案例分析［M］. 北京：中国经济出版社，2020.

【案例分析】

根据中国人民保险公司《海洋运输货物保险条款》的规定，平安险的承保责任范围是：

（1）被保险货物在运输途中由于恶劣气候、雷电、海啸、地震、洪水等自然灾害造成整批货物的全部损失或推定全损。

（2）由于运输工具遭受搁浅、触礁、沉没、互撞、与流冰或其他物体碰撞以及失火、爆炸等意外事故造成货物的全部或部分损失。

（3）在运输工具已经发生搁浅、触礁、沉没、焚毁等意外事故的情况下，货物在此前后又在海上遭受恶劣气候、雷电、海啸等自然灾害所造成的部分损失。

（4）在装卸或转运时由于一件或数件货物整件落海造成的全部或部分损失。

（5）被保险人对遭受承保责任内危险的货物采取抢救、防止或减少货损的措施而支付的合理费用，但以不超过该批被救货物的保险金额为限。

（6）运输工具遭难后，在避难港由于卸货所引起的损失以及在中途港、避难港由于卸货、存仓和运送货物所产生的特别费用。

（7）共同海损的牺牲、分摊和救助费用。

（8）运输合同订有船舶互撞责任条款，根据该条款规定，应由货方偿还船方的费用。

平安险承保责任范围的特点较为明显地体现在前三项责任上，可以归纳如下：平安险负责赔偿被保险货物由于海上自然灾害所造成的全部损失；由于海上意外事故所造成的全部损失或部分损失；在海上意外事故发生前后，由于自然灾害所造成的部分损失。本案中，出口到欧洲的器材的部分损失属于运输工具发生碰撞造成的。根据平安险的承保责任，保险公司负责"由于运输工具遭遇搁浅、触礁、沉没、互撞与流冰或其他物体碰撞以及失火、爆炸等意外事故而引起的部分损失"。该部分货物损失显然是属于承保的意外事故引起的损失，理应由保险公司赔偿。

向美国出口的货物的部分损失属于船舶遭受自然恶劣气候引起的。平安险对于自然灾害所导致的全部损失负责赔偿，对于部分损失则不负责赔偿。但是平安险承保责任又规定，对于运输工具曾经遭受搁浅、触礁、沉没、焚毁等意外事故的，在这之前或之后因恶劣气候等自然灾害所造成的部分损失保险公司予以补偿。出口美国的货物虽然是由于自然灾害遭受的部分损失，但因载货船舶在该航行中又遭遇搁浅（意外事故），且船舶搁浅的时候货物仍然在船上，因而保险公司应该对出口到美国的货物所遭受的损失给予赔偿。

案例五

【案情介绍】

某年 5 月，中国山西某煤炭公司向丹麦出口无烟煤 1 000 公吨，合同采用 CIF 价格条件，装运期为当年 8 月，信用证结算，规定由中方投保水渍险。8 月 2 日，中方按发票金额的 110% 向中国人民保险公司投保了水渍险。8 月 16 日，该批无烟煤装运出口，但在印度转船时遭遇暴雨。货抵目的港哥本哈根后，丹麦进口商发现货物有明显的湿损，即请检验机构进行检验，确定损失达 38 000 美元。丹麦进口商遂向山西某煤炭公司提起索赔，但遭到煤炭公司的拒绝，理由是：卖方交货时，有商检部门的检验证明，货物质量符合合同要求；至于交货后的风险，在 CIF 合同下，应由买方承担；同时指出，卖方对该批货物已投保了水渍险，买方应凭保险单向中国人民保险公司索赔。于是，丹麦进口商凭保险单向中国人民保险公司驻丹麦的代理人提出索赔。保险公司经调查得知该批货物湿损是因为在印度转船时遭暴雨所致，非海水所致，不属于水渍险的范围，因此不予赔偿。

资料来源：赵玉敏. 新时代国际贸易案例与分析 [M]. 北京：中国商务出版社，2019.

【案例分析】

根据中国人民保险公司《海洋运输货物保险条款》的规定，水渍险的承保责任范围是：

（1）平安险所承保的全部责任；

（2）被保险货物在运输途中，由于恶劣气候、雷电、海啸、地震、洪水等自然灾害所造成的部分损失。

根据水渍险的承保范围，被保险货物在运输途中遭到恶劣天气、雷电、海啸、地震、洪水等自然灾害而发生单独海损的损失，保险人应负责赔偿。但必须注意的是，水渍险中的水是指海水。水渍险对淡水引起的货损不予赔偿。本案中，湿损的原因是暴雨所致，不属于水渍险的赔偿范围，保险人不予赔偿是正确的。假设本案的货物投的是淡水雨淋险（承保因直接遭受雨淋或其他原因的淡水所致的损失）或直接投保一切险，那么保险人应予赔偿。

<hr>

案例六

【案情介绍】

有一份 FOB 合同，买方已向保险公司投保"仓至仓条款"的一切险。货物在从卖方仓库运往装运港码头途中发生承保范围内的风险损失。事后，卖方以保险单含有"仓至仓条款"，要求保险公司赔偿，但遭拒绝，后来卖方又请买方以自己的名义凭保险单向保险公司索赔，但同样遭到拒绝。

资料来源：傅海龙等．进出口操作疑难解答及案例解析［M］．北京：对外经济贸易大学出版社，2010.

【案例分析】

本案例主要涉及基本险的责任起讫，基本险的责任起讫是"仓至仓"。所谓的"仓至仓"是指保险责任从被保险货物运离保险单所载明的起运地仓库或储存处所开始运输时生效，包括正常的运输过程当中的海上、陆上、内河和驳船运输在内，直至该项货物到达保险单所载明的目的地收货人的最后仓库或储存处所或被保险人用作分配、分派或非正常运输的其他储存处所为止。本案中的货物是在从卖方仓库运往装运码头途中发生承保范围内的损失，所保又含"仓至仓条款"，为什么保险公司会拒绝赔偿？这主要与 FOB 合同的特殊性有关。

第一，FOB 合同下的风险转移与保险责任起讫。FOB 合同下，保险由买方办理并支付有关费用。因为 FOB 合同属于象征性交货，只要卖方在装运港按规定的时间、地点将规定的货物装在买方指派的船上，并提交符合规定的货物单据，就算完成交货，与货物有关的风险，也在装运港货物装上船起由卖方转移给买方。因此，买方投保保险，只保其应该负责的风险（即转移后的风险），而风险转移前（如从卖方仓库运往装运码头期间）发生的风险损失，买方概不负责，买方投保的保险公司当然也不负责任。也就是说，在 FOB 合同下，虽然保险单上列有"仓至仓条款"，但保险公司承保责任起讫不是"仓至仓"，而是"船至仓"，保险公司只承保货物在装运港装上船起至货物运至买方仓库时为止的风险损失，可见案例中提及的风险损失不在保险公司承保范围之内，保险公司对此不负赔偿责任。

第二，即使发生的损失属保险公司承保责任，向保险公司索赔还必须具备以下三项基本条件：

（1）索赔人与保险公司之间必须有合法有效的合同关系。在国际贸易实务中，保险合同一般指保险单，是保险公司出具的书面证明。但因保险单是保险公司单方面签发的，所以严格来讲它应与投保人（被保险人）填写的投保单合在一起才成为保险人与被保险人之间的合同。只有保险单的合法持有人（投保人或受让人），才有权向保险公司提出索赔。本案中的卖方不是保险单的合法持有人，无权向保险公司提出索赔。

（2）索赔人不仅应是保险单的合法持有人，而且必须享有保险利益。保险利益，又称可保权益，是指投保人对保险标的物具有的法律上承认的利益。可保权益不仅指被保险货物本身，而且指被保险人对保险标的物所具有的利益。可保权益的取得有两种方式：承担货物的经济风险、拥有货物的所有权。两者只要满足其一，即可拥有可保权益。如果保险标的物受损，但被保险人未受任何影响，被保险人则不具备可保权益。对货物拥有所有权的人，一般对该批货物拥有可保权益。但国际货物买卖要经过许多环节，如 FOB 合同下，在货物装船之前，风险由卖方负责，此时卖方对货物具有可保权益；如卖方凭提单，发票等货运单据向银行办理了押汇，在买方付款赎单之前，办理押汇的银行控制货运单据，对该批货物拥有可保权益；如买方已付款赎单，则对货物拥有可保权益的只能是买方。无论如何，只有享有可保权益的人，才能提出索赔。本案中的买方虽然是投保人（被保险人），但在损失发生时尚不具备可保权益，故无权向保险公司索赔。

（3）索赔人要求赔偿的损失必须是所保险别的承保范围所包含的。FOB 合同下的"仓至仓条款"，保险公司实际承担"船至仓"责任。卖方为保障从卖方仓库至码头期间的可保权益，必须向保险公司另行投保。我国的进口业务中通常采用 FOB 合同，对此须特别注意。另外，CFR 合同、FAS 合同下的"仓至仓条款"也做同样理解。本案中保险公司拒赔卖方，是因为损失发生时卖方虽拥有可保权益，但卖方不是保险单的被保险人或合法的受让人，故无权向保险公司索赔。保险公司拒绝买方索赔，是因为损失发生时，买方对货物不具有可保权益，虽然买方是保险单的被保险人和合法持有人，但保险公司有权拒绝其索赔。

（4）保险公司只对其承保责任范围内的损失，向拥有可保权益的被保险人和保险单的合法持有人赔偿损失，否则有权拒赔。

案例七

【案情介绍】

某货代公司接受货主委托，安排一批茶叶海运出口。货代公司在提取了船公司提供的集装箱并装箱后，将整箱货物交给船公司。同时，货主自行办理了货物运输保险。收货人在目的港拆箱提货时发现集装箱内异味浓重。经查明，该集装箱前一航次所载货物为海鲜，茶叶因此受到污染。

请问：（1）收货人可以向谁索赔？为什么？

（2）最终应由谁对茶叶受污染事故承担赔偿责任？

资料来源：李娜．进出口业务案例与实训教程［M］．北京：清华大学出版社，2022.

【案例分析】

（1）收货人可以向保险人或承运人索赔。因为根据保险合同，在保险人承保期间和责任范围内，保险人要承担赔偿责任。此案例属于串味情况，又因货主投保了相应的险别，保险公司应予以赔偿。根据运输合同，承运人应该提供适载的集装箱，由于集装箱存在问题，承运人应承担相应的赔偿责任。

（2）由于承运人没有提供适载的集装箱，而且货代在提空箱的时候也没有履行检查箱子的义务，因此，承运人和货代应该按自己的过失比例来承担相应的赔偿责任，例如，承运人承担60%、货代承担40%等。

案例八

【案情介绍】

某年11月，某进出口公司出口一批货物到荷兰，合同规定：CIF 阿姆斯特丹，支付方式为货物装船后卖方将海运提单正本传真给买方，买方7日内电汇90%货款，其余10%货款等货到目的港买方检验合格后电汇支付。装船前，卖方按照合同规定投保 ICC（A）。货物顺利装船出运，卖方将提单正本传真给荷兰买方，很快收到买方电汇支付的90%货款，随后卖方将全套海运单据快递给买方。不料，突然传来消息，装载货物的轮船在通过亚丁湾时被索马里海盗劫持，海盗索要巨额赎金。该公司出口货物到欧洲多年来首次遭遇海盗劫持，平素不大关心投保险别所承担的风险范围如何的业务人员立即核查，得知幸亏应客户要求投保的是 ICC（A），在这个险别下保险人承保海盗行为所引起的投保货物的风险损失和费用。若按照公司以往的习惯做法投保一切险，保险公司是不承担海盗行为风险的。真是虚惊一场。但是，船东与海盗谈判赎货异常艰难。半年以后，船公司支付了赎金，海盗才放了船，本案所涉及的货物未受损。船抵目的港比预定时间迟了，正值该货物国际市场价格下降，买方拒付余款 10%，理由是按照现行价格销售有很大亏损，这 10% 余款至今未付。

资料来源：叶德万．国际贸易实务案例教程［M］．广州：华南理工大学出版社，2016.

【案例分析】

本案例引发了无论从保险理论还是保险实务中一直被忽视的问题：一切险和 ICC（A）在承保海盗行为险上的区别，即中国保险条款的一切险和伦敦保险协会的 ICC（A）在是否承保海盗行为险上的差异。倘若上述案例中，中方投保的是一切险，则保险公司不承保海盗风险损失。那么，荷兰的买方不仅需要分担船方支付的赎金，若在遭海盗劫持中货物发生损失，其还需承担货损的风险。

由于多年以来海洋运输货物遭海盗劫持只是个案，因此没有受到保险业、国际贸易界和海洋运输业的高度重视。许多国际贸易实务书中也都只简要地阐明一个观点：从理角度上讲，一切险和 ICC（A）风险范围基本相同。我国进出口贸易公司往往在出口投保时常规性地投保保险公司承保风险范围比较大的一切险和战争险，有时国外买方要求向保险公司投保 ICC（A）等，我国保险公司一般情况下也都酌情接受，甚至一些保险公司规定的同一航线的两个险别的保险费率基本相同。

如果货物运输航线是海盗行为高发区，建议投保险别涵盖海盗险，具体险别选择有以下几个建议：

（1）向保险公司投保 ICC（A）。ICC（A）下保险人承保海盗行为导致所保货物的风险损失和费用。

（2）向保险公司投保一切险和战争险。中国人民保险公司战争险条款承保海盗行为风险。但是战争险作为一种特殊附加险，不能单独投保，需要在投保基本险项下加保。因此，应将一切险和战争险一起投保才能将遭受海盗行为的风险转移给保险人。

（3）向保险公司投保平安险或水渍险，加保战争险。根据所保货物的实际情况，也可以在选择投保中国人民保险公司海洋运输货物保险条款中的平安险或水渍险的基础上加保战争险条款，这样一方面可以降低保险费，另一方面可以起到涵盖海盗行为风险的目的。

需要明确的是，如果投保 ICC（B）或 ICC（C），海盗行为未列入这两个险别的承保风险范围之内，因此，在投保 ICC（B）或 ICC（C）时，即使发生海盗行为，保险人也不予负责。在国际贸易实践中，如何合理选择保险险别一直不被重视。至今海盗活动一直屡禁不止，分析清楚哪些常用险别涵盖海盗行为险，选择投保合适的险别，从而将该风险转移给保险公司，对于从事进出口货物贸易的人员来讲尤为重要。

 复习思考题

（一）简答题

1. 货物运输保险的基本原则是什么？这些原则如何确保保险合同的公平性和有效性？

2. 详细阐述国际货物运输保险条例中关于保险责任和责任免除的内容。

3. 在货物运输过程中，如何界定货物损失的性质和程度，以便进行保险索赔？

4. 国际货物运输保险中常见的保险险别有哪些？它们各自覆盖哪些风险？

5. 在货物运输保险中，如何确定保险金额和保险费率，以确保保险合同的合理性和经济性？

6. 在货物运输保险索赔过程中，被保险人需要遵循哪些程序和注意事项？

（二）案例分析题①

1. 我国某食品进出口公司向科威特出口一批核桃糖，成交条件为 CIF 科威特，由我方投保一切险。由于货轮陈旧、速度慢，加上该轮沿途到处揽货，结果航行了三个多月才到达目的地，卸货后，核桃糖因受热时间过长，已经全部受潮软化无法销售。请问这种情况保险公司是否赔偿？

2. 我国一外贸企业按 CIF 出口冷冻食品一批，合同规定投保平安险加战争险、罢工险。货到目的港后恰逢码头工人罢工，港口无人作业，货物无法卸载。不久货轮因无法补充燃料以致冷冻设备停机。等到罢工结束，该批冷冻食品已变质。请问这种由于罢工而引起的损失，保险公司是否负责赔偿？

---

① 1－9案例资料来源：叶德万 . 国际贸易实务案例教程［M］. 广州：华南理工大学出版社，2016.

3. 我国一外贸企业按 CIF 条件出口大豆 1 000 公吨，计 10 000 包。合同规定投保一切险加战争险、罢工险。货卸目的港码头后，当地码头工人便开始罢工。在工人与政府武装力量的对抗中，该批大豆有的被撒在地面，有的被当作掩体，有的丢失，总共损失近半。请问这种损失保险公司是否负责赔偿？

4. 某外贸企业按 CIF 条件向中东某国出口一批货物，根据合同投保了水渍险附加偷窃提货不着险（W. A. including TPND）。但在海运途中，因该海域国家战争船被扣押。之后进口商因提货不着便向保险公司进行索赔。请问其结果如何？若被保险人当初投保水渍险加交货不到险（W. A. including Failure to Deliver Risk），其结果又将如何？

5. 某外贸企业进口散装化肥一批，已向保险公司投保海运一切险。货抵目的港后，全部卸至港务公司仓库。在卸货过程中，外贸企业与装卸公司签订了一份灌装协议，并马上开始灌装。某日，装卸公司根据协议将已灌装成包的半数货物堆放在港区内铁路边堆场，等待列车将货物转运至他地以交付不同货主。另一半留在仓库尚待灌装的散货因受台风袭击，遭受严重湿损。于是外贸企业就遭受湿损部分的货物向保险公司索赔，但被保险公司拒绝。请分析：

（1）一切险的责任范围及责任期限。

（2）本案中，保险公司是否应该赔偿？

6. 某公司以 CIF 条件进口精密仪器 10 箱，卖方已投保一切险，买方向银行付款后取得清洁提单、保险单及其他有关单据。在目的港卸货时船方只卸下 9 箱货物，买方遂向船公司提出索赔，但船方称缺 1 箱货物原因不明，是否由于承运人过失待查，也可能仍在船舱内，到下一个口岸待全部货物卸完后再作处理。请分析：

（1）什么是已装船清洁提单？提单的性质和作用是什么？本案中承运人所述理由是否成立？买方公司应怎么办？

（2）本案如果向保险公司索赔，应提供哪些单证？

（3）保险公司是否应该赔偿？

7. 某公司以 CIF 鹿特丹成交出口货物一批，信用证支付方式，投保一切险加交货不到险，货物装船并付清运费后取得已装船清洁提单。但尚未送银行议付前，该船因故被扣，不知何日能起航，买方获悉这一消息，因急于要货应市，电告卖方请求迅速另行安排船只出运，并表示愿意负担一切额外运杂费用，同时愿意修改信用证允许延迟一个月装运，额外运杂费可在证外超支。请分析：

（1）卖方能否同意买方要求？应注意什么问题？

（2）如果卖方不同意买方要求而直接交单，买方能否凭保险单向保险公司取得赔偿？

8. 某公司进口一批货物，已投平安险加战争险。运载该批货物的海轮在航行途中遇到敌对两国交战，船舶被炮火击中受严重创伤，但货物未受损害。当该船驶到附近港口修理时，却因遭遇恶劣气候而沉没，货物全部遭到损失。请问：

（1）什么叫"近因原则"？

（2）战争险的责任期限与平安险的责任期限是否一样？

（3）本案的保险公司是否负责赔偿？如果本案买方投保的是一切险，保险公司是否应该赔偿？

9. 某公司以 CFR 广州从国外进口一批货物，并据卖方提供的装船通知及时向保险公司投保了水渍险，后来由于国内用户发生变更，进口公司即通知承运人货改卸汕头港。在货由汕头装车运往用户途中遇到山洪，致使部分货物受损。进口公司于是据此向保险公司索赔，但遭到拒绝。请问保险公司拒赔有无道理？为什么？

10. 2021 年 3 月 23 日上午 7 时 40 分，长荣海运旗下的一艘名为 EVER GIVEN 的超大型集装箱船驶入苏伊士运河后不久，在苏伊士运河北部航段搁浅。事故发生时，EVER GIVEN 号正在向北行驶，突遇强风、全船跳电或是导致搁浅的主要原因。

资料显示，长赐轮 EVER GIVEN 号建于 2018 年，船长 400 米，宽近 59 米，20388TEU，是目前世界最大级别的集装箱船舶。该轮船东公司为日本正荣汽船（Shoeikisen Kaisa），船舶实际运营公司为我国台湾地区的长荣海运（Evergreen Marine Corp.）期租，船舶管理公司为贝仕香港，由德国 Higaki Sangyokaisha Ltd 管理，挂巴拿马旗。

长赐号的装载量约为 85%，船上的主要产品类别包括电子、机械和零件、家居用品、家具和鞋类，货主来自多个国家，其中，大部分是中国的货主。2 月 22 日长赐号从高雄港启航，先后挂靠青岛、上海、宁波、台北、盐田、丹绒帕拉帕斯等港口，预计 3 月 30 日抵达鹿特丹。

3 月 23 日，长达 400 米的集装箱船长赐号在苏伊士运河搁浅。

长赐号搁浅后，苏伊士运河管理局和船东立即聘请了世界最大海上拖带与救助打捞公司——荷兰 Royal Boskalis Westminster 的子公司 SMITSalvage 负责指导整个救援行动。

3 月 29 日，搁浅货轮成功获救，苏伊士运河航道恢复通行。

4 月 1 日，船东宣告共同海损。

4月13日，长赐号被拖至运河中间的大苦湖并被扣押，遭苏伊士运河管理局索赔9.16亿美元。对于这一赔偿数额，埃及方面辩称，约800人参与了救援工作，10亿美元的索赔金额是考虑到运河堵塞造成的收入损失、设备和器械支出以及救援人员的人工费。苏伊士运河管理局主席拉比还称，运河管理局的索赔额"很合理，我们为救援长赐号付出极大努力，没有对船体形成较大破坏，保障了船上货物安全。原本整只船都可能没了"。

4月22日，船东正荣汽船对长赐号被扣留大苦湖及其船上货物提出上诉。

5月4日，埃及法院驳回上诉并保持对该船的扣留。

5月8日，埃及方面将长赐号救援赔偿要求减少至6亿美元。

目前，长赐号及所载货物仍遭埃及政府扣押，滞留在苏伊士运河，静待赔偿争议落幕才能被放行。

除船东与苏伊士运河管理局之间高达近10亿美元的"赎金"纷争外，一场围绕长赐号事件错综复杂的连锁反应早已暗潮凶涌。比如船东、租船人、管理团队之间的责任纷争，货主与承运人之间纷争，买卖双方之间的纷争，保险人与投保人（包括船东和货主）之间的纷争等。那么，苏伊士运河在6天的卡船期间，运河管理当局具体付出了哪些成本？遭受了哪些损失？其他各方又遭受了哪些损失？有业界人士做了详细分析与罗列。

（1）海上救助费用。

①清理泥沙。指挥包括苏伊士运河疏浚挖泥船马苏尔号在内的两艘大型挖泥船、9艘拖船和4台挖掘机，累计挖走约30 000立方米泥沙，相当于12个大型游泳池的体量。

②助力脱浅。随着周围的泥沙被挖走，长赐号在水流作用下的货轮头尾搁浅部位恢复了一部分浮力。运河管理当局随后动用14艘拖船，其中包括两艘马力强大的海洋拖船，开始拖动或者推动货轮，先将船尾推出了搁浅区域。

（2）苏伊士运河当局的直接损失。

①航道损坏。根据目前已知信息，苏伊士运河航道在船舶搁浅及脱浅过程中有轻微损坏，因此，可以预见修复费用将比较低。

②堵塞期间的通航费损失。对于苏伊士运河当局而言，损失大部分来源于航道堵塞期间营收的减少。根据公开资料，2020年苏伊士运河累计收入56.1亿美元，日均收入约1 500万美元，堵塞7天（3月23日至3月29日）期间涉及的收入约1.05亿美元。

（3）长赐号船体损坏。很多搁浅事故会造成一定程度的船体损坏。据报道，经潜水员检查后，长赐号船艏有轻微损坏，但目前该损坏还不足以使它停用。下一步可能视情况决定是否需要进船坞进行维修。总体而言，船体损坏情况有限，损失金额相对较小。

（4）长赐号的运营损失。长赐号停运期间，船舶承租人长荣海运无法取得运营收入，却仍然要向船东支付运费。

（5）长赐号所载货物损失。

①货物本身受损。除堵塞在运河上的时间，本身的船壳损坏以及长赐号可能被苏伊士运河管理当局扣押的因素外，堵塞将使其所载货物出现严重的运输延迟，进而可能导致有部分货物变质而不能正常出售或者降价出售。

②被迫卸货后的续运费。目前尚不清楚长赐号是否能够继续完成计划航行；若损坏严重需要卸货修理，则船上货物将被迫安排转运到原目的地，续运费用可在货物运输保险下索赔。

（6）途经苏伊士运河船舶的堵塞损失。据估算，近400艘途经苏伊士运河的船舶航程被耽误了1～9天不等，其间还会有额外的船舶租金、燃油、其他易耗物资以及船员工资等损失。若以一艘船平均损失4万美元/天，损失平均时间5天，则该类损失金额将达到8000万美元。

（7）其他船舶的绕航损失。因为苏伊士运河的塞船，让部分原本计划从运河通行的船舶绕道非洲好望角。据估算该部分船舶约有100～150艘，可能产生额外的船舶租金、燃油或淡水、其他易耗物资及船员工资等损失，但也减少了苏伊士运河通航费的支出（平均约30万美元/艘），费用相抵后实际损失有限。

船东正荣汽船面临的索赔包括但不限于以下各项：巨额赔款、运河修复费、船舶修复、船舶救援费用、延误的船员费用。

被埃及方面索赔的9.16亿美元中包含3亿美元的打捞津贴（salvage bonus）、3亿美元的声誉损失费（loss of reputation）。尽管船东和保险公司都认为索赔金额过高，相关费用的计算缺乏依据。但奈何船、货及船员都被扣，随着时间的拖延，船东面临各方的压力越来越大，在谈判桌上也会愈发被动。

按照目前国际上通行的期租合约格式条款，就本次触碰加搁浅事故而言，对苏伊士运河负有触碰侵权责任的是长赐号集装箱船，运河修复费归正荣汽船负责。

船舶救助的所有行为应由救助合同、拖船合同约束，这些合同的甲方应该都是船东正荣汽船，船舶救援费用归正荣汽船负责。

根据期租合约，在期租时间内，船舶因意外事故导致损坏的修复费用应当由船东承担。根据期租合约的规定，船员费用的增加应当由船东正荣汽船承担。具体计算方法则因船员劳务合同的差异而有所差异。延误的船员费用由正荣汽船负责。

尽管运输合同及其适用的法律会有诸多免责条款，但作为运输合同当事人，承运人长荣海运当然不可能置身度外——长荣海运作为承运人承运了货物，现今货物仍然被埃及运河管理局扣留在大苦湖，不同程度违反了运输合约，面临上万货主施加的压力，还可能面临货主保险公司的代位追偿。当货主弃货时，作为承运人的长荣海运可能会面临无法回收运费和集装箱超期使用费的风险，可能还要承担检验、拍卖、销毁、诉讼、退运等额外的后续处理费用，而且过程十分复杂。

根据以上材料，回答下列问题：

（1）上述材料中提到的 TEU 和 GP 分别指什么？

（2）上述材料中船东宣布共同海损，请问什么是共同海损？构成共同海损的条件有哪些？

（3）上述材料中的哪些费用和损失属于共同海损？

（4）假如你的公司刚好有 15 个 20GP 的货物在这艘货船上，你的货物没有受损，但是现在货船被扣押在大苦湖，船东又宣布共同海损，你跟欧洲买方签订的买卖合同中采用的是 CIF 贸易术语，请问你将面临哪些风险和损失？该如何处理？

第七章　国际贸易结算案例

第一节　国际贸易结算概述

一、结算工具

国际贸易中使用的结算工具主要有汇票、本票和支票。

（一）汇票

1. 汇票的含义和内容。汇票是国际结算中使用最为广泛的一种信用工具和支付工具，也是狭义票据中最具典型意义的票据。它所包含的内容及涉及的票据行为最为全面，各国票据法对汇票的规定也最为详尽具体。

根据英国票据法，"汇票是一人向另一人签发的，要求即期或定期或在可确定的将来时间对某人或某指定人或持票人支付一定金额的无条件书面支付命令"。

《中华人民共和国票据法》（以下简称《票据法》）第 19 条关于汇票的定义是："汇票是出票人签发的，委托付款人在见票时或者在指定日期无条件支付确定金额给收款人或者持票人的票据。"

汇票的内容包括：写明"汇票"字样、无条件的支付命令、出票日期、付款金额、付款人名称或商号、收款人名称、出票人名称和签字等。

2. 汇票的主要当事人。汇票有三个基本当事人，即出票人、付款人和收款人，是汇票设立时产生的，此时汇票尚未进入流通领域。汇票进入流通领域后，还会出现其他的当事人，如背书人、被背书人、持票人等。

3. 汇票的票据行为。汇票的票据行为是指一张汇票从开立到正当付款而注销所经历的一系列的步骤，也即票据的法律行为，它有广义和狭义之分。

狭义的票据行为仅指以承担票据债务为目的而为的要式法律行为，或者说，是围绕汇票发生的、以确立或转移票据权利义务关系为目的的法律行为，包括出票、背书、承兑、保证、保付等。

广义的票据行为泛指一切能够引起票据权利义务关系发生、变更或消灭所必要的全部法律行为，除上述狭义票据行为外，还包括提示、付款、拒付、参加承兑、参加付款以及追索等。

4. 汇票的种类。

（1）根据汇票出票人身份的不同。可分为银行汇票和商业汇票。

（2）根据汇票是否附有货运单据。可分为跟单汇票和光票。

（3）根据汇票付款期限不同。可分为即期汇票和远期汇票。

（4）根据承兑人身份的不同。可分为商业承兑汇票和银行承兑汇票。

（5）以汇票上货币的不同，可分为外币汇票和本币汇票。

（二）本票

本票作为一种票据，同样具有支付结算功能和信用功能，因此，它可以成为一种国际结算工具。

根据《英国票据法》第 83 条，"本票是一个人向另一人签发的，保证即期或定期或在可以确定的将来时间对某人或指定人或持票来人支付一定金额的无条件的书面承诺"。

我国《票据法》第 73 条规定，"本票是出票人签发的，承诺自己在见票时无条件支付确定的金额给收款人或持票人的票据"。

（三）支票

支票也是国际结算中使用的一种结算工具，它通常是由进口商签发的委托银行从其存款账户中支付一定金额给出口商的一种票据。

《英国票据法》对支票的定义是："支票是以银行为付款人的即期汇票。"因此，英国将支票归入汇票，而不是划分出来。具体来说，支票是银行存款户对银行签发的授权银行对某人或某指定人或持票来人即期支付一定金额的无条件书面支付命令。

我国《票据法》第 81 条规定："支票是出票人签发的，委托办理支票存款业务的银行或者其他金融机构在见票时无条件支付确定金额给收款人或者持票人的票据。"

（四）国际贸易结算票据风险与防范

票据作为国际结算中一种重要的支付凭证，在国际上使用十分广泛。由于票据种类繁多、性质各异，再加上大多数国内居民极少接触到国外票据，缺乏鉴别能力，因而在票据的使用过程中也存在着许多风险。

在票据的风险防范方面，要注意以下几点：

1. 贸易成交以前，一定要了解客户的资信，做到心中有数，防患于未然。特别是对那些资信不明的新客户以及那些外汇紧张、经济落后、国家局势动荡的客户。

2. 对客商提交的票据一定要事先委托银行对外查实，以确保能安全收汇。

3. 贸易成交前，买卖双方一定要签署稳妥、平等互利的销售合同。

4. 在银行收妥票款之前，不能过早发货，以免货款两空。

5. 即使收到世界上资信最好的银行为付款行的支票也并不等于将来一定会收到货款。近年来，国外不法商人利用伪造票据及汇款凭证在国内行骗的案件屡屡发生，且发案数呈上升趋势，对此不能掉以轻心。

在汇票的使用过程中，除了要注意以上所说的之外，还要注意遵循签发、承兑、使用汇票所必须遵守的原则：

1. 使用汇票的单位必须是在银行开立账户的法人。

2. 签发汇票必须以合法的商品交易为基础，禁止签发无商品交易的汇票。

3. 汇票经承兑后，承兑人即付款人负有无条件支付票款的责任。

二、国际结算方式——汇款

（一）汇款的概念

汇款（remittance），一般而言，是指银行应汇款人的要求，以某种方式将一定的资金通过其在海外的联行或代理行付给收款人的一种结算方式。汇款在国际结算中是使用得很多的一种结算方式，它不仅运用于贸易和非贸易的结算，而且凡属外汇资金的调拨都可采取这种方式，它是银行的一项主要中间业务。它既可独立使用，也可以与其他方式结合使用。

（二）汇款的当事人

在汇款业务中，有四个基本当事人：汇款人、收款人、汇出行和汇入行。

（三）汇款业务的种类

汇款业务按照使用的支付工具不同分为电汇（T/T）、票汇（D/D）和信汇（M/T）三种类型。在目前的实际业务操作中，电汇使用得最多，票汇一般用于小额支付，信汇使用得最少，濒临淘汰。

电汇是汇款人将一定款项交存汇款银行，汇款银行通过电报、电传或环球银行间金融电讯网络（swift）指示汇入行向收款人支付一定金额的一种汇款方式。

电汇是目前使用较多的一种汇款方式，电汇通常以 swift 系统作为通信工具，和信汇、票汇相比更为迅速和安全。在银行，电汇的优先级最高，一般均在当天处理。而且，由于是银行之间的直接通信，差错率较低，遗失的可能性也极小。但由于汇出行占压汇款资金时间极短，甚至根本不占压，因此，收费也较高。

国际贸易中使用汇款时主要有以下三种方式：预付货款、货到付款、凭单付汇。

（四）国际贸易中汇款结算业务的特点

1. 风险大。

2. 资金负担不平衡。

3. 手续简便，费用少。

（五）汇款结算方式的风险及其防范

在汇款结算业务中，进出口双方由于缺乏对另外一方的有效制约，与其他结算方式相比，汇款的安全性最差，风险最大，所以对于其中存在的风险必须有充分的认识，从而加以防范。

1. 出口商面临的风险及防范：第一，信用风险；第二，技术风险；第三，汇率风险。

2. 出口商的防范措施。出口商可以采用以下措施来防范所面临的风险：

首先，进行国际交易前，要对进口商的资信进行调查，最好事先要求进口商开出由可靠银行出具的履约保函。

其次，出口商应尽量分批出运货物，降低风险。

再次，针对由于汇出行发出的信汇或电汇委托书有误而导致迟付这种情况，出口商应加强与进口商、转汇行和解付行之间的联系，及时查询，保证按时收汇。

最后，充分利用各种金融工具，如外汇期货等对冲汇率风险。

3. 进口商面临的风险及防范。进口方在国际汇款业务中面临的主要风险是指在采取预付货款的情况下，进口方面临的对方不予发货或迟发货或对方以次充好的风险。另外，在国际交易采用以外币计价的时候，进口方同样面临着汇率风险。进口方可以采取以下防范措施：

首先，对出口方的资信进行调查。

其次，预付部分货款，以降低风险。

再次，要求出口方事先开出由银行出具的履约保函，万一日后对方不交货或迟交货或以次充好不合要求，即可依据银行保函索取赔偿。

最后，充分利用各种金融工具规避汇率风险。

三、国际结算方式——托收

（一）托收的定义

托收（collection）是指出口商（委托人）根据买卖合同发运货物之后，把金融单据和商业单据委托出口方银行（托收行）通过其在海外的联行或代理行（代收行），向进口商（付款人）收取款项的一种结算方式。

（二）托收业务的当事人

1. 委托人（principal）。
2. 托收行（remitting bank）。
3. 代收行（collecting bank）。
4. 付款人（payer）。
5. 提示行（presenting bank）。
6. 需要时的代理人（case in need）。

（三）托收业务的种类

托收业务分为光票托收、跟单托收和其他托收。跟单托收根据交单方式可分为即期付款交单、远期付款交单和承兑交单。

（四）跟单托收的风险及其防范

托收结算方式中，不论交单条件是 D/P 还是 D/A，总是出口商发货在前、收取货款在后。出口商与托收行之间、托收行与代收行之间的关系仅是委托代理关系，银行不提供付款保证。出口商能否按期、如数地收回货款，两家银行概不负责，出口商能否收款取决于进口商的信誉和支付能力。

在跟单托收业务中，银行仅提供服务，而不提供任何信用担保。银行在传递单据、收取款项的过程中不保证进口商一定付款，对单据是否齐全，是否符合买卖合同规定也不负责。实务中，有的银行会核对单据与贸易合同是否一致（单同一致），但这仅仅是出于对出口商的善意和额外服务。若单据与贸易合同不一致，托收行也只是提醒出口商注意，是否需要修改由出口商自行作出决定，银行对此没有强制性。又如货物到达目的地后，遇到进口商拒不赎单而导致的无人提货和办理进口手续等情况，除非事先征得银行同意，否则银行无照管货物之责。因而，跟单托收作为一种结算方式，对出口商有较大的风险，对进口商也有一定的风险。

1. 出口商的风险。出口商面临的主要风险表现在：

（1）进口商破产、倒闭或失去偿付能力。

（2）进口地货价下跌或产生不利于货物的其他情形，进口商借口拒绝付款或拒绝承兑，甚至可能承兑汇票到期后而拒绝付款。

（3）出口商交付货物的质量、数量、包装、时间等不符合买卖合同规定，进口商拒绝履行付款义务或要求降低价格，甚至要求索赔。

（4）受进口商国家限制或"有条件进口"的产品，需要凭"进口许可证"或类似的特别证明才能进口该类产品，但在货到达目的地、单据到达或付款到期时，进口商还未取得该类证明文件，使货物到达目的地时被禁止进口或被处罚；或者在外汇管制国家，进口方付款人未能及时申请到外汇，不能按时付款取货。

（5）进口商在承兑交单方式下凭承兑汇票取得单据后到期拒付，出口商收款人虽然可以凭进口商承兑的汇票要求其承担法律责任，但打跨国官司费钱、费时又费力，有时收汇的款项还抵不上聘请律师的费用，或在此时进口方付款人已经破产、倒闭，最终可能仍然钱货两空，甚至倒贴各种费用。

2. 进口商的风险。进口商可能面临以下风险：

（1）在按合同规定对出口商通过银行提示的单据付款或承兑后，凭单据提取的货物与合同不符。

（2）在远期付款交单项下，承兑了汇票后，到期不能从代收行处取得单据，而自己却承担了到期付款的责任。

在使用跟单托收结算方式时，进口商虽也有一定的风险，但出口商承担的风险要大得多。因此，为防止风险、减少损失，进出口双方事先均要调查对方的资信情况，而出口商对进口商的资信等情况更要了解得十分清楚，并确信安全可靠后才能使用托收方式，对承兑交单这种方式更应慎之又慎。

3. 跟单托收的风险防范。由于跟单托收相对于对进口商有利、对出口商不利的特点，因此，跟单托收的风险主要是指出口商的风险。出口商如何在跟单托收结算方式下趋利避害、安全收汇，可以从以下几个方面注意把握。

（1）事先调查进口商的资信状况和经营作风。

（2）了解出口商品在进口国的市场行情。

（3）熟悉进口国的贸易管制和外汇管理法规。

（4）要了解进口国银行的习惯做法。

四、国际结算方式——信用证

（一）信用证的概念

信用证（letter of credit，L/C）是指开证行（进口地银行）应开证申请人（进口商）的要求和指示向受益人（出口商）开立的、承诺在一定期限内凭符合信用证规定的单据付款的书面保证文件。

简言之，信用证是银行开立的一种有条件的承诺付款的书面文件。

（二）信用证的特点

1. 信用证是一种银行信用，开证行承担第一性付款责任。
2. 信用证是一种自足性文件，它不依附于贸易合同而独立存在。
3. 信用证是一种纯单据业务，其处理的对象是单据。

（三）信用证的作用

1. 信用证解决了贸易双方互不信任的矛盾。
2. 可以保证出口商安全收汇。
3. 保证进口商安全提货。
4. 进出口双方都可以在信用证项下获得资金上的融通。

（四）信用证业务的当事人

根据 UCP600 对信用证的定义，信用证业务包括开证申请人、开证行和受益人三个基本当事人。此外，信用证业务处理中还会出现通知行、付款行、承兑行、议付行、保兑行等被指定银行以及偿付行。

（五）信用证的种类

信用证根据不同的标准可以划分为不同的种类（见图 7 - 1）。

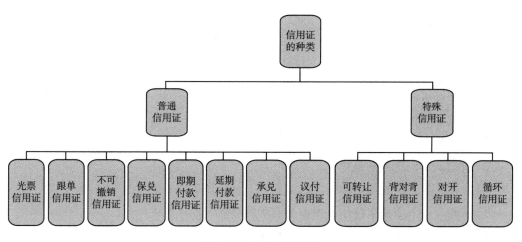

图 7 - 1　信用证的种类

（六）信用证的风险

信用证结算是国际经济活动中使用非常广泛的一种结算方式，是银行有条件的付款承诺，只要提交了与信用证相符的单据，开证银行就必须履行信用证项目下相应的付款责任。由于其属于银行信用，对双方来讲都具有安全保证作用，所以是一种比较安全的结算方式，保障了交易的正常进行。但信用证适用领域的跨国性及信用证本身的独立性决定了信用证结算方式的局限性，给进出口双方及银行都带来一定的风险。

1. 对出口商的风险。

（1）拒付风险。

（2）当事人丧失支付能力的风险：开证行丧失支付能力或者开证申请人丧失支付能力。

（3）信用证欺诈的风险：信用证诈骗主要表现为两种——伪造信用证诈骗和软条款信用证诈骗。

2. 对进口商的风险。

（1）进口商获得的是虚假单据。

（2）进口商凭单据提取的货物与合同规定不符。

（3）出口商获预支信用证下银行预支付款后延迟发货或不发货。

3. 对银行的主要风险。

由于信用证方式是建立在银行信用基础上的支付方式，业务比较复杂，涉及的当事人多，因此，信用证业务中银行面临的风险主要表现为开证行的风险和通知行的风险。

（七）对信用证风险的防范措施

1. 出口商对风险的防范措施。

（1）做好客户的资信调查。

（2）做好开证行的资信调查。

（3）做好审证工作。

（4）发生拒付时应采取的措施。

（5）提高业务人员素质，丰富国际贸易经验。

2. 进口商对风险的防范措施。

（1）开证前，应增加对出口商的了解以及加强资信调查。

（2）开证时，应要求信用证中加列有关货物状况的条款。

（3）加强审单工作，以避免由于伪造单据或欺诈性单据而带来的损失。

（4）合理利用信用证欺诈例外原则。

3. 银行对风险的防范措施。

（1）加强信用监管，严格授信额度。

（2）完善审单制度，提高相关业务人员素质。

（3）注重国际市场风险研究，主动应对汇率和价格波动。

第二节　案例分析

案例一

【案情介绍】

某年5月19日，国内某银行（甲银行）收到一份以美国某国际大银行总经理名义发来的电文，内容大意是有一笔以该银行为付款人的100万美元款项已准备妥当，可随时兑现，要求甲银行通知受益人J公司（甲银行的客户）。

5月25日，甲银行接到J公司交来的一张以该公司为收款人的100万美元汇票，请求贴现。该票表面一切正常，项目要素齐全，且付款行属于国际性银行，但出票人"overseas bankl. a."则在银行年鉴上查无记录。因此，甲银行将汇票按托收方式处理，并立即电询付款行，同时，急电委托其当地分行代查出票行的资信情况。

5月27日，付款行复电称，不知道有该票存在，且该行也没有名为"overseas bankl. a."的客户，故不能凭票付款。此外，甲银行在当地的分行亦电告称：多年前，当地曾有一家名为"overseas bankl. a."的银行，但早已倒闭。显然，这是一起精心策划的伪造银行汇票诈骗案。

资料来源：张华. 国际贸易实务案例分析［M］. 北京：中国经济出版社，2020.

【案例分析】

伪造汇票诈骗一般有如下共同点：出票行是伪造银行或银行年鉴上没有记录的银行；付款行是假冒国际性银行或银行年鉴上无法查到的银行；汇票金额巨大，有的高达千万美元；汇票大多为远期汇票，有的可以长达五年；汇票提示付款时，常随附一张出票行出具的确认函，或预先由付款行来电证实。

从当前的诈骗案来看，诈骗者的手段越来越高明，对银行的业务也越来越熟悉。因而，银行的结算人员不仅要熟悉票据的各项要素及各票据行为，更要了解其他方面的有关知识，加强信息交流，及时掌握当今金融诈骗的形式与手段，与兄弟行共同携手，形成一个严密的防范网，让诈骗者无机可乘。此案中，甲银行对于发现的关于此汇票的任何一个疑点都没有懈怠，利用海外分支机构调查等途径，对业务背景做了充分的了解。在甲银行结算人员的严格把关下，诈骗活动终于没有得逞，甲银行保障了自身的权益、避免了巨额损失。

案例二

【案情介绍】

A 企业是广东一家主营包装机械设备生产及销售的小微企业，该企业和欧洲买方 B 签订了销售合同，双方约定了预付款，就尾款部分约定赊销账期为 6 个月。收到预付款后，A 企业向买方 B 出运了一批货物，在应付款日到期后，买方 B 却迟迟不付部分尾款。A 企业多次通过邮件和电话催收，锲而不舍追了一年多依然无果。

束手无策之际，A 企业想到之前曾申领过中国信保《短期出口信用保险中小企业综合保险单（小微企业适用）》（简称小微企业信保易保单），便试着联系中国信保广东分公司工作人员寻求帮助。

在了解索赔流程及需要的索赔资料后，A 企业于 2022 年 5 月向中国信保广东分公司提交了索赔申请并委托协助追讨。收到 A 企业的申请后，中国信保广东分公司立即对案件进行了审理和评估，并委托海外渠道介入调查追讨。

渠道律师向买方 B 发送催讨函后，买方 B 反馈：该笔贸易的实际金额远低于 A 企业提供的发票金额；按照实际金额，在扣除买方已付款金额后，就剩余欠款双方也已达成抵扣约定，目前买方对 A 企业无任何欠款。对此，双方争执不下，案件陷入僵持阶段。

中国信保广东分公司先梳理了买卖双方提供的证据材料。就买方 B 的上述主张，A 企业表示买方所述不实。A 企业提供了双方签字盖章的销售合同及商业发票，合同及发票金额与 A 主张的债务金额一致；而买方 B 提供的发票并无 A 企业的盖章，也未能提供双方曾确认过该发票文件的书面沟通记录。另外，买方 B 也未能提供 A 企业曾同意抵扣或折让的书面材料。买方 B 现有证据不足以支撑其主张。

在此基础上，中国信保广东分公司要求追偿渠道继续跟进，并建议通过三方会谈，尽快协商解决。经过沟通会谈的时间及地点，最终企业 A、买方 B 以及信保委托的渠道律师在买方所在工厂进行了面对面沟通协商。

买方 B 得知渠道律师是代表中国信保向其追讨，一方面自知其证据不足，另一方面也担心拖欠影响其在中国信保的信用状况，进而影响其与中国其他供应商的贸易合作，于是买方 B 最终放弃异议，全额认债。在渠道律师的见证下，买方

B 最终就欠款金额签署了书面还款协议。

资料来源：黄娜. 信保微知识 | 买家欠款怎么办？信保追偿显担当 ［DB/OL］. （2023 –
02 – 15）. https：//mp. weixin. qq. com/s/SEJhqHvnSuxFysVj9i18ZQ.

【案例分析】

在国际贸易中，小微企业在遇到贸易纠纷时，该如何处理？建议如下：

1. 提供书面证据材料。遇到买方对债务全额提出异议时，小微企业先不要慌
张，应先要求买方就其异议提供书面证据材料，再根据证据材料，分析买方异议
是否有理有据。如买方异议无合同及法律依据，出口企业应以书面方式向买方明
确其证据不足、异议不成立，并要求买方按全额支付货款。

2. 与买方协商解决纠纷。如小微企业自身确实存在一定履约瑕疵，小微企业
可尝试先行与买方协商解决纠纷。小微企业在谈判过程中应做到知已知彼，在准
确甄别买方提出的纠纷原因基础上，对症下药，争取谈判主动权，不要盲目应允
买方的反索赔要求。在买卖双方协商达成一致前，小微企业如已投保，应事先将
拟达成的协议内容书面通知中国信保，以便中国信保更好地调查核实、协力减损。

3. 及时和中国信保沟通。如小微企业无法自行与买方通过协商方式解决纠
纷，应及时和中国信保沟通，寻求其他解决方案。一方面，可通过资信调查、资
信红绿灯等信息渠道，及时掌握海外买方的风险动态信息，从而更好地去判断买
方资信情况；另一方面，中国信保在全球各地均有合作的专业律师渠道，当地渠
道在解决国际贸易纠纷上具有丰富的谈判经验，小微企业可以借助海外渠道力量，
在谈判桌上争取合理利益。

4. 尝试进行仲裁。如小微企业无法与买方通过协商解决纠纷，经过诉讼可行
性分析后，也可尝试对买方进行仲裁，或在买方所在国家（地区）提起诉讼，在
获得已生效的仲裁裁决或法院判决并申请执行后，及时书面通知中国信保。由此
产生的诉讼费、仲裁费和律师费，如小微企业胜诉且损失属中国信保保单项下责
任时，该费用可由小微企业以及中国信保按权益比例进行分摊。

案例三

【案情介绍】

国内一公司 A 在 2022 年向国外一公司 B 出口工艺品。第一笔交易中，为了
所谓的节约成本和互惠互利，B 公司要求用电汇方式结算货款。基于双方长期建

立可靠的业务关系，A公司同意使用O/A结算。A公司在完成装运并取得提单后，传真给B公司要求付款。B公司立即将货款电汇到A公司的账户上，这一交易过程看起来非常顺利和成功。

一个月后，A公司向B公司发出第二批相同的货物，再次同意使用O/A付款方式。在接下来的三个月里，总共有四批货物、总金额超过20万美元以同样的方式运到纽约港。第四批货发出后，A公司向B公司提出电汇付款要求，与前一批一样。而B公司以各种借口拒付上次装运的货款。半年后，B公司消失了，事实证明它已经破产了。请问：

（1）在这个案例中，导致A公司最终亏损的错误是什么？

（2）从这个电汇结算的案例中我们可以得到什么教训？

资料来源：赵玉敏. 新时代国际贸易案例与分析［M］. 北京：中国商务出版社，2019.

【案例分析】

（1）至少有三个错误导致了A公司的最后损失。首先，作为一种新的业务关系，在第一次交易中，A公司仅仅基于过去的印象或经验就同意了B公司对O/A付款方式的要求；其次，A公司没有及时作出必要的努力，向进口商追讨延期付款，如采取法律行动或仲裁；最后，A公司在同意使用T/T（O/A）作为国际支付方式之前，对B公司的信誉和经营状况没做具体的研究，不够警惕。

（2）对卖方来说，赊账交易是最危险的国际结算方式，因此，出口商在使用电汇时必须非常谨慎。除非是在一个大集团的子公司或附属关系中，或者是数额很小的贸易，否则在任何情况下都不应采用这种付款方式。

案例四

【案情介绍】

某年4月9日，某托收行受理了一笔付款条件为D/P at sight的出口托收业务，金额为USD 100 000.00，托收行按出口商的要求将全套单据整理后撰写了托收面函，一同寄给了美国一家代收行。单据寄出后一星期委托人声称进口商要求委托行将"D/P at sight"修改为"D/A"。委托行在强调D/A的风险性后，委托人仍坚持要修改，最后委托行按委托人的要求发出了修改指令，此后一直未见代收行发出承兑指令。当年8月2日，应委托人要求，委托行通知代收行退回全套单据。8月19日，委托行收到代收行寄回的单据后发现三份正本提单只有两份，委托人立即通过美国有关机构了解到，货物已经被 M. W. International 提走。此时委托行据理力争，要求代收行要么退回全套单据，要么承兑付款，但是代收行始终不予理睬，货款最终没有着落，而委托人又不愿意通过法律程序解决，事隔数年，货款仍未收回。请问：

（1）作为跟单托收方式项下的两种不同交单条件，D/A 为何比 D/P 风险更大？

（2）从本案中可以获得哪些经验教训？

资料来源：陈丽丽. 国际贸易案例精选与解析［M］. 北京：中国人民大学出版社，2020.

【案例分析】

D/P 为付款交单（documents against payment）的简称，D/A 为承兑交单（documents against acceptance）的简称，两者均属于托收方式，但 D/A 比 D/P 风险更大。在 D/A 项下，进口人只要在汇票上承兑之后，即可取得货运单据，并凭此提取货物，如果进口人到期不付款，出口人便会遭到货物与货款全部落空的损失。

此案例中委托人应该意识到 D/P 改为 D/A 的风险在于进口商将把付款赎单改为承兑交单，即进口商在不付款只承兑的情况下就可以取得货运提单并获得货物，并且提单是以进口商为收货人，这使得进口商很容易提货。根据《托收统一规则》（URC 522）的有关规定，只要委托人向托收行作出了清楚明确的指示，银行对由此产生的任何后果不负责任，即后果由委托人自行承担。此外，更有甚者，银行与外商勾结，造成出口商款货两空。

此案的经验教训在于托收的性质为商业信用，银行不承担付款人必须付款的义务，出口人收款的保障取决于进口人的信用，因此，出口商在选择托收方式结算时，前提条件是买卖双方互相信任，只有在进口商信誉比较好的情况下，方能选择此方式。

采用托收方式成交，提单不应以进口人为收货人，最好采用"空白抬头和空白背书"即"made out to order and blank endorsed"提单，避免进口商直接提货，从而便于银行处理提单的转让。

在选用托收方式结算时最好选择 D/P 付款条件，D/A 付款比 D/P 风险大。在实际操作中，对于大额出口业务可采用信用证和托收方式相结合的方式。切忌大额出口业务采用托收结算方式。

案例五

【案情介绍】

国内某公司以 D/P 付款交单方式出口，并委托国内甲银行将单证寄由第三国乙银行转给进口国丙银行托收。后来得知丙银行破产收不到货款，该公司要求退回有关单证却毫无结果，请问托收银行应负什么责任？

资料来源：陈琳，等. 国际结算［M］. 北京：清华大学出版社，2024.

【案例分析】

托收银行不负任何责任。根据《托收统一规则》，在托收方式下，银行只作为卖方的受托人行事，为实现委托的指示，托收银行可选择委托人指定的银行或自行选择或由别的银行选择的银行作为代收行；单据和托收委托书可直接或间接通过别的银行寄给代收行。但与托收有关的银行，对由于任何文件信件或单据在寄送途中的延误和丢失所引起的后果，或由于电报、电传或电子通信系统在传递中的延误、残缺和其他错误，以及由于不可抗力、暴动、内乱、战争或其他所不能控制的任何其他原因致使业务中断所造成的后果，不承担义务或责任。所以，在本案例中，托收银行只要尽到"遵守信用，谨慎从事"的义务，对托收过程中所发生的各种非自身所能控制的差错，包括代收行倒闭致使委托人货款无法收回且单据也无法收回，不负任何法律责任。

案例六

【案情介绍】

我国某出口商 C 公司与某国 D 公司签订了一批总值 5 万多美元的出口服装合同，付款方式为先电汇 30% 货款作为定金，剩余 70% 货款在装运后十天内付款，C公司收到定金后按期装运了货物，装运货物后，C 公司及时将全套单据的复印件传给了客户，十多天后，客户来电称，由于市场行情急剧下跌，要求 C 公司降价 40%才可以接收货物，C 公司不同意 D 公司的条件，决定将货物运回。C 公司联系船公司后，被告知无法办妥货物转运，原因在于该国海关规定，退货必须征得原进口商的同意，否则无法退货。万般无奈之下，C 公司同意了 D 公司的要求才了结此案。

资料来源：中国出口信用保险公司——信保说案（https：//www.sinosure.com.cn/xwzx/xb-sa/index.shtml）。

【案例分析】

进口方当地海关的特殊规定是本案出口方遭受损失的重要原因。本案的焦点在于进口国的信用及进口商的信用，任何结算方式都会给出口商带来不同程度的潜在风险，因此必须采用相应的防范措施：首先，出口商在签订合同前后应通过各种途径对进口商进行资信情况和经营作风方面的调查，尤其对初次成交的客户更应如此。其次，应事先了解进口国贸易管制、外汇管制和商业惯例等方面的有关法律法规，如海关特殊规定，以免落入客户精心设计的圈套。在本案例中，该出口商品为大路货，一旦积压或退运，很难转售他人或做内销处理。最后，业务人员在制单时应仔细认真，避免进口商因挑剔单据而拒收货物。

案 例 七

【案情介绍】

某年6月，我国北方某化工进出口公司和美国尼克公司以 CIF 青岛条件订立了进口化肥 5 000 公吨的合同。按照合同规定，我公司开出以美国尼克公司为受益人的不可撤销跟单信用证，总金额为 300 万美元。双方约定，如果发生争议，则提交中国国际经济贸易仲裁委员会上海分会仲裁。同年7月，货物装船后，美国尼克公司持包括提单在内的全套单据在银行议付了货款，货到青岛后，我公司发现化肥有严重质量问题，立即请当地商检机构进行了检验，结果证实该批化肥是没有太大实用价值的饲料。于是，该公司持商检证明要求银行追回已付货款，否则将拒绝向银行支付货款，而银行坚持付款，同时建议化工进出口公司找中国国际经济贸易仲裁委员会上海分会寻求救助措施。

资料来源：李娜. 进出口业务案例与实训教程［M］. 北京：清华大学出版社，2022.

【案例分析】

跟单信用证统一惯例规定，在信用证业务中，各有关方面处理的是单据，而不是与单据有关的货物、服务及/或其他行为。所以，信用证是一种纯粹的单据业务，银行虽然有义务合理小心地审核一切单据，但这种审核只是根据表面上是否符合信用证条款而进行的，开证银行只根据表面上相符的单据付款。在本案例中，银行不应追回已付货款，信用证项下银行的义务是审查受益人所提供的单据与信用证规定是否一致，如单证相符、单单一致，银行应立刻无条件付款，北方某化工进出口公司无权拒绝向银行付款，其受到开证申请书的约束，在单证相符单单一致的情况下，必须履行付款赎单的义务，而中国国际经济贸易仲裁委员会上海分会有权受理此案，因为北方某化工进出口公司与美国公司订立的买卖合同中有仲裁协议，北方某化工进出口公司应根据买卖合同要求美国公司承担违约责任。

 复习思考题

（一）简答题

1. 汇票在国际结算中扮演什么角色？其必要记载事项有哪些？

2. 信用证在国际贸易中的应用及其优势是什么？简述信用证的基本流程。

3. 托收业务中，银行作为托收行的职责是什么？

4. 电汇在国际结算中的特点是什么？与信用证和托收相比，其优势和局限性何在？

5. 在国际结算中，如何选择合适的支付方式？考虑哪些因素？

6. 请阐述汇票在以下三种不同国际结算方式（信用证、托收、汇款）中的具体应用及其作用。

（二）案例分析题（案例 1 – 3 资料来源：叶德万. 国际贸易实务案例教程 ［M］. 广州：华南理工大学出版社，2016）

1. 出口合同规定的支付条款为装运月前 15 天电汇付款，买方延至装运月中才邮寄来银行汇票。为保证按期交货，出口企业于收到该汇票次日即将货物托运，同时委托银行代收票款。一个月后，接银行通知，因该汇票系伪造，已被退票。此时，货已抵达目的港，并已被买方凭出口企业自行寄去的单据提走。事后追偿，对方早已人去楼空。请分析买方的主要教训是什么？

2. 我方向某外方发盘，其中，付款条件为即期付款交单，外方答复可以接受，但付款条件为"付款交单见票后 45 天"，并通过 A 银行代收。按一般情况，货物从我国运至该国最长不超过 10 天。试分析该外方为何要提此项条件。

3. 我国甲公司与英国乙公司签订合同出口货物到英国，采用 D/PAT SIGHT 结算货款，使用海运运输方式。甲公司为防范风险，未征求英国代收行 BANK C 的同意，便将海运单上的收货人做成 BANK C。随后，甲公司通过托收行 BANK R 将全套单据

（包括海运单）寄给 BANK C，托收行在寄单指示上注明适用《托收统一规则》（国际商会第 522 号出版物）。BANK C 收到单据后通过 BANK R 通知甲公司，表示拒绝根据单据上的要求提货。请问 BANK C 拒绝提货的做法是否合理？BANK C 拒绝提货的风险与责任应由谁承担？

4. 汇鑫食品进出口公司向 N 国际贸易有限公司出口一批冻鱼。合同中的支付条款规定："Collection by draft drawn on buyer payable at 90 days after sight.（凭买方为付款人见票后 90 天付款的汇票办理托收）。"

汇鑫食品进出口公司在 7 月 12 日装运货物后，于 7 月 13 日即备妥各种单据，根据合同规定向托收行办理见票后 90 天远期付款托收。7 月 27 日，其接到 N 国际贸易有限公司来电称："你方 13 日装运通知电悉。船昨日已到港。据我银行通知，你第×××号托收单据要求'D/P at 90 days after sight'（见票 90 天远期付款交单），而合同只规定见票 90 天后远期托收，并没有规定'付款交单'。现已到货两天，货物部分已开始溶化，如果不马上放单取货，其后果不堪设想。如果等到 90 天我方付款后银行才交单给我方，我方持单据向船方提货，则货已变成垃圾。速复。"

食品进出口公司即询问有关单证人员，后者称制单完全根据合同规定见票后 90 天远期托收，汇票和《托收委托书》上都规定"At 90 days after sight"，并没有表示"D/P"（付款交单），为何对方银行擅自强调要以付款交单方式处理？食品进出口公司向代收行提出："关于我第×××号托收单据，据付款人来电称：你行坚持以付款交单方式处理。但我方托收时并未指示要付款交单，你行为何要以付款交单方式处理？由于你行这个错误决定，致使付款人在货物到港后未能得到单据及时提取货物，因而货物部分变质，你行应负一切责任。"

代收行于 7 月 29 日通过托收行复电如下："你 28 日电悉。关于第×××号托收事，答复如下：你公司托收指示只表示见票 90 天付款，未指示是凭付款交单方式还是凭承兑交单方式。而且汇票上付款条件也只表明'At 90days after sight'（见票后 90天）。在这种情况下，我行只能以付款后交单处理。根据国际商会第 522 号出版物《托收统一规则》（以下简称 URC 522）第 7 条 b 款规定：'如果托收含有远期付款的汇票，托收指示书应注明商业单据是凭承兑（D/A）交付款人还是凭付款（D/P）交付款人。如果无此项注明，商业单据只能凭付款交付，代收行对因迟交单据产生的任何后果不负责。'所以在远期托收的情况下，你方的托收指示及汇票均未表明凭承兑或凭付款交单时，我行按 URC522 规定只能凭付款交单方式处理。因此而引起的一切损失我行不负责任。"

汇鑫食品进出口公司接到代收行上述电文后即查对 URC522 条文，确有这样规定。汇鑫食品进出口公司随即向托收行发出更改托收条件，改为"见票 90 天承兑交单"。

托收行 7 月 31 日又向代收行发电："关于第×××号托收事，经委托人提出，请你们速改以'见票 90 天承兑交单'办理。"

8 月 3 日代收行又来电："你 31 日电悉。据付款人称因货物未及时提取，货物由船上卸入仓库后，已部分变质。即使改以承兑交单方式，也不能接受。"

汇鑫食品进出口公司即委托我驻外机构在目的港直接与 N 贸易有限公司商洽，最终经过加工挑选后，按未变质的数量作价处理。汇鑫食品进出口公司以损失十几万美元而结案。

（1）分析托收项下主要支付方式（即期付款交单、远期付款交单和承兑交单）的区别。

（2）请指出食品进出口公司在本案中的主要失误所在。

（3）从案情看，买方是否也负有一定责任？

资料来源：朱春兰，等. 新编国际贸易实务案例分析［M］. 大连：大连理工大学出版社，2016.

5. 广东茂源进出口公司对拉美地区出口一批黄豆，买方为 G 贸易有限公司，合同议定支付方式为 30 天付款交单。其条款规定为："The Buyers shall duly accept the documentary draft drawn by the Sellers at 30 days sight upon first presentation and make payment on its maturity. The shipping documents are to be delivered against payment."（买方应凭卖方开具的见票后 30 天付款的跟单汇票在第一次提示时即予承兑，并应于汇票到期日即予付款，付款后交单）广东茂源进出口公司根据合同规定的 5 月装运期的要求，5 月 13 日办理装船完毕，于 14 日备齐一切单据向托收行办理 30 天远期付款交单托收手续。

7 月 3 日，接托收行转来代收行电："第×××号托收单据于 5 月 21 日收到。我行当天即向付款人——G 贸易有限公司第一次提示，21 日经付款人承兑。于 6 月 20 日汇票到期日，我行第二次向付款人提示要求付款时，但付款人拒付。据称因货物水分超过标准，甚至有部分霉粒，所以不肯接受。请电复处理意见。"

广东茂源进出口公司接到代收行上述电文后，觉得非常奇怪，托收方式是远期 30 天付款交单，买方未付款怎么能得到单据？未得到单据又怎么能取得货物？未得到货物又怎么能知道货物水分超过标准？甚至说发现部分货物有霉粒？公司认为，代收行肯定是自己决定以"信托收据"放单，所以买方才能在未付款的情况下提取货物。如果是这种情况，买方不付款，代收行要负完全责任。广东茂源进出口公司为了落实收货人是否已提货，即通过承运人查询，最后证实了收货人早已提货。

广东茂源进出口公司即向代收行提出："你 3 日电悉。我第×××号单据系以见票 30 天远期付款交单方式办理托收，于 6 月 20 日汇票到期日付款人付清款项后才能取单提货。既然付款人拒付货款，为何付款人能得到单据而提货？是否付款人向贵行以'信托收据'借单取货？因据我查询，船方称，收货人已提取货物。请告真实情况。谢谢合作。"

代收行于 7 月 6 日复电："你 5 日电悉。第×××号单据虽然是 30 天远期付款交单，但我国当地商业习惯做法是：我行接到单据时即向付款人提示，付款人承兑后即可取得单据而提取货物，待汇票到期日再付款。这就是我国对远期付款交单的做法。本托收付款人在承兑取得单据后又拒付，需委托人向付款人直接联系解决。"

广东茂源进出口公司最后经我驻外商赞处了解到，该国对远期付款交单托收一律按承兑交单方式处理，且其年内对我国的进口商品已经有四笔结算均是只承兑不付款。最后，我商赞处几次与其磋商和做工作，才按85%收回货款而结案。

（1）请指出广东茂源进出口公司在本案实务操作过程中的不足之处。

（2）结合本案分析托收项下出口商防范贸易风险的主要措施。

资料来源：叶德万. 国际贸易实务案例教程［M］. 广州：华南理工大学出版社，2016.

6. 某贸易发展进出口公司向非洲地区 W 有限公司出口一笔冻野味食品。合同规定支付条款为"Payment by draft payable 30 days after sight, documents against acceptance"（凭见票 30 天到期的汇票付款，承兑交单）。

贸易发展进出口公司按合同规定在装运期内于 3 月 5 日进行装船，3 月 8 日即向托收行办理 D/A30 天托收。

4 月 17 日，贸易发展进出口公司接到托收行转来代收行电称"你第×××号托收单据于 3 月 17 日已收到，我行当天即向付款人提示，付款人承兑后并于当时交出全套单据。由于 3 月 17 日为付款人承兑日，我行于 4 月 16 日向付款人第一次提示要求付款，但付款人提出拒付。其理由是：商业发票不符合我当局规定，无法通关。"

贸易发展进出口公司于 18 日也接到买方来电称："第×××号合同项下的 185 公吨冻野味食品，你托收单据中因商业发票内容和形式不符合我当局规定，我方无法通关，货在保税库中暂存，无法提取。因此，我方也无法付款。"

贸易发展进出口公司接到代收行和买方上述电文后，设法补寄新商业发票，但对方又没有说明需要怎样改正才能符合该当局的要求。贸易发展进出口公司随即联系托收行，托收行查找该地区曾经开来的旧信用证，经对照，曾有商业发票上要签署原产地和价格声明的规定。贸易发展进出口公司根据托收行所提供的资料重制新发票，即在发票末端增加了原产地和价格声明。

贸易发展进出口公司补寄去新发票后，4 月 30 日买方又提出："你方补寄来的发票已收到，我即持发票向海关申报，海关仍然不接受，因你发票上虽然已证明了有关文句，但发票必须由法语填列。据了解，货物在保税库期间保管费高昂，已将接近货值的2/3，如果你方不能弥补我损失，我亦难接受该货物，速告知如何处理。"

贸易发展进出口公司经研究，为了避免更大的损失，最后只好委托我驻外机构直接与买方 W 有限公司谈判。经了解才知道，其货物早被买方提取并已售出，只因买方亏损严重，暂时无力付款才找出种种借口，迫使卖方降价。最终该批货物被杀价 25%，货款在第二年分四次偿还而结案。

（1）请指出卖方贸易发展进出口公司在本案实务中忽略的问题。

（2）假设本案选择在 D/P 交单条件下成交，买方是否有机可乘？

（3）从本案中可以获得哪些经验教训？

资料来源：李娜. 进出口业务案例与实训教程［M］. 北京：清华大学出版社，2022.

7. 某年 3 月，国内出口商 X 与意大利买方 Y 公司签订了一份金属原材料销售合同，约定支付方式为 D/P at sight。出口商 X 按照合同出运货物后，委托香港托收行将全部正本贸易单据提交到买方 Y 公司提供的代收行 Z。X 公司交单后多次催促买方 Y 公司付款赎单。Y 公司反馈，正在安排付款。随后，X 公司从货运代理公司处获悉，货物已经被提走。经托收行向代收行 Z 通过 swift 发报查证获悉，Z 银行从未收到过相关单证。

后来，该公司委托意大利当地渠道律师介入。经实地走访代收行获悉，买方提供的代收行地址与代收行 Z 的真实地址非常接近，但差几个门牌号。快递签收单显示签收人也并非 Z 银行工作人员，正本单据已经被买方蓄意骗走并提走货物。

请分析此案例，谈谈如何防范托收风险？

8. 中国企业向土耳其出口某商品，当年 11 月 11 日，双方达成了供货协议，价格条件为 FOB，30% 的预付款 + 70% 的 D/P。12 月 8 日买方支付了预付款，来年 2 月 7 日，买方致函确认货物到港，并承诺 3 月 16 日前付款，但是买方一直没有付款赎单。4 月 29 日，中国出口企业决定退货时发现，在土耳其退货，不仅需要出口方解释退货的原因并承担全部的清关货运码头操作费用，还需要进口方出具同意退货的声明。在不付款、不收货的状态下，买方也对退货事宜一直采取回避的方式。直到 7 月 11 日，在中国出口企业反复施压下，买方才出具了统一退货的说明。然而当买方向土耳其海关申请退货时，海关当局以缺少海关拍卖部门的授权书为由拒绝了放款，原来在 7 月初这批货物已经被列入了海关拍卖名单，出口商退运货物的努力失败。而中国出口方随后获悉，原来采购的土耳其买方以极低的价格从海关获得了这批货物。

请分析此案例。

9. 中国东方公司向外国 A 公司出口一批冻对虾。双方约定装运期为 5 月，采用不可撤销信用证，凭卖方开具见票后 30 天付款的跟单汇票议付。合同签订后，经东方公司多次催证，A 公司于 6 月 20 日才开出信用证，而信用证规定装运期为 7 月 20 日前并且记载"本信用证在你方收到授权书后方生效"，东方公司审证时误以为此条款属银行业务未提出异议。

7 月 5 日，东方公司将货装船完毕，议付交单时，因信用证未生效被拒绝，即电告 A 公司"货已装船，但无授权书"。7 月 8 日，A 公司告知授权书办理需要时间，要求将信用证付款方式改为托收付款方式，并采用"承兑交单见票 30 天付款托收"方式以方便提货，避免货物滞留港口，造成不必要的损失。因货随船已启航两天，东方公司回电同意，但要求托收费由 A 公司负责。A 公司对此确认。7 月 10 日，东方公司向原议付行，现委托行申请，将付款方式改为"承兑交单见票 30 天远期"，并在托收指示书上指示托收费由 A 公司负担。

8 月 21 日，代收行电告，7 月 21 日 A 公司承兑，8 月 20 日收款时遭拒付，理由是产地证与发票合一，不符合当局规定，并且产地证上的重量与发票不一致，无法通关。东方公司立即纠正，通过委托行重寄发票、产地证。但 A 公司仍不付款。后经第三方调解，降价 20% 付款。但代收行、委托行因 A 公司不承担托收费，便从货款中扣去托收费。最终东方公司损失 20% 的货款和托收费。

（1）请指出东方公司在本案中的主要过失。

（2）卖方在收到买方来的信用证与合同规定不符时，应如何处理？

（3）请指出信用证与托收两种结算方式的根本区别所在。

资料来源：朱春兰，等. 新编国际贸易实务案例分析［M］. 大连：大连理工大学出版社，2016.

10. A 进出口公司（卖方）与 B 国际贸易有限公司（买方）以 CIF 条件成交一笔贸易。合同关于支付条款规定："Terms of payment：The Buyers shall open through a bank acceptable to the Sellers an irrevocable sight Letter of Credit to the Sellers，valid for negotiation in China until 10 days after the date of shipment（买方应通过卖方可接受的银行向卖方开立不可撤销的即期信用证，有效期至装运日后 10 天在中国议付）。"合同关于装运条款规定"Shipment during August，2023（2023 年 8 月装运）"。

A 进出口公司于 6 月中旬即向外轮代理公司了解 8 月份的船期，据称，运往 H 港 8 月船期有两条船，即 8 月 3 日和 8 月 15 日。A 进出口公司于 6 月 25 日即向 B 国际贸易有限公司催促开立信用证。但一直等待至 7 月 15 日仍未收到对方开出的信用证，故又电催买方，仍未见答复。7 月 22 日又催促 B 国际贸易有限公司，对方才答复信用证正在申请办理中。A 进出口公司因货物已全部备妥，所以即与外轮代理公司订妥 8 月 3 日船期的租船订舱，并准备妥装运手续。8 月 5 日船已到港待装，对方信用证仍未开来，由于买方未开来信用证无法装船，经与船方代理联系，后者要求船期改为 8 月 15 日，但由于 3 日船期未装，造成空舱，A 进出口公司被迫交纳空舱费，造成 ××× 美元的损失。A 进出口公司同时向 B 国际贸易有限公司提出责问：为何仍未开证。B 国际贸易有限公司于 8 月 7 日电复称：信用证的确是在办理，但因进口许可证出了点麻烦，故拖延了时间。进口许可证已获批，保证信用证不日即可到达。

8 月 10 日，A 进出口公司接到外轮代理通知：8 月份第二条船原定于 15 日船期因船舶提前于 13 日到港，要求提前做好装运准备工作。A 进出口公司即向通知行查询，仍未见买主的信用证开来，又立即向买方急电提出，第二条船又已到港待装。对方答复称：信用证已开立，本日已由开证行寄出。为了不影响装船，将该证的有关装运主要项目及提单条款摘录如下以便办理装运：

Credit No. LC200635812 – 3

Expiry date：All documents must be presented within 10 days from the date of Bills of Lading but not later than September 10，2023.

Partial shipments and transshipment are allowed.

Shipment from Chinese port to H port.

Shipment of goods：××××

Quantity：×××× M/Tons.（Credit amount and shipping quantity 5% more or less allowed.）

Full set of clean "On board" Marine Bills of Lading made out to order and endorsed in blank marked "Freight Paid". Notify：××××.

（证号：LC2006358123，有效期：一切单据须于提单日后 10 天内交单，但最终不得晚于 2023 年 9 月 10 日。允许分批装运和转运。从中国港口装运至 H 港。装运货物：××××，数量：××××公吨。信用证金额及装运数量允许有 5% 的增减。全套清洁"已装船"提单做成空白抬头，空白背书，注明"运费已付"，通知人：××××）

A 进出口公司根据上述信用证主要项目要求，于 14 日先行装运完毕，同时船舶离港。15 日，A 进出口公司才接到通知行转来 B 国际贸易有限公司开来的信用证。经办单证人员发现，信用证有要求由中国进出口商品检验局出具卫生检验证书的条款，随即向商检局申请出证。由于合同没有规定出具卫生检验证书，该批货物事先并未向商检局申请检验，所以 A 进出口公司在装运前也未申请报验。此时，商检局拒绝出证。

A 进出口公司又电告 B 国际贸易有限公司，因合同没有规定提供卫生检验证书，要求删除该信用证条款。但 B 国际贸易有限公司复电称，进口国当局对该商品规定必须提交卫生检验证书才能通关，故无法删除，请谅解。A 进出口公司与 B 国际贸易有限公司几经交涉、洽商均无效果，因无卫生检验证书无法进口，最终委托其他友好客商在当地办理转口，将货品低价转卖给邻国，以损失××××美元而结案。

（1）请分析本案中造成 A 进出口公司损失的原因。

（2）在正常的情况下以信用证作为货款支付方式时，买方不按时或不开立信用证，是否可认定其构成违约？

11. A 进出口公司向 N 国际贸易有限公司出口冻家禽，根据合同规定 7 月份装运，A 进出口公司备好货物并做好了装运前的一切准备工作。但买主一直未开来信用证，经 A 进出口公司催促，于 6 月 28 日才收到对方开来的简电信用证。该简电信用证主要内容规定：" …opening irrevocable credit No. 063512 – in favour A import & export corporation, order N international trading co. ltd. for USD × × × × CIF Liverpool valid august 15 shipment from Chinese port to Liverpool July 31. full set of clean on board b/l made out to our order notify buyer and beneficiary's draft drawn on us at sight to be presented for negotiation in China covering 100 m/tons of frozen duck. details to follow airmail. " （……开立第 063512 – IB 号不可撤销信用证，受益人 A 进出口公司，申请人 N 国际贸易有限公司。金额计××××美元，CIF 利物浦。有效期 8 月 15 日，装运期 7 月 31 日从中国港口至利物浦。全套已装船的清洁提单做成我行抬头，通知买方。凭受益人开具以我行为付款人即期汇票议付在中国到期。装运货物为 100 公吨冻鸭。详情随后航邮）。

A 进出口公司接到上述简电信用证后即联系有关船方代理公司，据称 7 月至利物浦港的船期只有 7 月 5 日一条船，这个船期不装，必须等下个月才有船。A 进出口公司准备好装运前的一切手续并租船订舱。

A 进出口公司等到 7 月 3 日，详细信用证的证实书仍未到达。有关人员考虑，如果依照简电内容装运，以后邮来的证实书内容与简电有矛盾怎么办？A 进出口公司就此问题向通知行咨询。据通知行解释：简电既已开出，开证行要保证发出证实书，而且会迅速地发出。不但这样，开证行发出证实书还必须与简电内容一致。这是 UCP600 规定的。

A 进出口公司根据通知行上述解释认为，既然开证行已发出简电，则证实书这一两天可到达，而且内容也不会矛盾，所以就决定依据简电信用证先装运，否则在信用证运期内无船可装。A 进出口公司于 7 月 5 日装运完毕，8 日收到简电信用证的证实书。单证人员在制单时发现证实书规定货物包装与实货不一致，证实书对货物包装的规定是 "packed in wooden cases, lined with clean white paper, each containing 6 ~ 14 pieces. "（木箱装，箱内衬洁净白纸，每箱装 6 ~ 14 只）而实货系纸箱装。单证人员查询有关该商品的业务员，据称合同规定木箱装或纸箱装，现有库存虽然木箱和纸箱都有，因为木箱包装要淘汰，所以大部分是纸箱包装。这次在装运时因证实书未到，简电未规定包装条款，装运时根据库存情况全以纸箱包装货物出运。

A 进出口公司即发电向 N 国际贸易有限公司提出修改信用证，但 N 国际贸易有限公司不同意修改，因该货系 N 国际贸易有限公司转售给英国 B 客户的，其转售合同签订为木箱装。所以不同意修改而且也不接受纸箱装的货物。A 进出口公司向 N 国际贸易有限公司提出：合同既规定木箱装或纸箱装都可以，我方交纸箱装的货物，你方应接受。N 国际贸易有限公司坚持既然合同规定木箱装或纸箱装都可以，我有权要求木箱装。双方各执已见，反复争执多次均无效果。最后 A 进出口公司经过分析，考虑货物已装运，主动权掌握在对方手里，如果如此拖延下去，势必遭受更大的损失。最后 A 进出口公司只好委托目的港的其他友好客商降价 15% 售给其他买主。对 N 国际贸易有限公司则在延展信用证的装运期后，另再以木箱装的货物装运而了结。

（1）请指出本案贸易纠纷产生的隐患所在。

（2）在实务操作过程中，是否可以凭简电信用证装运货物？

资料来源：朱春兰，等. 新编国际贸易实务案例分析［M］. 大连：大连理工大学出版社，2016.

12. 某对外贸易进出口公司于 5 月 23 日接到一张国外开来信用证，信用证规定受益人为对外贸易进出口公司（卖方），申请人为 E 贸易有限公司（买方）。信用证对装运期和议付有效期条款规定为 "Shipment must be effected not prior to 31st May，2023. The Draft must be negotiated not later than 30th June，2023"。

对外贸易进出口公司发现信用证装运期太紧，23 日收到信用证，31 日装运就到期。所以有关人员即于 5 月 26 日（27 日和 28 日系双休日）按装运期 5 月 31 日通知储运部安排装运。储运部根据信用证分析单上规定的 5 月 31 日装运期即向货运代理公司配船。因装运期太紧，经多方努力才设法商洽将其他公司已配上的货退载，换上对外贸易进出口公司的货，勉强挤上有效的船期。对外贸易进出口公司经各方努力终于 5 月 30 日装运完毕，并取得 5 月 30 日签发的提单。6 月 2 日备齐所有单据向开证行交单。

6 月 16 日开证行来电提出："第×××号信用证项下的第×××号单据经审核，存在单证不符——根据你提单记载 5 月 30 日装运货物，超出我信用证规定的装运期限。以上不符点经研究不能同意接受，单据暂在我行代保存，速告如何处理。6 月 6 日。"

对外贸易进出口公司接到开证行来电后查核留底单据，未发现我单据有与信用证不符的地方，认为对方可能有误。于 18 日即向开证行回电："你 16 日电悉。但我们认为单证不存在不符点：你信用证规定装运期为 5 月 31 日，我 5 月 30 日装运，并未超过信用证规定的装运期限 31 日。所以我单证相符，请你行查核并按时付款。6 月 18 日。"

6 月 20 日又接到开证行复电："你 18 日电悉。你方虽然作了一些解释，但你方没有完全理解信用证条款和我前电的要求。我提请你方注意，我信用证规定的是'装运必须不得早于 2023 年 5 月 31 日'，也就是说只能晚于 5 月 31 日，实际就是须在 31 日以后装运，而你方却于 31 日以前装运，所以不符合我信用证要求。我行仍然不能同意接受单据，速告单据处理的意见。6 月 20 日。"

对外贸易进出口公司根据开证行上述意见再次对照信用证条款才发现信用证的装运期正如开证行所说的不得早于 5 月 31 日（not prior to 31st May）。对外贸易进出口公司经有关人员研究认为装运期这样不可更改的实质性不符点已无法再向开证行抗辩，只好改向买方进行工作，但几经反复交涉，均未得到解决。最终只好委托船方将原货运回后内销而结案。

请分析审证应注意的问题。

13. 某食品进出口公司向 B 国际贸易有限公司出口 150 公吨冻对虾。对方于 5 月 10 日开来信用证，有关商品条款规定："150M/Tons of Frozen Headless Prawn, sizes：6～12 pcs. per lb. for 50M/Tons, 13～15 pcs. per lb. for 100 M/Tons."（150 公吨冻无头对虾，每磅 6～12 只，计 50 公吨；每磅 13～15 只，计 100 公吨）食品进出口公司业务经办人员接到信用证后发现信用证中商品规格与合同不符，信用证规定为"每磅 6～12 只"，而合同规定"每磅 8～12 只"，没有"每磅 6～12 只"的规格，不知是否是买方开证时疏忽，由于笔误将"8～12"误写为"6～12"。食品进出口公司经研究认为船期已很紧，后天既要装船，如果修改信用证后再装船，势必过期而根本无法议付，最后决定按合同规定办理装运。为了单证一致，单据可以按信用证规定表示，所以没有通知 B 国际贸易有限公司修改信用证，于 15 日装运完毕。但在向商检局申请出具检验证书时，商检局提出不同意在品质检验证书上证明与货不符的"6～12 pcs. per lb（每磅 6～12 只）"规格，只能按实际货物情况如实地证明"8～12 pcs. per lb."（每磅 8～12 只）。食品进出口公司有关人员经与商检局再三商洽，因信用证如此规定，否则无法收汇。但商检局仍不同意出具与实货情况不符的证书。如果缺少商检局的品质检验证书，又无法向银行办理正常议付，最后只好决定按商检局出具的"每磅 8～12 只"规格的证书向银行交单。

食品进出口公司向议付行交单时，由于"每磅 6～12 只"与"每磅 8～12 只"的规格不符，议付行不同意议付，只好于 17 日向议付行提交保证书，以"表提"方式凭担保议付寄单。但单寄到国外，开证行于 23 日来电提出："关于第×××号信用证项下的你方第×××号担保议付单据，我行不能接受其不符点，即我信用证对货物规格规定为'每磅 6～12 只'，你方单据均为'每磅 8～12 只'。单据暂代保管，速告处理意见。"

食品进出口公司接到开证行拒付电后，于 24 日向买方提出："关于第×××号合同项下冻无头对虾，你信用证规定货物规格误为：'每磅 6～12 只'，为了节省你方修改信用证费用及手续，我单据按正确表示'每磅 8～12 只'。但 23 日开证行来电不接受其不符点。希保持你我双方良好贸易关系，速联系说服开证行接受单据，谢谢配合。"

食品进出口公司去电后，于 27 日接到 B 国际贸易有限公司回电："你 24 日电悉。关于第×××号合同项下 150 公吨冻无头对虾，其中规格问题系开证行坚决不同意接受该不符点，请直接与开证行联系。"

食品进出口公司于 28 日又通过议付行向开证行提出，根据开证申请人电称同意接受该不符点，请开证行即与申请人联系。但 29 日开证行回电称，再次联系申请人仍不同意接受。

食品进出口公司根据开证行来电称买方不同意接受，而买方来电又称系开证行不同意接受，两者互相推诿。食品进出口公司有关人员分析，主要是买方不同意接受，只是以开证行"不同意"作为借口而已。但货已到达目的港，如果买方仍然不接受单据，再拖延下去无人提货，货被卸入保税仓库，费用剧增，而且货可能溶化变质，则损失将更加严重。

食品进出口公司又通过当地其他客户了解才知道，该货在当地已处于滞销情况，所以 B 国际贸易有限公司企图以单证不符为借口达到不接受货物的目的。食品进出口公司最后研究决定，趁此货物尚未变质前，争取时间与 B 国际贸易有限公司谈判，结果以降价 20% 而结案。请问：

（1）在信用证作为国际贸易结算货款支付方式的条件下，如果买方不按照合同条款或改变合同条款开立信用证，卖方是否有权提出要求修改信用证？

（2）试分析造成食品进出口公司收汇被动的根本原因。

（3）请指出食品进出口公司在本案中的主要失误所在。

（4）从本案例中可吸取哪些经验教训？

第八章 国际惯例选讲

《跟单信用证统一惯例》（UCP600）、《关于审核跟单信用证项下单据的国际标准银行实务》（ISBP821）和《托收统一规则》（URC522）是国际贸易结算和单证方面最重要的国际惯例。本章将对这三个惯例中难以理解的条目配以通俗、详细的解释、说明和举例，旨在使读者更加容易理解和掌握这些重要的国际惯例的主要内容，以免在今后的信用证和托收业务中出现失误，给国家、企业和个人造成损失。

第一节 《跟单信用证统一惯例》选讲

"UCP"的全称为"uniform customs and practice for documentary credits"。国际商会于1933年通过了最早的关于跟单信用证的统一惯例，名为《商业跟单信用证统一惯例》。1962年该称呼中被去掉了"商业"两个字。随着国际贸易、运输、通信及电子技术的不断发展，UCP先后经过六次修改，即1951年第151号出版物、1962年第222号出版物、1974年第290号出版物、1983年第400号出版物、1993年第500号出版物以及目前使用的2007年的第600号出版物，简称"UCP600"。"UCP600"包括39个条款。

第一条 UCP 适用的范围

《跟单信用证统一惯例》（UCP）作为一套规则，适用于凡是在跟单信用证和备用信用证中规定了该信用证适用（be subject to）本惯例，除非信用证明确修改或排除了本惯例中的某些条款规定，该信用证中所有的当事人（all parties）都将受本惯例约束（to bind on）。

说明：

1. 例如，信用证规定：This credit is subject to Uniform Customs and Practice for Documentary Credits 2007 revision ICC Publication No. 600。再如，信用证规定：This SW MSG is sub To UCP600 （Rev, 2007） ICC brochure 600。只要相关的信用证里具有类似上述文句，则该信用证项下的各当事人在执行信用证的整个过程中，都将按照"UCP600"行事。

2. "UCP600"不是法律,对于任何当事人都不具备强制性。如果信用证里没有明确说明"以 UCP600 为准"一类的文字,本惯例就对该信用证及其单据不具备约束力。

3. 本惯例仅适用于跟单信用证和备用信用证。

第二条　定义

本条包括很多内容,其中关于信用证当事人的定义在国际结算的章节里已经有所阐述,在此不再赘述。

1. "银行工作日":指受理相关信用证业务的银行在通常情况下营业的日子。

2. "相符交单":指相关单据与信用证条款、本惯例条款以及国际标准银行实务一致。

说明:

(1)虽然"相符交单"可以细分为两层含义,一是指"提交相符单据"的动作,二是指"提交的单据符合信用证规定"的事实,但习惯上只会注重它的第二层含义。

(2)判定一套信用证单据是否"相符"通常会同时依据以下三方面的尺度:

第一,相关信用证的条款。这是最直接的"标准"。但是,当信用证没有对某些内容作出具体规定的时候,就应该依据以下国际惯例。

第二,UCP600。例如,某份信用证没有明确规定交单期,这并不表明受益人可以在任何时候向银行提交单据,而是按照《跟单信用证统一惯例》的规定,其必须在装运日期后的 21 天之内(包括第 21 天)向银行提交单据,才算有效。

第三,ISBP821。如果相关信用证和 UCP600 都没有针对某些单据内容作出规定,审单人还可以依据另外一种国际惯例——ISBP(《关于审核跟单信用证项下单据的国际标准银行实务》)作为判定"是否相符"的尺度。这个惯例就是上面所说的"国际标准银行实务"。

第三条　解释

就本惯例而言:

1. 如果情形适用,单数词形包含复数含义,复数词形包含单数含义。

2. 信用证都是不可撤销的,无论信用证本身有无这种说明。

3. 单据签字可用手签、摹样签字、穿孔签字、印戳或任何其他机械或电子的证实方法为之。

4. 信用证如果要求单据履行认证、签证、证明等类似手续,可用从表面上满足这类要求的签字、标记、印戳或标签等方式解决。

说明:

"认证"(legalize):由某权威的公证机构证明"某种活动或文件的合法性"的书

面行为；"签证"（visa）：表示同意、批准的签名或签字。其他手段的英文分别是："签字"（signature）、"标记"（mark）、"印戳"（stamp）和"标签"（label）。

5. 一家银行在不同国家的分支机构被视为不同的银行。

说明：

例如，某份信用证规定由"中国银行"作为信用证的付款行，受益人就不能要求"中国银行纽约分行"或"中国银行伦敦分行"代其接受信用证单据并支付相关款项；再如，某份信用证规定由"香港汇丰银行"议付，"汇丰银行广州分行"就无权议付。因为一家银行设在不同国家或地区的分支行不被本惯例看作是同一家银行。

6. 信用证如果要求用"第一流的"（first class）、"著名的"（well known）、"合格的"（qualified）、"独立的"（independent）、"正式的"（official）、"有资格的"（competent）或"本地的"（local）等词语描述单据的出单人时，可由除受益人之外的任何人出具该单据。

说明：

注意，在上述情况下，受益人自己没有权力出具这种单据。

7. 如果信用证没有特殊要求，银行不会理会单据上的"迅速地"（promptly）、"立刻地"（immediately）或"尽快地"（as soon as possible）等词语。

8. 如果信用证使用了"在或大约在"（on or about）之类的词语来限定某事件发生的日期，将被视为所述日期前后各 5 天之内，起讫日期均包含在内。

说明：

假设"on or about"后面的具体日期为"D"，那么，按照本款惯例，则有：$D-5 \leqslant D \leqslant D+5$。

例如：如果信用证规定"... Shipment to be made on or about Nov, 12, 20××"，则这批货物就可以在"20××年 11 月 7 日到 11 月 17 日"之间的任何一天装运，包括"11 月 7 日"和"11 月 17 日"首尾两天在内。

9. 如果使用"至"（to）、"直至"（until, till）、"在……之间"（between）和"自"（from），类似的词语来限定信用证中有关装运的任何日期或期限，将被理解为"包括所述的日期在内"。如果使用"在……之前"（before）及"在……之后"（after）等词语来确定装运日期时，不包括所述日期。

说明：例如，"... The goods shall be shipped from Feb. 10 to Mar. 31, 20××"指货物应于 20××年 2 月 10 日到 3 月 31 日之间装运。（包含起止日期也就是说，出口人既可以在 20××年 2 月 10 日装运，也可以在 20××年 3 月 31 日装运，当然还可以在这两个日期之间的任何一天装运）。

再如，"... The goods shall be shipped before Mar. 31, 20××"指货物应于 20××年 3 月 31 日之前装运（不包含 20××年 3 月 31 日这一天，也就是说，出口人只能在

20××年3月30日这一天或这一天之前装运货物）。

10. 如果使用"从……开始"（from）及"在……之后"（after）等词语来确定到期日期（maturity date）时，不包括所述日期。

说明：

"到期日"在这里一般是指"信用证约定的远期付款的限期已过，承付和议付银行应该支付信用证款项的时间已经到来"的意思。例如，某份信用证规定付款期限为"见票60天付款"，如果付款行是在2023年11月12日见票的，"到期日"就是2024年1月11日，也就是说，该银行应该在2024年1月11日履行其支付款项的义务。

11. "上半月"（first half）表示"1日到15日"，"下半月"（second half）表示"16日到月底最后一天"。

12. "月初"（beginning）表示"1日～10日"、"月中"（middle）表示"11日～20日"、"月末"（end）表示"21日～月底最后一天"。

说明：

中国人常把"月初"称为"上旬"、把"月中"称为"中旬"、"月末"称为"下旬"，但外国人，特别是英语国家的人没有这种叫法。

第四条　信用证与合同

a. 信用证条款可能依据或援引买卖合同条款，但信用证与买卖合同相互独立，且不受合同条款的约束。因此，开证行在信用证中的任何承诺，并不受申请人与开证行、申请人与受益人之间的关系而产生的任何请求或抗辩的影响。

说明：

（1）银行在履行其信用证的承诺时，如果单证相符，买方不允许付款，银行也不会拒付；如果单证不符，买方要求付款，银行也有权拒付。当然，这只是"理论"上的问题，在实际上，单证到底相符还是不符、支付还是拒付，在很大程度上，开证行都要取决于开证申请人（即买方）的意愿。

（2）"请求"（claim）是指根据权利而提出的要求，"抗辩"（defence）是指因不接受责难而作出的辩护或辩解。例如，开证行指出某份信用证项下的单据在某一点上的填写内容与信用证的规定不相符，指定银行不同意开证行的这一判断，并且陈述指定银行自己"不赞成单证不符"的理由。指定银行的这种行为就是属于"抗辩"的范畴。

受益人在任何情况下都不得利用银行之间的关系，也不得利用申请人与开证行之间的合同关系。

b. 开证行应该劝阻申请人试图将基础合同、形式发票等文件作为信用证的组成部分的做法。

说明：

"应该"（should）并不是"必须"（must），因此，这里只是国际商会要求申请人（即买方）不要规定"受益人在交单时同时提交买卖合同、形式发票等单据"，但如果申请人不按国际商会的要求行事，硬性规定受益人提交，那也并不是绝对不允许的事情。

第五条　单据与货物，服务或履约行为

银行处理的是单据，而不是单据可能涉及的货物、服务或履约行为。

说明：

信用证业务系"单据买卖"，银行只看单据表面是否符合信用证条款，而不管货物的实际情况如何。

第六条　兑用方式、截止日和交单地点

说明：

兑用（availability）：这里是指"受益人凭与信用证相符的全套单据从相关银行处获得信用证款项"的权益及行为。

a. 信用证必须规定可兑用的银行，或是否可在任意银行兑用。规定在指定银行兑用的信用证同时也可以在开证行兑用。

说明：

（1）以议付信用证为例，信用证按是否限定指定银行（议付行）可分为"限制议付"（信用证规定"...available with××Bank only"）和"自由议付"（信用证规定"...available with any bank"）两种。

（2）假设信用证指定汇丰银行为其付款行，受益人既可以向汇丰银行支款，也可以直接向开证银行支款。

b. 信用证必须规定其是以即期付款、延期付款、承兑还是议付的方式兑用。

说明：

信用证的付款方式：即期付款（by sight payment）、延期付款（by deferred payment）、承兑（by acceptance）、议付（by negotiation）。

c. 信用证不得规定凭"以申请人为付款人"的汇票兑用。

说明：

按照 UCP600 的惯例，信用证的付款人必须是银行，而不允许是像开证申请人一类的工商企业。

d. （i）信用证必须规定一个交单截止日。规定的承付或议付的截止日将被视为交单的截止日。

说明：

（1）这里的"截止日"（expiry date）是指"受益人向银行提交信用证单据的最后期限"。信用证应规定交单日期，如果信用证上仅规定付款或议付日期，也可以把它当作交单日对待。如果超过了这个期限，银行就不再议付和承付信用证约定的款项了。

（2）在信用证条款里，信用证的交单截止日期和有效期限通常是分开规定的，而且有效期限是在信用证的效期效地里规定的。例如：

① "31D：date and place of expiry：230430 at counter of negotiating bank

48：period for presentation：10 days after shipment date."

②expiry "3lD：date 230730 place China

presentation period 48：within 15 days from shipment date，but within l/c validity."

第七条　开证行的责任

a. 只要规定的单据提交给指定银行或开证行，并且构成相符交单，只要信用证为下列情形之一，开证行都必须承付：

ⅰ. 信用证规定由开证行即期付款、延期付款或承兑；

ⅱ. 信用证规定由指定银行即期付款但其未付款；

ⅲ. 信用证规定由指定银行延期付款但其未承诺延期付款，或虽已承诺延期付款，但未在到期日付款；

ⅳ. 信用证规定由指定银行承兑，但其未承兑以其为付款人的汇票，或虽已承兑了汇票，但未在到期日付款；

ⅴ. 信用证规定由指定银行议付但其未议付。

说明：

（1）开证行可以自己对单据及/或汇票付款、承兑并付款，也可以委托其他银行付款承兑并付款或者议付。

（2）付款、承兑、议付等都必须以受益人提交的单据没有"不符点"作为前提条件。

（3）如果信用证委托某家银行对该信用证项下的相符交单进行承付、议付或承兑，指定银行拒绝承付、议付或承兑，受益人就可要求开证行承付、议付或承兑；如果指定银行对相符交单承兑了，但票据到期时，指定银行又拒绝付款，受益人就可要求开证行自己付款。

（4）在信用证支付方式下，无论是指定银行承付或议付，还是开证银行自己承付，支付信用证款项都必须同时满足两个前提：一是受益人在信用证规定的交单期限和截止日期以内向银行提交单据；二是提交的单据"单证一致、单单一致"。

b. 开证行自开立信用证之时起即不可撤销地承担承付责任（be irrevocably bound to honour）。

说明：

信用证是开证行不可撤销的支付承诺，在信用证的有效期限之内，不经受益人同意，开证行既不能单方面修改信用证条款，也无权取消信用证。

c. 指定银行承付或议付相符交单并将单据转给开证行之后，开证行即承担偿付该指定银行的责任。对承兑或延期付款信用证项下相符交单金额的偿付，无论指定银行是否在到期日之前预付或购买了单据，都应在到期日办理。开证行偿付指定银行的责任独立于开证行对受益人的责任。

说明：

（1）只要提交的单据"单证一致、单单一致"，指定银行付款，开证银行就得偿付。

（2）在远期付款信用证项下，开证行一律都在付款时间到期以后才予以偿付，不管指定银行是在什么时候承付或议付的。

（3）"偿付"与"承诺付款"是开证行的两种不同的责任。"偿付"是开证行对指定银行承担的责任，而"承诺付款"是开证行对受益人承担的责任。

第八条　保兑行的责任

a. 只要相符单据提交给保兑行或提交给其他任何指定银行，保兑行就必须承付或无追索权地付款。

说明：

在保兑信用证下，保兑行与开证行一起并列承担该信用证的第一性付款责任。"保兑"也必须以受益人提交的信用证单据"单证一致、单单一致"作为前提条件。

b. 保兑行自对信用证加具保兑之时起即不可撤销地承担承付的责任。

说明：

保兑行在承诺"保兑"以后，在信用证的有效期以内不得中途"退出"其已经承诺的"保兑"责任。

c. 其他指定银行承付或议付了相符交单并将单据转往保兑行之后，保兑行即承担偿付该指定银行的责任。

d. 如果开证行授权或要求某一银行对信用证加具保兑，而其不准备照办，某一银行必须毫不延迟地通知开证行，并可通知此信用证而不加保兑。

说明：

（1）"保兑"必须具有"要求"（即开证行在信用证中加列要求或授权"保兑"的文句）和"确认"（即被要求"保兑"银行作出承诺"保兑"的书面凭据）。

（2）"拒绝保兑"的银行必须立即通知开证行。

（3）"拒绝保兑"的银行还可以作为"通知行"负责鉴定信用证的真伪，然后把信用证送达给受益人。

第九条　信用证及其修改的通知

a. 非保兑行的通知行在通知信用证及修改书时不承担承付和议付的责任。

说明：

这就是说，如果某通知行不是保兑行，那么，它只需要向受益人通知其信用证或者信用证修改书就可以了，并不需要向受益人承付或议付信用证款项。

b. 通知行通知信用证或修改书的行为表示"其已确信信用证或修改书的表面真实性"，且其通知准确地反映了"其收到的信用证或修改书的条款"。

说明：

（1）通知行如果无法判断信用证或修改书的真假或者认定某信用证或修改书是伪造的，它就不能将其通知给受益人。

（2）通知行如果认为某份信用证或修改书不完整，也不能通知。

c. 经由通知行或第二通知行通知信用证的银行必须经由同一银行通知其后的任何修改书。

说明：

（1）按照 UCP600 的规定，一份信用证或者信用证修改书可以由一家通知行把该份信用证或修改书交给另一家银行去通知给受益人，这个"另一家银行"就是"第二通知行"。

（2）如果某份信用证是由 A 银行通知的，该信用证随后的修改书也必须由 A 银行去通知，而不能改由 B 银行或 C 银行去通知。

第十条　修改

a. 除第三十八条（指转让信用证）另有规定外，未经开证行、保兑行（如果有的话）和受益人的同意，信用证既不得修改，也不得撤销。

说明：

（1）信用证和修改书一经开出都是"不可撤销的"，无论其字面怎么描述。

（2）在信用证或修改书的有效期限以内，任何对于信用证或修改书的修改或撤销，都必须得到受益人的同意；否则，其修改无效。也就是说，受益人拥有绝对的权力拒绝任何修改。

b. 保兑行可将其保兑扩展至修改书，也可以只通知修改书而不对其保兑。如不保兑，其应立即告知开证行和受益人。

说明：

例如，某银行对某份信用证承诺"保兑"了，随后，开证行针对该信用证又出了一份修改书。此时，保兑行可以对该修改书加具"保兑"，也可以不"保兑"。如果"保兑"该修改书，保兑行可以不告知；但如果不"保兑"，保兑行就必须分别告知开证行和受益人。

c. 在受益人告知通知行其接受该修改书之前，原信用证被修改的条款将继续有效。受益人应告知向其通知修改的银行是接受还是拒绝修改。如果受益人未发出上述通知，当其提交给指定银行或开证行的单据与信用证以及尚未表示接受的修改的要求一致时，则该事实即视为受益人已经作出接受修改的通知，并从此时起，该信用证已做修改。

d. 通知信用证修改的银行应当告知向其发出修改通知的银行任何有关接受或拒绝接受该修改的通知。

e. 对于同一份信用证修改书的内容，不允许部分接受，部分接受将被视为"拒绝修改的通知"。

f. 修改书中关于"除非受益人在某一时间内拒绝修改，否则修改生效"的规定被不予理会。

说明：

（1）如果某份信用证修改书没有生效，信用证中原来被修改的条款就等于没有被修改，就继续有效。举例说明：假设信用证规定的装运期为"on or before Sept. 15，20××"，而修改书将装运期修改为"Latest：Aug. 15，20××"了。受益人如果书面拒绝了修改书，其就仍然可以在20××年9月15日之前或在这一天装运货物。

（2）对于同一份信用证修改书，受益人即使愿意接受其中的大部分条款，只要不是全部接受，其也必须先将整个修改书全部拒绝，然后再要求开证申请人按照受益人的意愿，指示开证行重新修改信用证。假设某份信用证条款被修改了三点，前两点受益人接受，而第三点受益人不接受。此时，受益人必须将该份修改书全部拒绝，让开证行重新修改而不能"只接受前两点而拒绝第三点"。

（3）"拒绝修改书"没有时间限制，但必须在交单之前，而且越快、越早就越好、越主动。

第十四条　单据审核标准

a. 指定银行、保兑行（如果有的话）和开证行须审核信用证单据，并依据单据表面判定是否构成"相符交单"。

说明：

"单据表面"就是指单据上填写的文字和数据无所谓是真实的还是虚假的，也不管单据到底是合法的还是违法的等。

如何理解"单证一致、单单相符"？

（1）单据与信用证内容条款表面完全一致原则。指由受益人提供的单据所显示出来的内容部分必须和信用证的规定完全一致。

（2）单据与信用证内容条款对应一致原则。指由受益人提供的单据的内容，除了单据之间要一致外，也必须符合信用证的要求。

（3）单据与信用证条款逻辑一致的原则。

（4）单据与信用证条款含义一致的原则。

b. 指定银行、保兑行（如果有的话）和开证行各有"从交单次日起的至多5个银行工作日"用以确定交单是否相符。这一期限不因"交单后的'信用证截止日'或'最迟交单日'届至"而受到缩减或影响。

c. 如果单据中包含一份或多份受本惯例第十九～二十五条制约的正本运输单据，受益人应在本惯例所指的发运日之后的21个日历日内交单，同时不得迟于信用证的截止日。

说明：

（1）本惯例第十九～二十五条皆指各种不同运输方式下运输单据的相关规定。因此，如果信用证单据中不包含运输单据，则本条款不适用。

（2）"日历日"（calendar days）有别于"工作日"（working days），过一天就得计算一天，不管是否营业或工作。

（3）"装运日之后的21天"不包括"装运的当天"，即在理论上，装运的当天把单据交给银行不行，而第21天可以。

（4）"21天"只是指信用证没有明确规定受益人向银行提交单据期限（expiry date for the presentation of documents）的特殊情况而言的；如果信用证规定了交单期限，受益人就必须按照信用证的规定按期交单。

（5）有时候，信用证只规定了截止日期，而没有规定装运期和交单期。业内普遍把这种情况叫作"双截止"，事实上把这种信用证叫作"三截止"（装运期、交单期和截止日期）更为确切。也就是说，像这种信用证，受益人可在"从信用证的开证日期到截止日期"的整个时段的任何一天装运货物及/或向指定银行提交单据。当然，这只是理论上的说法而已。如果受益人真的拖延到信用证截止日期去装运货物，他又要同时在这一天向银行提交单证一致的单据，这在一般情况下是非常困难的。

e. 除商业发票外，其他单据中的货物、服务或履约行为的描述，可使用与信用证中的描述不矛盾的概括性用语。

说明：

例如，信用证上列明的商品名称为"men's velvet shoes article no. 9504. 'strong eagle'brand, as per s/c no. ×××dated Nov, 16, 20××. "则：

（1）相关的商业发票就必须逐字、逐标点符号地照搬（连标点符号都不能更改、添加或省略）。但是，按照 ISBP 中有关货物描述的规定："发票中的货物描述必须与信用证规定的一致，但并不要求如同镜像般一致。例如，货物细节可以在发票中的若干地方表示，当合并在一起时与信用证规定一致即可。"因此，对于上述信用证规定的商品名称，发票上只要能够找到与其相同的描述就行了，并不强求在一处一次性地全部写完整。

（2）在提单、保险单、装箱单等单据上则可以使用统称，如"men's shoes"或者"men's velvet shoes"等，但不能使用如"footwear""shoes""boots"等字眼，因为这些名称与原名的含义相差太远了。

（3）像产地证、出口许可证等一类官方证件，建议其货物名称还是使用全称比较好，这样会显得正规。当然，如果有人不愿意这样想，坚持用"统称"去简略，那也符合信用证惯例，银行也会接受这种单据。

f. 开具单据的日期可以早于信用证的开立日期，但不得晚于信用证的交单日期。

说明：

（1）应当注意：很多信用证明确规定不接受出单日期早于信用证开证日期的单据。例如，信用证规定："All documents must be dated on / or later than the date of this Letter of Credit. "（全部单据的出单日期均不得早于本信用证的开证日期）、"Any documents that are prior to the date of issuance of this Credit are not acceptable. "（任何单据的出单日期如果先于本信用证的开证日期将不予接受）等。

（2）提单的出单日期不得早于或晚于信用证规定的装运期限。

（3）保险单的出单日期不得晚于提单的出单日期。

第十五条 相符交单

a. 当开证行确定交单与信用证规定相符时，开证行必须承付。

b. 当保兑行确定交单与信用证规定相符时，保兑行必须承付或者议付，并将单据转递给开证行。

c. 当指定银行确定交单与信用证规定相符并予以承付或者议付时，指定银行必须将单据转递给开证行。

第十六条 不符单据、放弃及通知

a. 当指定银行、保兑行（如果有的话）或开证行确定交单不符时，可以拒绝承付或议付。

b. 当开证行确定交单不符时，可以自行决定联系申请人放弃不符点。但这并不能延长第十四条 b 款所指的期限。

说明：

"第十四条 b 款"就是指开证行只能在其收到单据次日起算的 5 个银行工作日以内有权确定单据不符并拒付。

c. 当指定银行、保兑行（如果有的话）或开证行决定拒绝承付或议付时，必须给予交单人一份单独的拒付通知。

拒付通知的内容：

i. 拒付声明；

ii. 拒付所依据的不符点细节；

iii：处理不符点单据的办法：银行暂留单据听候交单人指示；银行暂留单据听候申请人放弃不符点的指示；银行退回单据；银行按交单人先前的指示处理。

说明：

（1）银行如果决定拒付单据，它必须在收到单据次日起算的 5 个工作日之内作出书面拒付声明，并在此声明中详细列明各个不符点，同时声明其将如何处理此单据。

（2）"放弃"在这里是指"开证行（或申请人）不计较单据的不符点而接受单据、支付信用证款项"的承诺和行为。

e. 指定银行、保兑行（如有的话）或开证行的拒绝承付或议付的通知发出之后，可以在任何时候将单据退还给交单人。

说明：

银行在"发出了通知"前提下的退单是没有时间限制的。

f. 如果开证行或保兑行没有在收单次日起算的 5 个银行工作日之内发出拒付通知，则无权宣称"交单不符"。

说明：

（1）当指定银行发现单据存在不符点而受益人又无法改正或者不愿意改正的时候，指定银行处理这种情况的办法通常有两种：

一是表提，或称"表盖提出"，就是受益人向委托行出具一份保函（Letter of Indemnity），保函上具体列明单据上的各项不符点，同时要求银行凭此保函提交具有不符点的单据。如果单据最终遭到开证行的拒付，受益人自己承担由此引起的一切不良后果。此时，指定银行将货款支付给受益人，随后再向开证行寄送全套单据。这种做法一般基于以下前提：

①单据中不符点不属于非常严重的实质性问题。

② 受益人事先已经就此征得了开证申请人（买方）的同意，并且得到其"到期一定付款赎单"的承诺。

二是电提：又叫"电报提出"，就是指定银行在向开证行寄单之前，先向开证行用电讯或电传发一封电函，详细列明信用证项下单据的不符点，等待开证行回复，表示"接受这种单据"以后再将单据寄出去。如果开证行电复拒绝单据，则信用证支付方式作废，卖方得尽快另外再想别的办法处理货物。电提方式适用于单据不符点的性质十分严重而且没有得到买方的付款承诺的情况。

（2）在收到单据超过 5 个工作日之后，银行将无权拒付单据。这一点还可参见UCP600 第十四条。

（3）受益人交单之后，迟迟收不到国外开证行的汇款，情况大致有三种：

①银行没有任何反馈信息，表明买方和银行只是在拖延付款时间，因为货物运到目的港（地）还有一段时间，买方并不急于凭单提货。

②开证行发函罗列了单据的不符点，但并没有说明如何处理单据，表明银行付款是迟早的，扣款也是难免的。

③开证行发函既列明了单据的不符点，又指出了退单的决定，这说明买方已经铁了心不会付款赎单。此时，卖方只能选择以下办法：改用其他付款方式降价处理，请买方付款赎单；改用其他付款方式将货物处理给其他客户；通知承运人将货物运回来。

第十七条　正本单据及副本

a. 信用证规定的每一种单据须至少提交一份正本。

b. 任何带有看似出单人的原始签名、标记、印戳或标签的单据都应视为正本单据，但单据本身表明其为"非正本"的除外。

c. 除非单据本身另有说明，下列单据也将视为正本单据：

i. 单据看似由出单人手写、打字、穿孔或盖章；

ii. 单据看似使用出单人的原始信纸；

iii. 单据声明其为正本单据。

说明：

（1）在一般情况下，只要签发人专门在每一份单据上签字盖章了，就可以当作正本单据，而单据上注不注明"正本"字样都一样。但是，有些信用证特别要求单据上必须印就或加盖"Original"正本的醒目字样时，受益人或签发单据的人必须给予满足。

（2）正本单据可以当作副本单据使用，反之不然。

（3）正本单据的复印件也可以当作副本使用，但不能再作"正本"。

d. 如果信用证使用诸如"一式两份"（in duplicate）、"两套"（in two copies）、"两份"（in two fold）等用语要求提交多份单据，则应至少提交一份正本，其余份数可用副本单据来满足，但单据本身另有说明的除外。

说明：

（1）"全套"：一般为一份正本两份副本：正本为 Original；副本为 Copy／Duplicate／

Non-negotiable.

（2）如果信用证要求"一式 N 份"，受益人可以用一份正本和（N-1）份副本单据来满足，也可以全部都用 N 份正本单据来满足。例如，"一式六份"可以用"一正五副"，也可以用"六份正本"。

（3）在国际贸易实务中，单据份数的表达方式一般有下列三种。

① 固定、单一的表达法。

一式两份：in duplicate，一式三份：in triplicate

一式四份：in quadruplicate，一式五份：in quintuplicate

一式六份：in sextuplicate，一式七份：in septuplicate

一式八份：in octuplicate，一式九份：in nonuplicate

一式十份：in decuplicate

② "copy"表达法："in M copies"（一式 M 份）。例如，一式五份为"in 5 copies"、一式七份为"in 7 copies"等。但是，在实际工作中使用"copy"一词表达"份数"时，似乎并没有理论上规定得那样严格，诸如"in 2 copies""in 3 copies"的用法多的是，人们也似乎没有因此出现什么异议和纷争。

③ "fold"表达法："in N fold"（一式 N 份）（N=1，2，3，…，n）。例如，一式三份为"in 3 fold"、一式四份为"in 4 fold"等。另外，也常有人把"fold"的复数写成"folds"的情况。

（4）"单据本身显示例外的除外"是指有些单据如提单、保险单等特别在单据上标明了签发人出具的正本单据份数，如"number of original Bs/L：THREE（正本提单份数：3 份）。像这种情况，即使信用证上只规定了"全套提单"，受益人也必须把提单上所列明的全部 3 份正本提单都向指定银行进行提交，半份都不得截留，否则就是"单证不符"。这种情况已经不再适用上面的"全套就是指一份正本两份副本"等的惯例了。

第十八条　商业发票

a. 商业发票。

i. 必须看似由受益人出具，除本惯例第三十八条（即"可转让信用证"）规定的情形外；

ii. 必须以申请人为抬头，除本惯例第三十八条规定的情形外；

iii. 必须与信用证的货币相同；

iv. 无须签名。

说明：

（1）"商业发票"（commercial invoice）有时候就叫"发票"（invoice）。但如果信

用证上写明的是"商业发票",则受益人就不能只用"发票"。

（2）商业发票无论是正本还是副本,都签署了也不算错误。

（3）一般情况下,信用证都规定商业发票需要签署,如"signed commercial invoice..."等。受益人在这种情况下就必须签署。而如果信用证的规定是"manually signed commercial invoice...",那受益人不仅要签署,而且还要用手写的方法去签署。

b. 指定银行、保兑行（如果有的话）或开证行可以接受金额大于信用证允许金额的商业发票,但该银行不能对"超过信用证允许金额的部分"承付或议付。

说明:

（1）"信用证的允许金额"要视信用证的具体规定而定,一般可分为两种情况:

①当信用证在其总额后面没有注明其他的字眼,或者明确规定"不得超过"（not exceed）等字眼时,例如,信用证规定"amount：USD100 000. 00（not exceed）,"此时,其"允许金额"就是指信用证总额（USD100 000. 00）本身。

② 当信用证在其总额后面注明了"大约"一类字眼,或者明确规定了溢短装幅度的,则其"允许金额"就是指"按信用证总额可以再增加或减少相应的幅度"。例如,信用证规定"amount：EUR100 000. 00（10% more or less）",此时,其"允许金额"就是指在"EUR110 000. 00 ～ EUR90 000. 00"幅度以内的任何数额。

（2）按照本惯例,如果发票金额超过了信用证的允许金额,只要银行不对超过的部分金额给予支付（即只支付信用证允许的金额）,银行还是可以接受这种商业发票的。

第二十条　提单

a. 提单,无论其名称如何,必须看似:

i. 表明承运人名称并由以下人员之一签署:承运人或其具名代理人;船长或其具名代理人。

说明:

提单上任何人的签字都必须标明其签字人的身份,代理人的签字必须表明其代表谁——承运人还是船长。

ii. 通过以下方式表明货物已经在信用证规定的装货港装上具名船只:预先印就的文字,或用"已装船"批注注明货物的装运日期。

在一般情况下,提单的出具日期将被视为装运的日期。但如果提单载有表明装运日期的"已装船"批注,此时"已装船"批注中显示的日期将被视为装运日期。

如果提单载有"预期船只"（intended vessel）,或类似关于船名的限定语,则需以"已装船"批注明确装运日期以及实际船名。

iii. 表明货物从信用证规定的装运港运至卸货港。

如果提单没有列明信用证规定的装运港为装运港，或载有"预期的"或类似的关于装运港的限定语，则需要用"已装船"批注表明信用证规定的装货港、发运日期以及实际船名。即使提单以事先印就的文字表明了货物已装载或装运于具名船只，本规定也仍然适用。

说明：

如果提单上没有列明信用证规定的装运港或者提单上注明为"预期"的装运港，那么，就必须再用批注"on board"的方式专门注明装运港、实际船名以及装船日期。

iv. 可以是仅有的一份正本提单。如果以多份正本出具，则为提单中标明的全套正本。

说明：

如果一套提单的正本份数不止一份，提单上必须列明所签发的正本提单的份数，受益人将全部列明的正本提单如数提交给银行。

b. 就本条而言，"转运"系指货物在从信用证规定的装运港到卸货港之间的运输过程中，从一只船上卸下再装上另一只船的行为。

c. 提单可以表明货物将要或可能被转运，只要全程运输由同一提单涵盖。即使信用证禁止转运，注明将要或可能发生转运的提单仍然可以接受，只要其表明运输的货物已经装入了集装箱、拖车（trailer）或子船（LASH barge）。

d. 提单中声明"承运人保留转运权"的条款，银行将不予理会。

说明：

（1）"全程运输由同一提单涵盖"就是指"承运人签发的提单能够用于在目的港提取货物"。如果提单不能用于提货，那就说明该提单"没有涵盖全程运输"或者"没有物权"，这种单据绝对不能接受。

（2）"将要或可能被转运"并不是"肯定或已经被转运"，凭此惯例，银行会接受前者而拒绝后者。

（3）LASH Barge："Lighter Aboard Ship"型驳船是"载驳船"的一种，以货驳作为货物的装载单元，先把货物装进统一规格的货驳上，然后再把载货驳船（连货带驳一起）送到远洋货轮指定的货舱位置里去。

（4）当信用证没有明确规定是否允许转船（运）或明确规定不允许转船（运），而货物又确实需要转船（运）的时候，为了避免或减少单证方面的麻烦，受益人最好的处理办法就是，要求承运人或代理在签发提单时，不要在提单上提及有关转船（运）的字眼，只要他们能够保证：第一，在规定的时间内把托运货物运到目的港（地），不会拖延太长的时间；第二，签发的提单能够用于在目的港（地）提取货物；第三，货物迫不得已在运输途中转船（运）了，卖方在银行接受单据以后，要及时通报转船（运）的信息，如二程船的船名、航次、转运地点、时间、预计到达时间等。

第二十六条　"货装舱面""托运人装载和计数""内容据托运人报称"及运费之外的费用

a. 运输单据不得表明货物装于或者将装于舱面。声明货物可能被装于舱面的运输单据条款可以接受。

说明：

（1）现在，集装箱货物基本上都装在舱面上，而业内早就对此予以了默认。

（2）舱面提单（on deck B/L）（或称甲板提单）一直是买方非常忌讳的名词。卖方在审核提单的时候，还是应该尽量避免使用这类字眼，以免节外生枝。也就是说，只要是集装箱运输，承运人只管把货物装在舱面好了，但就是不要在提单上列明所谓"货物装于舱面"这样一类敏感、忌讳的词句。

b. 载有诸如"托运人装载和计数"或"内容据托运人报称"条款的运输单据可以接受说明：

（1）类似的词语还有"S. T. C.（shipper's total contents）"（全系发货人提供的内容）等。

（2）承运人没有经手承运货物，其直接从其货运代理手上接管了已经装妥的载货集装箱，而提单又由其来签发时，才这样写。提单签发人这样做纯粹是为了推卸潜在的"货损货差"责任。

（3）上述词语不属于"不清洁提单"的范畴，银行一般也不会拒付。但是，万一货物在目的地出现短少或破损现象，承运人就会因为这些批语而把自己的责任推脱得干干净净。因此，为了避免日后可能出现的麻烦，卖方应该将装运现场承运人的经手人出具的收条保管好，直到买方收到货物而没有抱怨或索赔为止。万一货物在目的地出现破损或缺失，而保险公司和承运人又不承担责任的时候，这张货运现场的收条就是"装货时货物仍然完好无损"的重要证据。

第二十八条　保险单据及保险范围

a. 保险单据（如保险单、保险凭证或预约保单等）必须看似由保险公司（insurance company）或承保人（underwriter）或其代理人（agent）或代表（proxy）出具并签署。

说明：

代理人或代表的签字必须表明其是"代表保险公司或承保人"签字，这一点与运输单据上的签字要求一样，签署人必须注明其身份。

b. 如果保险单据表明其以多份单据开具，所有正本均须提交。

说明：

这一点与运输单据一样，单据上如果列明了多少份正本，交单人就得将列明的全部正本份数都如数提交给银行，不得截留半份。

c. 暂保单（cover notes）将不被接受。

说明：

"暂保单"就是那些保险市场上总在"客户"那里软磨硬泡、推销保险的推销员（即所谓保险经纪人）在收受了客户的保险费以后临时开具的收据，这种收据在正式更换成正规保险税务发票和保险合同之前，保险公司将不予承认。也就是说，如果保险标的发生了承保责任下的风险损失，被保险人仅凭"暂保单"将无法从保险人那里获得保险赔偿，因为保险人不承认"暂保单"是保险合同。

e. 保险单据的日期不得晚于装运日期，除非保险单据表明保险责任不迟于装运日生效。

说明：

（1）只要保险单据上声明了"此单据从货物的装运日期起开始生效"一类的词句，保险单据的签发日期就可以比装运日期晚。但是，为了收汇安全起见，保险单据的签发日期最好还是早于运输单据的日期，或者最迟也得要与运输单据的签发日期相同，免得日后招致麻烦。

（2）在通常情况下，出单日期晚于提单日期的保险单，不仅银行不会接受，买方和保险公司都不会接受。因为按照"仓至仓条款"的原则，货物承保的正常保险期限应该是"保险货物从离开保险单上所列明的装运港发货人的仓库开始，到进入保险单上所列明的目的港收货人的仓库为止"。如果等到货物装上船以后才投保，前面已经空出了一大段时间和空间。万一货物在这段时空里已经发生了风险损失，那将算谁的责任呢？保险公司不好认定，同时，保险公司害怕上当吃亏。

第二十九条　截止日或最迟交单日的顺延

a. 如果信用证的截止日或最迟交单日适逢接受交单银行非因本惯例第三十六条所属原因而歇业，则截止日或最迟交单日，视何者适用，将顺延到该银行开业后的第一个工作日。

说明：

（1）此处的"视何者适用"可以理解为"在信用证的截止日或最迟交单日这两者之中，哪个期限先到，就以该期限为准"之意。例如，如果信用证的截止日期是×年11月30日，而交单的最后期限是×年11月20日，则实际上该信用证的截止日期也随之"提前"到了"×年11月20日"。再如，信用证的截止日期是×年11月30日，而交单的最后期限是×年 12 月 5 日，在这种情况下，受益人也只能最迟在×年 11 月 30 日以前向银行提交单据。

（2）这里所说的"银行停业"包括两种正常情况下的停业：一是法定节假日，如我国的星期六和星期天、春节、国庆节、劳动节等；二是临时停业，如盘存、银行搬家等，它不包括"不可抗力"原因引起的非正常停业，如上述的所谓"因本惯例第三十六条所属原因"。

（3）"顺延"只限于信用证的交单期或截止日期刚好是交单银行的正常停业时间。例如，信用证的交单期的最后一天是 20××年 11 月 17 日，而这一天碰巧是星期六，银行不对公营业，则受益人可以在 20××年 11 月 19 日这一天到银行交单，银行不得因此拒收单据。如果信用证的交单期的最后一天是 20××年 11 月 16 日（星期五），受益人不得在 20××年 11 月 19 日（星期一）这一天到银行交单。如果信用证的交单期的最后一天是 20××年 10 月 8 日（国庆长假后的第一天），受益人最迟也必须在 20××年 10 月 8 日到银行交单，不得以"国庆长假占用了我的大部分交单时间"为由而延长。

b. 如果在顺延后的第一个银行工作日交单，指定银行必须在其致开证行或保兑行的面函中声明交单是在根据本惯例第二十九条 a 款顺延的期限内提交的。

c. 最迟装运日不因本惯例第二十九条 a 款规定的援引而顺延。

说明：

信用证的装运期不适用"顺延"的惯例。即使装运期的最后一天是农历大年三十或正月初一，受益人也得在这一天先装运货物，然后才能回家过年。

第三十条 信用证金额、数量与单价的伸缩度

a. "约"（about）或"大约"（approximately）用于信用证金额、数量或单价时，应解释为"金额、数量或单价有不超过 10% 的增减幅度"。

说明：

（1）此处的"不超过"（not exceed）应该理解为"既不能增加也不能减少"之意。例如，信用证条款规定"amount：EUR150 000.00，not exceed"，则发票和汇票金额就只能是"EUR150 000.00"，既不能多于此数额，也不得少于此数额。

（2）从情理上讲，货物的单价一般不适合增加或减少，因为这涉及买卖合同"要约"的涨价和降价问题。

（3）在增加或减少数量和总金额，遇到非取整不可的问题时，应该遵循这样两条原则，即"最大值"数的小数只舍不入，而"最小值"数的小数一律舍去进一，以免不小心超过了增减幅度。

b. 在信用证未以包装单位件数或货物自身件数的方法规定货物数量时，货物数量

允许有不超过 5% 的增减幅度，只要总支取金额不超过信用证金额。

说明：

下列情况均不适用本条惯例：

（1）货物以包装单位计数的：10 000 箱卫生纸（toilet paper）、5 000 包聚乙烯编织袋（PE Woven Bags）等；

（2）货物以个数计数的：300 辆卡车（truck）、1 000 台电脑（computer）、400 台空调器（air-conditioner）等。

另外，本条惯例真正实施起来也存在一定的难度，因为，在金额不增减的前提下增加数量等于降价，卖方不会情愿；减少数量等于涨价，买方不会情愿。所以，在买卖合同和信用证都没有明确规定是否允许溢短装的时候，卖方最好不要擅自增减数量，免得引起贸易纠纷。

c. 如果信用证规定了货物数量，而该数量已全部装运，以及信用证规定了单价，而该单价又未降低，或当本惯例第三十条 b 款不适用时，即使不允许部分装运，也允许支取的金额有不超过 5% 的减幅。信用证规定了增减幅度或使用本惯例第三十条 a 款用语限定了数量的除外。

说明：

在信用证没有规定数量、单价和金额的增减幅度的前提下，商业发票和汇票金额只能小于或等于信用证金额的 5% 以内，但不得大于信用证金额。按照此惯例，信用证将数量和单价都已经固定了，支取的金额可以减少 5% 以内，这实际上就是卖方给予买方某种幅度的"折扣"。

第三十一条　部分支款或部分装运

a. 允许部分支款或部分装运。

说明：

（1）"支款"这里指"受益人凭信用证向银行交单收款"的行为。

（2）"部分装运"应该具有以下两层含义：一是卖方将一份信用证（买卖合同）项下的货物的一部分（而不是全部）装运出去。例如，某份信用证项下货物是 500 吨，卖方只装运了 450 吨，这就属于"部分装运"的范畴。二是卖方在信用证（买卖合同）既没有"禁止"又没有"限制"的前提下，"自发地"将某份信用证（买卖合同）项下的货物分数次装运出去。例如，上述 500 吨货物，卖方在 × 年 11 月装运 300 吨，再在 × 年 12 月装运 200 吨等。

（3）其实，"部分装运"与"部分支款"是相辅相成的。受益人在分期分批地装运了货物以后，其必须在规定的期限内到银行提交单据，而不可能把几次装运的单据合起来一次性地交到银行去支款。

（4）按照有些国家的法律或惯例，如果买卖合同中没有明确规定是否允许部分装运，就被视为"不允许部分装运"。因此，当信用证（买卖合同）中没有明确规定是否允许部分装运货物时，卖方最好不要安排部分装运，以免引发争议。

b. 表明使用同一运输工具并经由同次航程运输的数套运输单据在同一次提交时，只要显示相同的目的地，即使运输单据上表明的运输日期不同或装运港、接管地或发运地不同，也将不视为"部分装运"。

如果交单由数套运输单据构成，其中最晚的一个装运日期将被视为"装运日"。

含有一套或数套运输单据的交单，如果表明在同一种运输方式下经由数个运输工具运输，即使运输工具在同一天出发运往同一目的地，仍将被视为"部分装运"。

说明：

如果同一份信用证（买卖合同）项下的货物使用不同运输工具运输，无论是使用同一份运输单据，还是使用不同的运输单据，即使这些不同的运输工具在同一天出发、运往同一个目的地，也将被视为"部分装运"。

例如，某份信用证项下的货物 300 吨，如果其中 200 吨装上"YuejinV032"号轮船，100 吨装上"Galaxy V146"号轮船，即使这两艘轮船都是在××年 10 月 25 日开往南非开普敦（Cape Town）去的，也将被视为"部分装运"。

再如，某份信用证项下的货物 1 000 箱，其中 600 箱被装进航班号码为"CZ3647"的飞机，另外 400 箱被装进航班号码为"CZ5371"的另一班飞机，即使这两架飞机都是同一天飞往俄罗斯的圣彼得堡（St. Petersburg）去的，而且航空公司将这 1 000 箱货物一起出具了同一票空运提单，它们也算是"部分装运"。

含有一份以上快递收据、邮政收据或投递证明的交单，如果单据看似由同一快递或邮政机构在同一地点和日期加盖印戳或签字并且表明同一目的地，将不视为部分装运。

第三十二条 分期支款或分期装运

如果信用证规定在指定的时间段内分期支款或分期装运，任何一期未按信用证规定期限支取或装运时，信用证对该期及以后各期均告失效。

说明：

"分期装运"应该理解为"某份信用证（买卖合同）项下的货物严格按照事先规定的时间和规定的数量分期分批地装运出去，不得擅自提前或滞后，也不得随意多装或少装"。

第三十四条 单据有效性的免责

银行对于单据的以下情况概不负责：

a. 任何单据的形式（form）、完整性（sufficiency）、准确性（accuracy）、内容的

真实性（genuineness）、虚假性（falsification）或法律效力（legal effect）、单据中规定或添加的一般或特殊条件（general or particular conditions）；

b. 任何单据所代表的货物（服务或其他履约行为）的描述、数量、重量、品质、状况、包装、交付、价值或其存在与否；

c. 发货人、承运人或其代理、收货人、货物的保险人或其他任何人的诚信与否、作为或不作为、清偿能力、履约或资信状况。

说明：

银行只看受益人所提交单据的表面内容与信用证条款以及该信用证项下的各种单据之间的内容是否一致。至于单据内容与实际情况是否相符、所涉及的当事人或货物是否合法等等，银行一概不负任何责任。

第三十五条 信息传递和翻译的免责

无论信用证有无指示，银行对函件或单据传输或递送过程中发生的延误、中途遗失或残缺或其他错误产生的后果概不负责。

如果指定银行确定交单相符并将单据发往开证行或保兑行，无论指定银行是否已经承付或议付，开证行或保兑行必须承付或议付，或偿付指定银行，即使单据在寄送途中（其中包括保兑行寄单给开证行的途中）丢失。

银行对技术术语的翻译或解释上的错误不负责任，并可不加翻译地传送信用证条款。

第三十八条 可转让信用证

a. 除非银行明确同意，否则，其没有办理信用证转让的义务。

说明：

如果被开证行授权"负责办理信用证转让业务"的指定银行不愿意接受这种委托，其完全有权不予受理。

b. 就本条而言：

可转让信用证可应受益人（第一受益人）的要求转让全部或部分由另一受益人（第二受益人）兑用。

说明：

（1）只有信用证上注明了"可转让"（transferable）的字样，该证才能转让。如果信用证上仅注明了下列词语，则此信用证就不能转让："可分割"（divisible）、"可分开"（fractionable）、"可让渡"（assignable）、"可转移"（transmissible）等。

（2）对于一份可转让的信用证，受益人可以转让，也可以不转让，即将全部信用证金额都留给自己去履行。

（3）在转让信用证项下，转让其信用证权益的受益人叫"第一受益人"，负责转让的银行叫"转让行"。受让信用证权益的受益人，无论他们是一个还是数个，都叫"第二受益人"。

（4）第二受益人都各自独立地享受其受让的那一部分信用证的权利，并履行与之相关的义务。

（5）第二受益人各自都只与第一受益人和转让行发生业务关系，"第二受益人"之间没有任何与信用证转让有关的业务关系。

（6）信用证的转让只是信用证使用权的转让，并不是"买卖合同项下卖方义务的转让"。第一受益人（即卖方）仍然承担着原买卖合同下卖方应该承担的一切义务。如果第一受益人在履行信用证时发生任何违反原买卖合同规定的行为，造成了买方的损失，买方都有权直接找第一受益人索赔并追究其法律责任。

"转让行"是指办理信用证转让的指定银行，或当信用证规定可在任一银行兑用时，指开证行特别授权并实际办理转让的银行。开证行也可担任转让行。

除非转让时另有约定，有关转让的所有费用须由第一受益人支付。

d. 只要信用证允许部分支款或部分装运，信用证就可以部分地转让给数名第二受益人。

"已转让信用证"是指已由转让行转为由第二受益人兑用的信用证。

说明：

（1）如果一份信用证允许"部分装运"或"部分支款"，它就可以全部转让，也可以部分转让，例如，某份信用证总额为 USD200 000.00，第一受益人可以把这 USD200 000.00 全部转让给第二受益人去履行，也可以将其中的一部分金额留给自己去履行，而将其余金额转让给第二受益人去履行。但是，如果信用证不允许"部分装运"或"部分支款"，第一受益人就只能将该信用证"全部转让给一个第二受益人"。

（2）第二受益人可以是一个也可以是数个。但无论他们有多少个，都属于"第二受益人"的范畴。

已转让信用证不得再由第二受益人转让给任何其后的受益人（subsequent beneficiary）。但第一受益人不属于"其后的受益人"。

说明：

第二受益人在接受转让以后又不想接受转让了，则其不能再将其兑用信用证的权益转让给别人，但可以再将其兑用信用证的权益退还给第一受益人。

e. 任何转让要求必须说明是否允许及在什么条件下，同意将信用证修改书通知第二受益人。已转让信用证必须明确说明这些条件。

说明：

信用证的修改书是通知给第一受益人还是给第二受益人，由第一受益人决定。如果第一受益人同意将此信用证项下的修改书通知给第二受益人，转让行就将修改书通知给第二受益人；如果第一受益人不同意，转让行就必须将修改书通知给第一受益人。

f. 如果信用证被转让给数名第二受益人，其中一名或多名受益人对信用证修改书的拒绝并不影响其他第二受益人接受该修改。对于接受者而言，该信用证已被相应修改；而对于拒绝修改书的第二受益人而言，该信用证仍未被修改。

说明：

例如，某份可转让信用证（同时允许部分装运和部分支款）规定，货物的外包装为每三打装一个纸箱。后来，修改书又改为每两打装一个纸箱。本信用证共有三个第二受益人，其中有两个接受了修改书，他们就按"每两打装一个纸箱"的装法装箱；另外一个第二受益人不接受此份修改书，只要他事先作出了书面拒绝，他就可以按原信用证规定，仍按"每三打装一个纸箱"的装法装箱。这三套单据银行都不会拒收。

g. 已转让信用证须准确转载（accurately reflect）原证条款，包括保兑（如果有的话），但下列项目除外：信用证金额（the amount of credit）；规定的任何单价（any unit price stated therein）；截止日（the expiry date）；交单期限（the period for presentation）；最迟装运日或装运期间（the latest shipment date or given period for shipment）。

以上任何一项或全部均可减少或缩短。

必须投保的保险比例可以增加，以达到原信用证或本惯例规定的保险金额。

说明：

例如，假设原信用证金额（CIF 价值）为 EUR100 000.00，其投保金额应为 EUR110 000.00（EUR100 000.00×1.1），而通过转让后的总额却只有 EUR90 000.00，其投保金额仍为 EUR110 000.00（EUR90 000.00×1.22）。则按照本惯例，本信用证项下的投保金额仍然可以是 EUR110 000.00（按原信用证金额计算的投保金额）。

可用第一受益人的名称替换原证中的开证申请人的名称。

说明：

只要不与信用证的规定相违背，可转让信用证的单据上凡是需填写开证申请人的名称和地址的地方，都可以改填第一受益人的名称和地址。

如果原信用证特别要求开证申请人的名称应在除发票以外的任何单据中出现时，已转让信用证必须反映该要求。

h. 第一受益人有权用自己的发票和汇票（如果有的话）替换第二受益人的发票和汇票，其金额不得超过原信用证规定的金额。照此替换后，第一受益人可以在原信用证项下支取自己发票与第二受益人发票之间的差额（如果有的话）。

i. 如果第一受益人应提交其自己的发票和汇票（如果有的话），但未能在第一次要求时照办，或者第一受益人提交的发票导致了第二受益人的交单中本来不存在的不符点，第一受益人又未能在第一次要求时修正，转让行有权将第二受益人的单据照交开证行而不再对第一受益人承担责任。

j. 在要求转让时，第一受益人可以要求在信用证转让后的兑用地点、在原信用证的截止日之前（包括截止日）向第二受益人承付或议付。本规定并不损害第一受益人用自己的发票和汇票替换第二受益人的发票和汇票，并且索取两者之间差额的权利。

说明：

第一受益人向第二受益人转让信用证权益的主要收益就是信用证与第二受益人之间的价差。如果不更换发票和汇票，就等于第一受益人把自己应得的收益白白地送给买方了。

k. 第二受益人或代表第二受益人的交单必须交给转让行。

说明：

"代表第二受益人的交单"主要包括"第一受益人用自己的发票和汇票替换第二受益人的发票和汇票并且提交给转让行"的行为。

第二节 《国际标准银行实务》选讲

国际标准银行实务是指《关于审核跟单信用证项下单据的国际标准银行实务》（international standard banking practice for the examination of documents under documentary credits，ICC publication，ISBP）。国际商会在意大利罗马召开的 2002 秋季年会上以绝对多数意见通过了 ISBP645，2007 年更新为 ISBP681 版本，2013 年更新为 ISBP745 版本，目前最新版本是 2023 年更新的 ISBP821。ISBP 821 是最新的审核跟单信用证项下单据的指南，体现了由国际商会国家委员会所认可的实务，是进出口企业及银行信用证从业人员制单、审单的重要国际标准指南。

自 2002 年首次出版以来，《国际标准银行实务》（ISBP）为国际业务从业人员在跟单信用证下制作和审核单据提供了很有价值的帮助。它包含了在办理遵循 UCP 600 跟单信用证业务时所适用的银行实务汇编。通过提供详细的实务，ISBP 向读者展示了如何将 UCP 600 的原则和内容运用于日常业务，处理不同的单据（如发票、运输单据、保险单据、产地证明等）。同时，ISBP 也对 UCP 中未明确提及的单据作出了相应规定。

预先考虑事项

v 信用证或其任何修改不应要求提交由申请人出具、签署或副签的单据。然而，如果开立的信用证或修改含有此类规定，那么受益人应考虑其合理性，并确定自身满足此规定的能力，或者寻求适当的修改。

说明：

（1）"副签"在这里是指"开证申请人在由其他人签发的单据上签字盖章、表示认可该单据"的行为。

（2）这种做法以前经常出现在信用证条款里。例如，信用证要求受益人在交单时同时提交"由开证申请人指定的代表（representative）签发的商品检验合格证"或者"由指定代表签名的商业发票"等。

（3）本条的意思是，如果信用证上提出了这类"软条款"，受益人要么要求开证人将其删除，否则，受益人自己就要承担"届时很有可能谋不到出具不了这种单据、招致单据被拒收的风险损失"。

ⅵ在单据上加入信用证号码的请求通常是由开证行提出，以便其在一份或多份单据与交单分离时对单据进行核对。只要开证行收到所有规定的单据，单据上没有显示信用证号码或打错信用证号码并不构成拒付理由。该立场的例外情况是，进口国"要求在一份或多份单据上显示信用证号码"，在这种情况下，信用证必须清楚地表明这就是在该份或某些单据上显示信用证号码的原因。

说明：

此条的作用在于需要减少大量的此类拒付和函电来往交涉。某一案例中，受益人提交的装运证明上显示的信用证号码"×××0742×××"错误，正确的信用证号码应为"×××0724×××"，被开证行拒付。案例结论是开证行提出的不符点不成立。如果提交的单据是该笔信用证下要求的单据，仅仅是错拼或者是未引用信用证号码，是不能够提出拒付的。但需要注意的是，如果一份单据上出现了完全不同的信用证号码，还是要判断这份单据只是错误引用了信用证号码还是写错了另外信用证号码下的单据，从而决定是发电查询或是拒付。还有就是，此条的适用性不应随意扩大，比如，合同号码就不适用。

ⅶ开证行不应在信用证中包含诸如要求另外提交一套副本单据供开证行使用或规定所有单据不得装订等行政管理条件。然而，如果信用证仍然含有此类要求，但该类要求未被遵守，这将不构成拒付理由。

说明：

拒付要求依据单据表面本身来提出不符点，开证行的管理条款不能构成拒付的理由。案例中说明未提交开证行要求的全套副本单据或将单据装订在一起，开证行可以扣除规定的费用，但是不能因此拒付。

总则

缩略语

A1 普遍公认的缩略语可以在单据中用来代替词语，反之亦然，诸如但不限于，用"Intl"代替"International（国际）"、"Co."代替"company（公司）"、"kgs"或"kos"代替"kilograms（千克）"或"kilos（千克、千米）"、"Ind"代替"industry（工业）"或"industries（实业公司）"、"Ltd."代替"limited（有限）"、"mf"代替

"manufacturer（制造商）"，或者用"mt"代替"metric tons（公吨）"。如信用证文本中含有缩略语，则允许单据显示相同的缩略语或含义相同的任何其他缩略语，或者显示全称，反之亦然。

说明：

使用缩略语虽然在很大程度上会给使用者自己带来许多便利，但同时也极有可能给其他当事人造成不便和麻烦，因为一个人熟悉、知道的东西，其他人很可能不认识。而且，很多缩略语没有"名分"，在字典里查不到。"普遍承认"又没有一个"量化"的界限。因此，对于缩略语的使用，建议：

（1）尽量多熟悉和掌握缩略语，特别是那些专业性很强的缩略语。

（2）从"为对方考虑"着眼，只有确信对方能够认识时，才能够谨慎地使用某些缩略语；只要存在丝毫疑虑，宁可使用"全拼"，也要力争不给对方带来"认知"上的麻烦和误会。

A2 a. 斜线（即斜线符号"/"）可能导致不同的含义，不应用来替代词语。然而，如果仍然使用了斜线且上下文含义不明，这将允许使用一种或多种选择。例如，信用证中规定的条件为"红色/黑色/蓝色（Red/Black/Blue）"且未作进一步澄清，这表示颜色可以仅为红色或仅为黑色或仅为蓝色，或是它们的任意组合。

说明：

斜线在国际贸易实务中的使用非常频繁，但书写者用其表达的意思却各异。斜线的使用大致有三层不同的含义：

（1）"分数线"或"÷"（除号）。如"2/3""4/5"等。

（2）"和""及""或者"。例如，"Shipment on/before Nov. 18, 20××."（在20××年11月18日之前或者在这一天装运）、"The seller submits the drafts/documents to the bank for collection."（卖方向银行提交汇票及/或单据办理托收）等。

（3）"间隔"符号。例如，"USD：CNY/100：735.00"（美元兑人民币汇率：100：735.00）、"EUR：CNY/100：1 000.00"（欧元兑人民币汇率：100：1 000.00）、"GBP：CNY/100：895.00"（英镑兑人民币汇率：100：895.00）、"L/C"（信用证）、"S/C"（买卖合同）等。

但是，使用者是不会在其使用了斜线之后顺便再说明该斜线的具体含义的，这要完全仰仗读者自己的判断。

证明和声明

A5 如证明（certification）、申明（declaration）或声明（statement）须显示在经签署并注明日期的单据中，则只要该证明（certification）、申明（declaration）或声明

（statement）看似由出具并签署该单据的同一实体作出而无须另行签字或注明日期。

说明：

信用证条款规定："B/L must certify that the carrying vessel is not over 15years of age at the time of loading."（提单必须证明载货船舶在装运时的船龄没有超过 15 年），则承运人既可以专门用一份证明书（by separate cover）来证明此事，也可以直接在正本提单上加上类似的证明文句。如果直接在提单上批注，提单和证明都是由承运人出具的，提单已经签署了，证明文句就不用再签署。

更正与更改

A7 a. i. 除汇票（参见第 B16 段）外，受益人出具的单据中，数据内容的任何更正均无须证实。

ii. 如受益人出具的单据已合法化、已经签证或证明等，则对数据内容的任何更正须由至少一个对单据合法化或实施签证、证明等的实体进行证实。该证实须注明证实更正实体的名称，方法是要么使用含有该实体名称的印戳，要么另外注明该实体的名称并随附其签字或小签。

说明：

（1）"认证""签证"等一般是指某些官方机构，如中国国际商会（the affiliate of international chamber of commerce in China，ICC China），贸促会（China council for the promotion of international trade，CCPTT）等在那些"须经官方出具或证明"的单据上签字盖章，以证明其"真实、合法"的行为。"证实"则指"一般的证明人在某些单据上签字盖章、作出证明"的行为。

（2）例如，有些中东客户要求受益人将某些重要单据（如商业发票、提单、保险单等）在提交银行之前交由贸促会"认证"；保险单据上通常有两处需要"修正"（因为保险在前、装运在后，保险人填制保险单据时，货物还没有装运。此时，装运时间及运输工具都还无法确定）：一处是"装运时间"栏，另一处是"运输工具"栏。这两个修正处需要签发人专门作出签字或小签（simplified signature/correcting stamps 即加盖"校正章"）以后再由贸促会加以证实。按照本惯例，此处的修正还可以由出单人以外的其他人签字或小签，但签字人需要同时在此处注明其"身份"。

（3）为了避免节外生枝和收汇风险，本书还是极力主张"其修正由出单人自己签字盖章"为妥。

A8 如非受益人出具的单据含有一处以上的更正，则要么每处更正须分别进行证实，要么一项证实须注明其适用于所有的更正。例如，如果由×××出具的单据显示出标有 1、2、3 的三处更正，则标明诸如"编号为 1、2、3 的更正由×××证实"的声明或类似措辞并附有×××的签字或小签，即为满足证实要求。

说明：

在如今这个计算机已经普及的时代，"单据错了就作废重新缮制"已经易如反掌了。再说，一份单据上出现两三处错漏修正会显得不正式，又反映出制单人行事马虎。如果出现错漏，最好不要"将就"着去修正，而是干脆重新制作。

A9 同一份单据中，使用多种字体、字号或手写，其本身并不意味是更正。

说明：

这一条惯例在传统的信用证单据业务中是不允许的，再说，ISBP 也只是"惯例"，不具有强制性，当事人可以执行，也可以不执行。建议在缮制信用证单据时，还是应该坚持"同一份单据上的字体以及字号的大小保持一致，更不要这里用打印机打印，那里用手迹书写"的原则，以保证单据表面的整洁和准确，从而确保收汇安全。

日期

A11 a. 即使信用证未明确要求。

i. 汇票须注明出具日期；

ii. 保险单据须注明出具日期或第 K10（b）段和第 K11 段中所反映的保险生效日期；

iii. 遵循 UCP 600 第十九～二十五条审核的正本运输单据，视其适用情况，须注明出具日期、含日期的装船批注、装运日期、收妥待运日期、发送或运送日期、接管日期或取件日期或收件日期。

b. 如信用证要求汇票、保险单据或正本运输单据以外的单据注明日期，则将通过以下方式满足：在该单据上注明出具日期，或在该单据上援引同一交单下其他单据的日期（例如，在承运人或其代理人出具的证明中显示"日期参见×××号提单"语句），或在规定的单据上显示某一事件的发生日期（例如，在未注明出具日期的检验证明上显示检验日期）。

说明：

按照惯常做法，凡是信用证项下的单据，都应该注明其出单日期，并不仅限于汇票运输单据和保险单据等几种特殊的单据。事实上，这样做起来也并不难。

A12 a. 单据，诸如但不限于分析证明、检验证明或熏蒸证明，注明的出具日期可以晚于装运日期。

b. 如信用证要求单据证实装运前发生的事件（例如"装运前检验证明"），则该单据须通过其标题、内容或出具日期表明该事件（例如，检验）发生在装运日当天或之前。

c. 如信用证要求单据诸如但不限于"检验证明"并不表明要求该单据必须证实装运前发生的事件，且其日期无须早于装运日期。

说明：

（1）"分析证明"一般是针对某些需要检测并注明其化学成分含量的商品而言的，如磷矿石（phosphate rock）中的磷酸钙（BPL, bone phosphate of lime）的成分含量、食用油中的油脂（oil and protein）含量等。

（2）"要求'检验证明'并不表明要求证明'装运前发生的事件'"一句的意思是信用证要求检验证明，是指"需要一个有关检验结果的证明"，而不是"检验过程的证明"。

A16 只要从单据或同一交单中的其他单据上能够确定该单据上试图表明的日期，该日期就可使用任何格式表示。如 2013 年 5 月 14 日可以表示为 14 May 13、14.05.2013、14.05.13、2013.05.14、05.14.13、130514 等。为避免模糊不清带来的风险，建议使用大写表示月份。

说明：

人们书写文件、缮制单据最重要的目的之一就是"要让别人能够看懂、知道某些特定的信息"。但诸如"14.05.2013、14.05.13、2013.05.14、05.14.13、130514"等一类表示日期的写法，会让读者一下子很难判断准确，很容易误会。这些写法理应摒弃，应该尽量将其书写成"May 19, 2013"或"19th May, 2013"等一目了然的形式。

A17 b. 申请人的名称、地址和联络细节（如有）无须显示在发票上特定的方框、栏位或空白处。这些细节无须通过在标有"申请人"的栏位或前缀中表明。

说明：

UCP600 要求发票由受益人出具，以申请人为抬头。建议受益人制作发票时应将抬头制成"TO：申请人名称、地址"即可。

UCP 运输条款不适用的单据

A18 a. 与货物运输有关的一些常用单据，诸如但不限于提货通知、提货单、货物收据、运输行收货证明、运输行装运证明、运输行运输证明、运输行货物收据和大副收据，并非 UCP600 第十九 - 二十条所规定的运输单据。这些单据仅在信用证明确规定的范围内审核，否则根据 UCP600 第十四（f）条审核。

说明：

受益人在按照信用证要求向银行提交上述单据时，只要是在信用证的截止日期

（expiry date）和信用证规定的交单期限（expiry date for the presentation of documents）之内就行，而不必像提交运输单据那样还要受到装运日期（或签发日期）的限制。

单据出具人

A20 如信用证要求单据由具名个人或实体出具，则单据看似由该具名个人或实体使用其函头出具，或者当没有函头时，单据看似已由该具名个人或实体或其代表完成或签署，即满足要求。

说明：

"具名"就是"有名有姓""署名"等的意思。

"要求某人或某单位出具某份单据"，此种单据可以不用其稿头的专用纸张出具，只要该单据由其签署即可。例如，信用证要求提交一份"承运人证明"（a certificate issued by the carrier），此份证明可以用印有承运人单位稿头的文稿纸张缮制，也可以用一张普通的白纸书写，只要有出具人的签字和盖章即可。

语言

A21 a. 如信用证规定了所需提交的单据的语言，则信用证或 UCP 600 要求的数据内容须以该语言显示。

b. 如信用证对所需提交的单据的语言未作规定，则单据可以任何语言出具。

c. i. 如信用证允许两种或多种语言，保兑行或按指定行事的指定银行可以限制可接受语种的数量作为其承担该信用证下责任的条件，并且在此情况下，单据上的数据内容仅能以可接受的某种或多种语言显示。

ii. 如信用证允许单据中的数据内容以两种或两种以上的语言显示，且保兑行或按指定行事的指定银行未限制语言或可接受语种的数量作为其承担该信用证下责任的条件，则须审核单据中以所有可接受语言显示的数据内容。

说明：

通知行"承担责任"或"加具保兑"是指如果通知行将对该信用证进行承付、议付或承兑的行为；而"条件"则是指如果通知行承诺了承付、议付或承兑的话，它就有权在通知该信用证时明确限定受益人必须用哪种语言缮制单据。

拼写或打字错误

A23 拼写或打字错误如不影响单词或其所在句子的含义，则不构成单据不符。例如，货物描述中的"machine（机器）"显示为"mashine"、"fountain pen（钢笔）"显示为"fountan pen"，或"model（型号）"显示为"modle"，根据 UCP 600 第十四（d）条，均不被视为数据内容矛盾。但是，根据该条款，货物描述，如"model321

（型号 321）"显示为"model123（型号 123）"，将被视为数据内容矛盾。

说明：

"拼写或打字错误"至少应该符合下列条件：

（1）各方当事人都能达成共识。

（2）不改正也不影响句子本来的含义。

（3）信用证上有"拼写或打印错误"的地方不用修改，但受益人在制单时必须"以错就错"，而不能随意将其改正过来。

（4）某些可能引起误会的"拼写或打印错误"必须修改信用证。例如，"12 968 pcs of working gloves"中的"pcs"本来是"prs"（双，pairs）的误写，但是，"pcs"又是"件""只""个"（piece）的复数的缩写。因此，在这个特殊地方，可以被理解成"12 968 双工作手套"，还可以被理解成"12 968 只工作手套"，而这两种理解的差别却很大。

正本和副本

A28 单据出具一份以上正本时，可以标注为"正本（original）""第二联（duplicate）""第三联（triplicate）""第一正本（first original）""第二正本（second original）"等。任何这些标注并不使单据丧失其正本资格。

说明：

注意，在实际工作中，"duplicate"通常是被当作"副本"或"一式两份"来理解的，而"triplicate"也常常被当作"一式三份"来理解的。

A31 a. 如信用证、单据本身（除第 A37 段的规定外）或 UCP600 要求，则正本单据须签署。

b. 单据副本无须签署，即使信用证规定所有单据应当手签。

c. 单据副本无须注明日期。

说明：

如果特别需要副本单据签署，需通过"所有单据，包括副本，都需签署"的更加具体的规定加以明确。

由于 ISBP821 新增"单据副本无须签署，即使信用证规定所有单据应当手签"，所以将 ISBP745 的原条款（副本单据无须签字和注明日期）中的副本单据无须签字表述删除了，仅保留了无须注明日期。这样避免了 ISBP821 关于副本签字问题的重复表述。

唛头

A33 通过额外信息，诸如但不限于货物类型、处理易碎货物的警告或货物毛净重，某一单据上显示的唛头可以显示其数据内容超出通常所认为的"唛头"或信用证明确规定的"唛头"。

说明：

例如，同一份信用证项下的单据中，商业发票上的唛头为"CRAMER WOOD/NEW YORK/ORDER NO. 325/C/NO. 1 – 600"，而装箱单上的唛头为"CRAMER-WOOD/NEW YORK /ORDER NO. 325/C/NO. 1 – 600/KEEP DRY"，按照此惯例，单据不会构成"不符点"。当然，这只是理论上的问题，在实际工作中，还是应该尽量做到各种单据的唛头内容完全一致，因为做到这一点并不难，而且它对于受益人也会更加安全。

签字

A36 a. 除非另有说明，在具名个人或实体函头信笺上的签字，将视为该具名个人或实体的签字。在签字旁无须重复该具名个人或实体的名称。

b. 如单据的签署人表明其为（或代表）出具人的分支机构签署，该签字视同由出具人签署。

说明：

例如，某船公司用印有其稿头的文稿纸出具了一份船公司声明，该公司只要在签署处签字盖章即可，并不一定非要在签署的地方专门写明其详细的公司名称不可。当然，就是写了也不算错误。

A37 单据上留有签字的方框、栏位或空白处，其本身并不表示该方框、栏位或空白处必须载有签字。例如，空运单上常见的名称为"托运人或其代理人的签字（signature of shipper or their agent）"的空白处，或者公路运输单据上常见的名称为"托运人的签字（signature of shipper）"的空白处，并不要求载有签字。关于方框、栏位或空白处显示数据内容的要求，同时参见第 A17 段。

说明：

（1）上面仅留有供签字用的格式（地方），而没有特别的签字要求的单据可以不签字；

（2）特别声明了"非签字不能生效"字样的单据必须签字。

单据名称及联合单据

A39 单据可以表明信用证要求的名称或相似名称，或有名称。单据内容必须看似满足所要求单据的功能，例如，信用证要求"装箱单（packing list）"，提交的单据含有包装细节即满足要求，无论其名称是否为"装箱单（packing list）""装箱记录

（packing note）""装箱和重量单（packing and weight list）"等，或者没有名称。

说明：

单据使不使用单据名称、是否使用与信用证规定完全一致的名称均可，但单据上的内容必须符合信用证的要求。最典型的实例就是汇票，有很多汇票，信用证规定的名称是"draft"，而受益人出具的汇票名称却往往是"bill of exchange"，但这些都丝毫不影响受益人的出口收汇。

A40 信用证要求的单据应分别提交。然而，如要求一份正本装箱单和一份正本重量单，则提交两份正本装箱与重量联合单据也满足要求，只要该单据表明了包装和重量两项细节。

说明：

（1）各种信用证单据最好各自单独缮制提交。例如，"装箱单""重量单"两种单据不合二为一；

（2）假设信用证要求提交"装箱单"和"重量单"各一份，受益人可以分别按下列方式之一提交：

① 提交"装箱单"和"重量单"各一份正本；

② 如果受益人把"装箱单"和"重量单"两种单据缮制在一起了，提交两份这种"联合单据"的正本。

汇票和到期日的计算

B2 e. iii. 如信用证要求提交提单并要求汇票付款期限做成提单日期后 60 天或从提单日起 60 天，且在同一汇票项下提交了多套提单，则其中最迟的装船日期将被用于计算付款到期日。

说明：

假设一份"运输单据日期后 60 天"付款的汇票涵盖三套运输单据：第一套的装运日期为××年 11 月 22 日，第二套的日期为××年 11 月 25 日，第三套的日期为××年 11 月 30 日，则"60 天"的起算日应该是"××年 11 月 30 日"。此限在"不同运输单据项下的多次装运"时适用。

发票

发票名称

C1 a. 如信用证要求提交"发票"而未作进一步描述，则提交任何类型的发票（如商业发票、海关发票、税务发票、最终发票、领事发票等）即符合要求，然而，发票不得表明为"临时发票""形式发票"或类似名称。

b. 如信用证要求提交"商业发票",提交名称为"发票"的单据也符合要求,即便该单据含有供税务使用的声明。

说明:

(1)信用证如果要求"发票",受益人可以用"商业发票""海关发票""税务发票""最终发票""领事发票"等形式之一的发票去满足,但不得用"临时发票"或"形式发票"去满足。

(2)信用证如果要求提交"商业发票",受益人也可以用名称为"发票"的单据去满足。

C7 当信用证以美元开立且发票币别以"$"符号显示而无其他限制时,则发票满足 UCP600 第 18(a)(iii)条关于与信用证相同的货币出具的规定,除非发票本身的数据内容表明,例如受益人居住地所在国的货币以"dollars"计价及/或通常以"$"符号表示,或提交的另一份单据暗示"$"符号可能指代非美元货币。

说明:

即使 ISBP821 有这一条款,仍然建议在制作发票时使用币别 USD,而不是简单地使用符号"$";如果来单的发票简单地使用了符号"$"代替了 USD,开证行或保兑行想要针对发票币别拒付的时候,要依据 ISBP821 的这一条具体地去看能不能提出不符点。

C9 如信用证规定贸易术语作为货物描述的一部分,则发票必须显示该贸易术语,而且,如信用证规定了贸易术语的出处,发票就必须显示贸易术语的相同出处。例如,当信用证规定贸易术语为"CIF Singapore INCOTERMS 2010"时,发票不得显示贸易术语为"CIF Singapore"或"CIF Singapore INCOTERMS"。但是,如信用证规定贸易术语为"CIF Singapore"或"CIF Singapore INCOTERMS",则发票也可以显示贸易术语为"CIF Singapore INCOTERMS 2010"或任何其他版本。

C10 与单据缮制、运费、保险费之类相关的额外费用和成本,须包含在发票上所显示的与贸易术语相对应的价值之内。

说明:

(1)例如,某信用证条款:

"DESCRIPTION OF GOODS 45 A:COVERING

3.200,PCS COVERALLS

6.000,PCS DENIM SHIRTS

CIE EDMONTON"

(货物描述:包括 3 200 件工作服和 6 000 件牛仔衬衣,CIF 加拿大的埃德蒙顿)

上述内容必须全部显示在商业发票上，不得删减。

（2）商业发票上不得显示其贸易术语中没有包含的成本或费用。例如，如果发票上显示的贸易术语是"FOB"，那么，发票上就不能再显示"运费"或"保险费"一类的费用；再如，如果发票上显示的贸易术语是"CFR"，发票上就不能显示"保险费"一类的费用等。

C11 发票无须签署或注明日期。

说明：

在信用证没有作出特殊要求的情况下，发票既可以不用签署，也可以不标明出具日期（issuing date）。但如果信用证要求签署（例如，信用证规定："signed commercial invoice..."）时，发票必须签署，并同时列明出单日期。如果要求手签（manual signature），受益人还不能用盖章的形式签署。

C13 发票不得显示：

a. 超装［UCP600 第 30（b）条规定除外］；或者

b. 信用证未规定的货物、服务及履约行为。即便发票中超出信用证所规定数量的货物、服务或履约行为，或者样品和广告材料，都表明为免费，该规定仍然适用。

说明：

（1）信用证如果不允许溢短装货物，发票上的货物数量必须与信用证规定的数量一致；

（2）信用证没有列明的货物名称不允许列明在发票上，就是"免费"的也不行。

多式或联合运输单据

UCP600 第 19 条的适用

转运、部分装运以及提交多套多式运输单据时交单期限的确定

D23 a. 如信用证禁止部分装运且提交一套以上正本多式运输单据，涵盖货物从一个或多个始发地点（信用证明确允许，或在其规定的地理区域或地点范围内）收货、发送、接管或装运，则每套多式运输单据都须显示其涵盖的货物运输是由同一运输工具经同一运程前往同一目的地。

b. 如信用证禁止部分装运且按照第 D23（a）段提交一套以上正本多式运输单据载有不同的收货、发送、接管或装运日期，则须以其中最迟的日期计算交单期限，且该日期必须在信用证规定的最迟收货、发送、接管或装运日期之前或当日。

c. 如信用证允许部分装运且提交一套以上正本多式运输单据作为同一面函项下单一交单的一部分，并载有经由不同运输工具收货、发送、接管或装运的不同日期，则须以其中最早的日期计算交单期限，且所有这些日期须在信用证规定的最迟收货、发送、接管或装运日期之前或当日。

说明：

（1）同一运输工具上的多次装运，即使是在不同时间、不同的地点、签发不同的运输单据，只要这些多次装运的目的地相同，银行都将视同"一次性装运"，对这些单据予以接受。

（2）不算"部分装运"的多次装运下的多套运输单据的交单期限（expiry date for presenting documents），以最后一套运输单据的日期起算。

凭多套多式运输单据放货

D32 多式运输单据不得明确声明，该多式运输单据项下货物必须凭该单据及其他一套或多套多式运输单据一并交付方可释放，除非所有提及的多式运输单据构成同一信用证项下同一交单的一部分。例如，"YYY 号和 ZZZ 号提单所涵盖的×××号集装箱项下货物，只能被释放给提交全部多式运输单据的单个商人"，即视为在释放货物前，必须交付与所述集装箱或包装单位相关的其他一套或多套多式运输单据的明确声明。

说明：

一个集装箱里的货物出几套运输单据一般发生在"拼箱货物"（LCL，less than a container load）运输的情况之下，此时，承运人分别给每一批单独的货物出具一份运输单据，但承运人并不会要求该集装箱货物的整体提取或装卸。如果集装箱货物属于"整箱货物"（FCL，full container load）运输，无论集装箱里的货物有多少个品种，承运人一般都只出具一套运输单据。

提单

UCP600 第 20 条的适用

E1 a. 信用证要求提交仅涵盖港至港运输的运输单据，即信用证没有提及收货地、接管地或最终目的地，无论名称如何，这表示该单据的审核将适用 UCP 600 第 20 条。

b. 提单不得含有第 G2（a）和（b）段所描述的任何租船合同信息。

E2 提单无须标明"海运提单""海洋提单""港至港提单"或类似名称，即使信用证如此命名所要求的单据。

说明：

只要满足货物运输是"从港口到港口"的条件，运输单据名称无论是使用"ocean marine bill of lading"或是"ocean bill of lading"，还是仅使用了"bill of lading"，银行都将一同视为"海运提单"。

装船批注

E6 a. 如提交预先印就"已装船"字样的提单，则其出具日期将视为装运日期，除非其载有单独注明日期的装船批注。在后一种情况下，该装船批注日期将视为装运日期，不论其早于或晚于提单的出具日期。装船批注日期也可以显示在指定栏位或方框中。

说明：

（1）如果提单上事先就已经印就了"on board"（已装船）字样，就说明此提单项下的货物已经装上了载货船舶，且装船的时间等同于该提单签发的日期。

（2）如果提单上事先既印就了"on board"（已装船）的字样，同时还注明了"已装船"的时间，其装船的时间就以该注明的日期为准，而不必在乎装船时间（on board date）与该提单签发的日期（issuing date）是否一致（既可以在提单日期之前，也可以在此之后）。

（3）不过，在实际工作中，装船日期最好不要在提单的签发日期之后，因为，如果真的如此，此提单就有了"预借提单"（anticipation b/l）之嫌了。而关于预借提单，买方和银行通常是很忌讳并不愿意接受的。

E11 a. 提单须注明所出具的正本份数。

b. 标注为"第一正本（first original）""第二正本（second original）""第三正本（third original）"或"正本（original）""第二联（duplicate）""第三联（triplicate）"或类似字样的提单均为正本。

说明：

只要信用证没有特别要求，正本提单上可以专门注明"正本"（original）字样，也可以不注明。

收货人、指示方、托运人、背书和被通知人

E12 如信用证要求提单表明以具名实体为收货人，例如，"收货人为（具名实体）[consigned to（named entity）]"（即"记名"提单或托运单）（a "straight" bill of lading or consignment）而非"凭指示（to order）"或"凭（具名实体）指示 [to order of（named entity）]"，则提交的提单不得在该具名实体前注明"凭指示（to order）"或"凭……指示（to order of）"字样，也不得在该具名实体后注明"或凭指示（to order）"字样，无论该字样是打印还是预先印就的。

说明：

在提单的"收货人"（consignee）或"抬头人"一栏内：

（1）如果是"记名提单"（straight b/l），就不能出现类似"order"（指示）或

"to order"（凭指定）等字样；

（2）反之，如果是"指示提单"（order b/l），就不能出现类似"to xx only"（仅由收货）等字样。

E13 a. 如提单收货人为"凭指示（to order）"或"凭托运人指示（to order of the shipper）"，则该提单须由托运人背书。该背书也可以由托运人以外的具名实体作出，只要该背书是代或代表［for（or on behalf of）］托运人作出。

说明：

在指示提单下，提单的背书人既可以是托运人（shipper）或称发货人（consignor）自己，也可以是"代表"托运人的人。这后面的一种人很含糊，假如按此推理，交单银行或买方的背书，银行都可以接受。

清洁提单

E21 a "清洁"字样不必在提单上显示，即使信用证要求提单标明"清洁已装船"或"清洁"字样。

b. 提单上"清洁"字样的删除，并非明确声明货物或包装状况有缺陷。

说明：

只要提单上没有出现针对有关承运货物或其包装的不良批注，无论提单上有没有"Clean"字眼，都将被认为是"清洁的提单"。

空运单据

UCP600 第 23 条的适用

收货人、指示方和通知人

H13 a. 如信用证要求空运单据表明收货人为"凭（具名实体）指示［to order of （named entity）］"则该空运单据可以显示该实体为收货人，无须提及"凭……指示（to order of）"字样。

b. 如信用证要求空运单据表明收货人为"凭指示（to order）"而未提及指示方的名称，则该空运单据须显示开证行或申请人为收货人，无须提及"凭指示（to order）"字样。

说明：

（1）因为空运单据不能代表货物的所有权，收货人根本不用它就可以轻而易举地向承运人提取货物。所以，这类单据充其量就是一纸"货物收据"和"运输合同的证明"，它不是有价证券，根本无法在市面上流通转让。因此，空运单据的"收货人"一栏中即使填写了"凭指定"，也没有什么实际意义。

（2）与之类似的，租船合同提单（charter party b/l）、海运单（seaway bill）、国际

铁路联运运单（international railway through transport documents）、快件收据以及邮政收据（post receipt）等运输单据都不能代表货物的所有权，都不能用于在目的地向承运人提取货物。

保险单据及承保范围

UCP600 第 28 条的适用

K2 a. 保险单据须看似由保险公司或承保人或其代理人或代表出具并签署。例如，由"AA Insurance Ltd 出具并签署的保险单据看似已由保险公司出具。

K5 如保险单据要求由出具人、被保险人或某具名实体副签，则保险单据必须副签。

说明：

（1）保险单据只能由保险公司或保险公司的代理人签发，在信用证支付方式下，其他人签发的保险单据银行一般不予接受。

（2）在特殊情况下（如信用证特别规定等），全部正本保险单据还得另外由有关部门，如进口国的大使馆商务处、领事馆、贸促会、商会等签字盖章，即所谓的"认证"（legalization）或"证实"（certification）。

承保险别

K17 a. 保险单据必须承保信用证要求的险别。

K18 如信用证要求承保"一切险"（all risks），则无论保险单据是否载有"一切险"标题，即便其表明特定险别除外时，提交表明任何"一切险"条款或批注的保险单据即符合要求。保险单据表明其承保"伦敦保险协会货物运输保险条款（A）"，或者在空运项下表明其承保"伦敦保险协会货物运输保险条款（空运）"，即满足信用证要求"一切险"（all risks）条款或批注的条件。

说明：

（1）信用证规定投保什么风险，保险单据上就必须准确列明这些险别的名称，既不能增加险别，也不能减少某些险别，更不能列明别的险别。

（2）"一切险"（all risks）只是一种险别的名称，并不是"包括所有险别"的意思。

（3）如果保险单据上列明了某种承保险别，如"all risks"，即使该份保险单据上印就的格式性条款中又有某些"除外责任"，而这些"除外责任"又包括一些"一切险"的承保责任，银行也会接受此种保险单据。

（4）如果信用证要求投保"all risks"，而保险单据上列明承保的险别却是"ICC（A）"，银行也会接受此保险单据，反之不然，因为"ICC（A）"比"all risks"的承保责任范围要宽泛许多。

保险金额和比例

K12 如信用证未规定保险金额，则保险单据须以信用证的币别、最低按照 UCP 600 第 28（f）（ii）条规定的金额出具。对保险金额的最高比例没有限制。

说明：

信用证项下的保险金额的最低下限应为"CIF（CIP）×（1＋10%）"，而投保加成没有上限。但是，保险公司出于其自身经济利益的考虑，对于投保人的加成比例是有限度的。因此，当买方要求投保加成率超过了 10% 时，卖方应该事先征得保险公司的同意，以免届时遭遇"拒保"。

K15 如信用证或交单清楚地表明要求支款的金额仅是货物总价值的一部分（例如，由于折扣、预付款或类似情形，或部分货款延付），则保险金额的计算必须以发票或信用证所显示的货物总价值为基础并符合 UCP 600 第 28（f）（ii）条的要求。

说明：

如果信用证金额为"EUR100 000.00"，而交易条件为"CIFC3%"，计算保险金额时仍然要把 3% 的佣金包含在内，即"100 000.00 × 1.1 = EUR110 000.00"，不能扣除。与之类似，含折扣价的情况也是如此。

被保险人和背书

K19 保险单据须做成信用证所要求的格式，如有必要则须由凭其指示赔付或以其为赔付受益人的实体背书。

说明：

（1）如果信用证要求出具"保险单"（insurance policy），受益人就不能提交"保险凭证"（insurance certificate）。

（2）保险单据的"抬头人"（the insurer/applicant）就是指"投保人"，即当然的"被保险人"（the insured）。在 CIF 或 CIP 贸易术语下，保险单据的"抬头人"一般填写卖方的名称，然后再通过卖方背书，将其保险索赔的权益转让给买方。

（3）信用证要求保险单据的"抬头人"一栏填写"to order"（凭指定）时，此处也可以填写成"bearer"（来人）；反过来，信用证要求填写"bearer"时，此处也可以填写"to order"。

K21 a. 如信用证对被保险人未作规定，则保险单据不得表明信用证受益人或除开证行或申请人以外的任何实体为赔付的受益人，或根据其指示赔付，除非该保险单据由信用证受益人或该实体做成空白背书，或背书给开证行或申请人。

b. 保险单据的出具或背书须使其项下获得付款的权利在放单之时或之前被转让。

说明：

（1）不经过背书，托运人或受益人不得将其保险索赔的权益转让给他人。

（2）保险单据经过背书以后，在受益人放单的时候或是之前，都可以转让其保险索赔的权益。

原产地证明书

基本要求和功能体现

L1 如信用证要求提交原产地证明书，则提交的单据看似与所开发票的货物相关、证实货物原产地并经签署，即满足要求。

L2 如信用证要求提交特定格式的原产地证书，诸如普惠制原产地证书格式 A，则只可提交该特定格式的单据。

原产地证明的出具人

L3 a. 原产地证明书须由信用证规定的实体出具。

b. 如信用证未规定出具人名称，则原产地证明书可由任何实体出具。

c. i. 如信用证要求提交由受益人、出口商或制造商出具的原产地证明书，则只要原产地证明书相应地注明受益人、出口商或制造商，提交由商会或类似机构诸如但不限于行会、行业协会、经济协会、海关和贸易部门等类似机构出具的原产地证明书亦满足要求。

ii. 如信用证要求提交由商会出具的原产地证明书，则提交由行会、行业协会、经济协会、海关和贸易部门等类似机构出具的原产地证明书亦满足要求。

说明：

（1）信用证如果要求由"中国国际商会"出具产地证，受益人就不能提交由"贸促会"出具的产地证，虽然这两个机构实际上是"一班人马、两块招牌"。

（2）信用证要求生产商或受益人出具的产地证可以改由商会出具，只要产地证上注明该生产商或受益人的名称即可；反之不然，即生产商或受益人不能代替商会出具产地证。

（3）如果信用证没有规定产地证的出具人，此时，任何人都可以出具此证，其中当然包括受益人自己。

原产地证明的内容

L5 如显示收货人信息，则其不应与运输单据中收货人的信息相矛盾。但是，如信用证要求运输单据出具成"凭指示""凭托运人指示""凭开证行指示""凭指定银行（或议付行）指示"或"收货人：开证行"，则原产地证明书可以显示收货人为信用证中除受益人以外的任何一个具名实体。若信用证已作转让，原产地证明书可显示收货人为第一受益人。

说明：

（1）虽然提单与产地证上都有"consignee"（收货人）一栏，但它们的作用和地位却具有明显的差别，因为，产地证只作"证明"之用，它并不是"物权凭证"，不需要用于提取货物。

（2）如果信用证项下的提单是"记名抬头"，其产地证中"consignee"（收货人）一栏的填写内容就必须与其提单中的"记名抬头"相同。

（3）如果相关提单是"指示性抬头"，其产地证上直接填写开证申请人的名称和地址或者信用证指定的一个其他人的名称和地址都是可以的。当然，有些人在此处也像提单那样填写诸如"to order"（凭指定）或"to the order of somebody"（凭××指定）一类的内容，银行也会接受的，但这样填写"不是最好的做法"。

（4）在转让信用证项下的产地证的"consignee"（收货人）一栏中可以填写"第一受益人"的名称和地址，但必须有一个前提条件，即信用证对此没有特别规定。

L6 原产地证明书可显示信用证受益人或其他规定单据上所显示的托运人以外的实体作为发货人或出口商。

说明：

（1）"信用证的受益人"与"运输单据上的托运人"在绝大多数情况下都是指"卖方"。

（2）产地证的第一栏为"consignor"（发货人），按照这一条国际惯例，在信用证支付方式下，只要信用证没有特别规定，此栏可以填写卖方的名称和地址，也可以填写其他人的名称和地址，银行都会接受这种单据。

第三节　《托收统一规则》选讲

"URC522"的全称为："Uniform Rules for Collections – 1995 Revision（ICC Publication No. 522）"［《托收统一规则》–1995 年修订本（国际商会第 522 号出版物）］。本规则从 1996 年 1 月 1 日起施行。

一、总则与定义

第一条　托收统一规则的适用

A 本规则适用于银行托收方式下，委托人在其托收指示中注明遵循本 URC522，而且银行只能根据托收指示中的条款和本规则行事的托收业务。只要本规则不与当事人所在地的法律、法规相冲突，本规则将对所有的当事人都具有约束力。

B 银行没有义务必须办理某一托收或任何托收指示或以后的相关指示。

C 如果银行无论出于何种理由选择不办理它所收到的托收或任何相关的托收指示，应毫不延误地采用电讯，或者如果电讯不可能时，采用其他快捷的工具，通知向其发出托收或指示的当事人。

说明：

1. 《托收统一规则》可以说是当今世界上关于银行托收业务中最重要的国际惯例。但是，如前所说，国际惯例毕竟不是法律，它对于任何当事人都没有强制的约束力。只有在当事人明确规定其某项活动接受该惯例的约束时，惯例才能成为法律准绳。

2. 实际上，一项惯例成为某项活动中的法律，仅凭当事人的约定还不够，还要遵循这样一条原则：惯例与当事人所在地的法律法规比较，惯例处于次要地位，也就是说，当惯例中的某些规则与法律法规相冲突的时候，惯例要服从法律和法规。

3. 受托帮忙委托人收取款项的银行如果不愿意接受这种委托，也可以不接受委托，但需明确告知委托人。

第二条　托收的定义

就本规则各项条款而言：

A 托收是指银行依据所收到的指示，处理下述第 B 款所界定的单据，以便：

a. 取得付款及/或承兑；或

b. 付款交单及/或承兑交单；或

c. 按照其他条款和条件交付单据。

B 单据是指金融单据及/或商业单据。

a. 金融单据是指汇票、本票、支票或其他类似的可用于取得款项支付的凭证；

b. 商业单据是指发票、运输单据、所有权单据或其他类似的单据，或者不属于金融单据的任何其他单据。

C 光票托收是指不附有商业单据的金融单据项下的托收。

D 跟单托收是指：

a. 附有商业单据的金融单据项下的托收；

b. 不附有金融单据的商业单据项下的托收。

这也就是说，如果委托人在托收指示中特别作出了某些与本托收统一规则不相符的规定，其托收活动就以托收指示为准，而不适用本惯例；否则，就以本惯例为准。

二、托收的形式和结构

第四条　托收指示书

A—I 委托人必须在其托收指示中注明遵循本 URC522，银行只能根据托收指示中的条款和本规则行事。

II 银行不审核托收单据。

III 银行不接受委托人或委托银行以外的任何人的指示。

说明：

1. 托收一般通过银行办理，故又称银行托收。

2. 托收只是银行帮助委托人代其收取款项，并不保证将委托人托收的款项收回；银行对于委托人提交的托收单据不审查、不核对，只是按托收指示中的规定，在一定条件下移交单据。

3. 托收一般为异地收款，在国际贸易中为国外收款。托收行也不用自己亲自到国外去收取款项，他将托收单据连同自己出具的"托收委托书"一起寄给付款人所在地的某家银行（俗称代收行），由其代替托收行向付款人收取款项并交付单据。代收行可以是托收行的国外分支行、关系往来银行，也可以是买方（付款人）的账务往来银行，还可能是其他一般的银行。

4. 在整个托收的过程中，托收行必须严格按照委托人的托收委托书（即托收指示）行使其托收职责，代收行也必须严格按照托收行的代收委托书的指示行事，否则就要承担相应的法律后果。

三、提示方式

第七条　商业单据的交付

A 托收不应含有远期汇票而同时又规定商业单据要在付款之后才交付。

B 如果托收含有远期付款的汇票，托收指示书应该注明商业单据究竟是凭承兑（D/A）还是凭付款（D/P）交给付款人。

如果没有此项说明，商业单据仅能凭付款（D/P）交给付款人，代收行对因迟交单据产生的任何后果不承担责任。

C 如果托收含有远期付款汇票，且托收指示书注明凭付款交付商业单据，则单据仅能凭付款交付，代收行对于因任何迟交单据引起的任何后果不承担责任。

说明：

1. 远期汇票不是见票即付，而是在将来的某一时间付款，且"将来"至少也不会短于一个月，有的可长达三个月甚至半年不等。但货物运输按照目前的运输速度，远洋运输也就在一个月左右的时间内就可以到达目的地。在这种情况下，远期汇票与"付款交单"就出现了矛盾：货物先到了目的地，买方不付款就拿不到单据；拿不到单据，买方就无法提取货物；不及时提取货物，收货人（买方）就面临着一系列的不良后果，如高额的仓租费、船公司罚款、进口海关罚没、坐失销售盈利良机等。当然，这些都只是理论上的逻辑推理，在实际上，买方自己会有很多变通的办法，只是这些手段不在本书探讨的范围之内。

2. 国际商会的专家们站在逻辑的角度不提倡在远期汇票下用付款交单，同时又站在保护委托人（卖方）切身利益和控制风险的角度强调，如果"托收指示"中没有明确是凭付款交单还是凭承兑交单，则银行只能凭付款交单，但银行对于迟交单据引起的不良后果不承担责任。

3. 对于卖方的风险而言，托收的风险远比信用证大得多，远期付款交单（D/P after sight）又比即期付款交单（D/P at sight）大得多，而承兑交单（D/A）又比远期付款交单还要大得多。

4. 如果卖方不得已非要用远期付款交单方式时，应尽量把付款时间定得短一些，力争使付款期限先到、货物后到目的地，以免造成更大的被动。

四、义务和责任

第十条　单据与货物/服务/行为

A 未经银行同意，货物不得以银行或其指定的人为收货人。

如果委托人这样做了，并要求银行凭付款等条件把货物交给付款人，银行没有提货的义务，货物的风险和责任由发货人承担。

B 除非银行事先同意，即使是被特别指示，银行也没有义务对托收项下的货物采取任何行动（如运输、仓储、保险等）。

C 无论是否被指示，如果银行为保护货物付诸了行动，银行对其中的损失和费用以及第三方行动的过失等概不承担责任。

说明：

1. "托运货物以银行作为收货人"的办法主要适用在货物以国际铁路联运和国际货物航空运输等方式下。按照相关的国际惯例，国际铁路联运运单以及空运运单等运输单据并不能代表货物的所有权，也就是说，在这些运输方式下，货物在目的地提货并不需要使用相关的运单提货，而只需要凭当地运输部门的到货通知，收货人就可以轻而易举地把货物提走。一旦卖方把货物交给了铁路部门或航空公司，卖方就失去了对于货物的实际控制权。在卖方还没有收到货款之前发运货物的时候，卖方害怕买方收到货物以后不支付货款，于是他们就想到了"以银行作为收货人"的防范办法。

2. 此外，发货人还可以请诸如承运人在目的地的代理或者发货人信得过的其他非买方作为上述运输方式下的临时收货人，目的都是控制买卖风险。

3. 发货人在以"银行作为收货人"之前，必须征得该银行的同意，如果仅凭"托收指示"中的"指示"是远远不够的。

4. 受托银行在处理委托货物的过程中，对货物因此发生的损失和费用不承担责任。

第十一条　受托银行的免责

A 银行为了执行委托人的指示而使用了另一银行或其他银行的服务时，其发生的费用与风险由该委托人承担。

B 即使银行主动选择其他银行办理业务，而该项业务最终又未办成，托收行也不对此承担义务和责任。

C 一方委托另一方提供服务时，应同时受相关外国法律规定的义务和责任的约束，并对受托方因承担该项义务和责任所付出的代价负赔偿责任。

说明：

1. 假设托收行与代收行没有直接的金融业务关系，代收行需要通过某中间行转付托收款项，那么，托收行在此项托收业务中同时使用了代收行和中间行的服务，这两个银行的服务费要由托收行垫付并由委托人承担。

2. 假设托收行自己委托某代收行代收款项，结果因为买方拒绝，致使货款没有收回，只要银行在托收过程中严格按照托收指示行事，没有违规行为，银行不需要对"收不回款项"承担任何责任。

3. "义务"着重指当事人的一方在法律上应该做的事情以及应该承担的费用，而"责任"则着重指某事一旦出错以后，某一方应该承担的后果。例如，在托收项下，代收行的义务是严格执行代收指示，帮助托收行向付款人收取款项，不给委托人造成风险损失。如果代收行这样做了，货款没有收回，也没有什么责任；而如果代收行不按代收指示操作，因为自身违规导致委托人钱货两空，代收行就得承担相应的责任。

4. 例如，欧盟国家对带汇票的收付款项要向收款人征收印花税，代收行依法在汇款时扣除了这笔税款，税款理应由委托人承担；再如，代收行收取托收款项花费了费用，其费用也应由委托人承担。

第十二条　对所收单据的免责

A 银行必须确定它所收到的单据应与托收指示中所列内容表面相符，如果发现任何单据有短缺或非托收指示所列，银行必须以电讯方式，如电讯不可能时，以其他快捷的方式，通知发出指示的一方，不得延误；银行对此没有其他更多的责任。

B 如果单据与所列内容表面不相符，托收行对代收行收到的单据种类和数量不得有异议；

C 根据第五条 C 段和上述第十二条 A 段和 B 段，银行将按所收到的单据办理提示而无须做更多的审核。

说明：

1. "银行不审核单据"仅指不检查单据是否符合原买卖合同条款，并不表明银行不对照检查委托人提交的"托收指示"中列明的单据与其实际提交的单据是否一致，如单据种类多少、各种单据的份数等。如果检查发现有出入，托收行应该立即告知委托人。否则，如果"托收指示"中列明的单据与实际单据真的出现不符，则由托收行承担责任和损失。

2. 只要发现不符就必须在向代收行寄单之前通知委托人更换或添加。如果托收行将单据寄给代收行之后，托收行就无权再说自己寄出的单据并不是代收行所声称的那样。

第十三条　对单据有效性的免责

银行对任何单据的格式、完整性、准确性、真实性、虚假性或其法律效力、或对在单据中载明或在其上附加的一般性及/或特殊性的条款，概不承担责任或对其负责；银行也不对任何单据所表示的货物的描述、数量、重量、质量、状况、包装、交货、价值或存在，或对货物的发运人、承运人、运输代理、收货人或保险人或其他任何人的诚信或作为及/或不作为、清偿力、业绩或信誉承担责任或对其负责。

第十四条　对单据延误、在传送中的丢失以及对翻译的免责

A 银行对任何信息、信件或单据在传送中所发生的延误及/或丢失，或对任何电讯在传递中所发生的延误、残损或其他错误，或对技术条款的翻译及/或解释的错误，概不承担责任或对其负责。

B 银行对由于收到的任何指示需要澄清而引起的延误，将不承担责任或对其负责。

五、付款

第十九条　部分付款

A 光票托收时，只有在付款地现行法律准许部分付款的条件和限度内，才能接受部分付款。只有在全部货款已收妥的情况下，才能将金融单据发放给付款人。

B 跟单托收时，只有在托收指示有特别授权的情况下，才能接受部分付款。然而，除非另有指示，提示行只能在全部货款已收妥后才能将单据交与付款人，并对由此所引起的延迟交单所产生的后果不承担责任。

C 在任何情况下，部分付款只有在符合第十七条或第十八条中的相应规定时将会被接受。

如果接受部分付款，将按照第十六条的规定办理。

说明：

只要委托人没有指示，托收款项只能一次付清，而且，单据只有在托收款项收妥以后才能交给付款人。同时，银行对由此造成的迟交单据不承担任何责任。

六、利息、手续费及其他费用（略）

七、其他规定

第二十二条　承兑

提示行有责任查看汇票的承兑形式在表面上是否完整和正确，但对任何签字的真实性或签字人是否有权签署承兑等不承担责任。

说明：

1. 提示行是指向付款人出示票据并要求其付款或承兑的银行。在一般情况下，提示行就是代收行。

2. 在这一点上，银行只需负责付款人的承兑形式规范不规范、缺不缺少什么内容等。至于承兑人签字的真伪、其是否有权签署、其能否代表收货人等，银行概不负责。

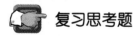 复习思考题

（一）简答题

1. UCP600 主要适用于哪些类型的信用证？信用证中必须包含哪些条款才能适用 UCP600？

2. 在跟单信用证交易中，开证行、通知行、议付行和偿付行各自承担哪些责任和义务？

3. 托收统一规则对托收业务中的银行费用负担有哪些具体规定？

4. 跟单信用证中的"相符交单"原则是如何定义的？对银行和交易双方有何影响？

5. 跟单信用证统一惯例和托收统一规则在国际贸易中的应用有何异同？

6. 在实际操作中，如何避免和处理信用证项下的不符点？

7. 银行在审核单据时的免责条款有哪些？这些免责条款对受益人和开证申请人意味着什么？

8. 信用证修改的规则是什么？受益人在接受或拒绝修改时有哪些注意事项？

9. 根据 URC522，银行在托收过程中扮演什么角色？银行有哪些免责条款？

10. 在托收业务中，如果付款人拒绝承兑或付款，银行应如何处理？

（二）案例分析题

1. 2023 年底，我国某出口公司与香港某客户成交一批货物，价值 318 816 美元，合同中的包装条款订明：均以三夹板箱盛放、每箱净重 10 公斤、两箱一捆、外套麻包（Packing：all in plywood cases of 10kg net and 2 cases to one bundle and in jute bags）。

该香港客户如期通过中国银行香港分行于 2024 年 2 月 6 日开出信用证。该公司审证发现信用证的包装条款与合同有出入，信用证的包装条款为：均以三夹板箱盛放、每箱净重 10 公斤、两箱一捆。与合同的不同之处是没有要求箱外套麻包。有关人员经过推敲，认为信用证收汇方式应遵循与信用证严格相符的原则，当信用证与合同有出入时，应凭信用证，而不凭合同，以保证安全收汇。因此，该批货物的包装应根据信用证的条款办理，即只装箱打捆，不外套麻包。一切有关单据都按信用证的条款及实际情况缮制，货物于 2024 年 3 月 15 日运往香港。中国银行作为议付行审核后未提出任何不符点，因信用证付款期限为提单后 60 天，议付行不做押汇，全套单据由中国银行寄往开证行，整个过程并无异常。

但 2024 年 3 月 23 日，即货物出运后的第 8 天，香港客户致电该公司称："兹告发现所有货物未套麻包，现通知你，我们的客户不会接受此种包装的货物，请告知你们所愿采取的措施。"该公司在次日就电复："有关货物根据你信用证规定的如下包装条款——'包装：均以三夹板箱盛放，每箱净重 10 公斤，两箱一捆'。根据上述规定，我方包装未套麻包。鉴于此，我不能承担任何责任"。

香港客户当天来电拒绝该公司的答复，并提出索赔："昨天我方已经与非洲客户电话联系并作解释，但他们拒绝接受，我方也在考虑在香港打包，但每捆须支付 30～35 港元，其中并不包括每箱 7 港元的仓储费，请最迟于明天同意这些费用由你承担，因这些货物支配权仍属你们，并由你们承担风险。"

次日，香港客户又来电，除了重申信用证包装条款外，还指出：信用证订有"未提及的其他内容均按××号合同"，因此，你应按照合同及信用证的详细规定办理。我们在任何时候都不能接受这样的说法，即错误是由我方造成的，因合同和信用证都详细规定了包装条款，我们坚持货的风险由你们承担，要求你们确认承担所有重新打包的费用，即 30～35 港元，另加 7 港元的仓储费用。并告知该公司，港商已通知银行，单据与信用证不符。以此宣泄其不满情绪。

鉴于议付行和开证行对该公司所交单据均未提出任何不符点和异议，而现在港商以开证申请人身份，竟然在开证行没有指出任何与信用证的不符情况下提出"单据不符"。该公司认为这种做法违背信用证业务的处理惯例，是不正常的。因此，该公司迅速回电，说明单证完全相符，要其如期履行付款义务。

港商复电称："重新包装的材料人工费 110 000 港元，仓租和搬运费 60 500 港元，正如你们所知，我们所获的薄利极有限，因此，我们没有道理再全部承担此项额外开支，请确认你方将承担该费用。"

问题：

（1）信用证的包装条款与合同包装条款有出入时，作为受益人，究竟应该按信用证办理，还是按照合同办理？

（2）港商是否有权向该公司提出索赔？

2. 中国某外贸公司按信用证付款方式出售一批货物，买方通过日本银行开来不可撤销信用证，其中有下列条款："Credit amount USD 50 000 according to invoice value：75% to be paid at sight，the remaining 25% to be paid at 60 days after shipment arrival。"卖方收到信用证后，依约发运货物，并在信用证有效期内，通过议付行向开证行提交了有关单据。经检验单证相符，开证行即付 75% 货款，计 37 500 美元。但货到 60 天后，开证行以开证申请人声称到货品质欠佳为由，拒付其余 25% 的货款。请分析开证行能否拒付。

3. 某公司向国外某商行进口一批货物。合同规定，货物分两批装运，不可撤销即期议付信用证结算。该公司按时开出有关的信用证，证中规定货物分两批装运，受益人分两次支款。第一批货物装运后，卖方在有效期内向银行交单议付，议付行审单后，即向其商议付货款。随后中国银行对议付作了偿付。该公司在收到第一批货物后发现货物品质不符合合同，因此要求开证行对第二批货物的单据拒付，但遭到开证行拒绝。请分析开证行这样做是否有理？为什么？

4. 某年我国某出口公司向日本某公司出口一批玉米，来证规定装运期不得超过 4 月 30 日，交单议付期不得超过 5 月 10 日。我出口公司接到信用证后即备货待装船，按原计划该船应于 4 月 26 日到港，预计 29 日可装完，但因天气原因，船舶延至 5 月 1 日才到港，又因下雨无法装船，直到 5 月 5 日天气才转晴，如即日开始装船，需到 8 日才可装运完成。这样全部玉米装运完，其提单日远远晚于 4 月 30 日的最迟装运期。为此，需等到与进口方协商后才可装船；否则，只得采用非常手段"倒签装运期"。出口单位提出意见后，轮船公司考虑如要求开证行修改装运期，等待时间太长，不利于船舶周转。后经商议，出口公司出具担保书，愿承担后果与责任，轮船公司遂同意采用"倒签提单"办法处理。于是，货物在 5 月 8 日装完并开航，而提单日则签发为 4 月 30 日，5 月 9 日出口公司向议付行交单并向开证行索汇。

单到开证行后，进口方发现装运日为 4 月 30 日，到货日为 5 月 13 日，按常规运输时间有失实可能，遂请律师查验航海日志与装货日期，当即发现提单日期是伪造的。于是，开证人与开证行对出口方拒付，并附有航海日志等影印件。

我国出口公司持以下理由对进口方予以反驳：根据《UCP600》规定，"各当事人所处理的只是单据，而不是单据所涉及的货物、服务及/或其他行为。""银行必须合理小心地审核信用证规定的一切单据，以确定其是否表面上与信用证条款符合。""银行对于任何单据的形式、完整性、准确性、真伪性或法律效力一概不负责。"故坚持请进口方开证行接受单据并付款。进口方开证行接到我出口公司意见后立即提出反驳意见，认为按《UCP600》规定，银行确实没有义务去鉴定单据的真伪，但如事前已发现单据是伪造的，而且持有可靠的证据，则有权拒绝接受伪造的单据。我出口公司后了解到，日本进口公司实际已凭保函提取了货物，由于延误了到货销售时间，市场价格下跌，日方公司已遭受了 51 000 美元的损失，因此要求我出口方赔偿。后经研究，如对方向法院起诉，由于其已持有我出口公司倒签提单的证据，遂同意赔偿对方损失而结案。请分析此案例。

5. 某出口公司收到一份国外开来的 L/C，出口公司按 L/C 规定将货物装出，但在尚未将单据送交当地银行议付之前，突然接到开证行通知，称开证申请人已经倒闭，因此，开证行不再承担付款责任。请分析出口公司应如何处理。

6. 我某出口企业收到国外开来不可撤销信用证 1 份，由设在我国境内的某外资银行通知并加以保兑。我出口企业在货物装运后正拟将有关单据交银行议付时，忽接该外资银行通知，由于开证银行已宣布破产，该行不承担对该信用证的议付或付款责任，但可接受我出口公司委托向买方直接收取货款的业务。请分析我方应如何处理。

7. 某公司与外商订立出口合同，规定货物分两批装运，支付条件为不可撤销信用证。对方按约开来信用证，经审核无误，第一批货物随即出运，并在规定交单期内向议付行交单收到货款，开证行亦对议付行偿付。我出口公司正准备装运第二批货物时，忽然接到买方来电，声称因卖方所交第一批货物跟合同完全不符，故要求卖方不要装运第二批货物，即使装运银行亦不会付款。请分析该公司应如何处理，并说明理由。

8. A 出口公司于 3 月 10 日与香港 B 贸易有限公司签订方钢出口买卖合同。B 贸易有限公司将该笔方钢出口买卖合同转卖给了香港 C 国际有限公司，C 国际有限公司又将其转卖给了奥地利某钢铁厂。3 月 18 日，C 国际有限公司向 A 出口公司开出了不可撤销跟单信用证。信用证上载明开证行为香港 G 银行，议付行为中国银行重庆分行。

货物于 6 月 3 日交由深圳某航运企业有限公司（以下简称承运人）承运。A 出口公司取得全套正本提单。货物运输期间，承运人的代理——香港华夏公司没有收回第一套正本提单，而是向 C 国际有限公司签发了第二套正本提单，以便 C 国际有限公司与奥地利某钢铁厂之间的全套合同结汇。

6 月 10 日，中国银行重庆分行根据 A 出口公司的申请作了出口押汇，A 出口公司将包括已经空白背书转让的提单在内的信用证项下的全套单据交给重庆分行议付，并取得货款。6 月 26 日，重庆分行电传查询开证行是否接受或者拒付单据，开证行回电确认接受单据。7 月 6 日，开证行通知重庆分行准备付款。7 月 7 日星期日。7 月 8 日，开证行遭香港特区政府强令停业。8 月 1 日，重庆分行对 A 出口公司行使押汇追索权，之后重庆分行收到开证行退回的全套单据。另外，C 国际有限公司已向开证行支付了足额的信用证押金，而且实际收货人奥地利某钢铁厂也接受了货物，并支付了货款。请问：

（1）本案中，A 出口公司货款两空的窘境给我们带来了哪些启示？

（2）议付行付款与开证行/保兑行付款在性质上有何差异？

（3）请指出导致 A 出口公司最后出现货款两空窘境的直接原因。

9. 中国 A 公司与美国 B 公司签订了一份国际货物销售合同，由 A 公司向 B 公司出口一批服装，双方约定以信用证方式付款。合同订立后，B 公司依约开出不可撤销即期信用证。该信用证的开证行是美国的 H 银行，由 H 银行在中国的 K 分行进行通知并加具了保兑。A 公司依约将货物装运并取得信用证规定的全套单据后，将其寄交 K 分行要求付款，K 分行向 A 公司发出银行付款通知书后，单据遭 H 银行以存在不符点为由拒付。K 分行致函 A 公司，要求 A 公司指示是否同意退单。A 公司回函表示不同意退单，并强调 K 分行的付款责任。K 分行将全套单据退给 A 公司并抗辩称，尽管其已对信用证加具保兑，但这并不意味着其需对此单付款。只有当 H 银行倒闭且受益人所交单据完全符合信用证规定的情况下，保兑行才有责任付款。开证行认为 A 公司提交的单据与信用证要求不符并拒付，K 分行没有代开证行付款的责任。双方为此发生争议，A 公司遂向法院提起诉讼，要求 K 分行支付信用证项下的货款。

法院认为，保兑行 K 分行收到 A 公司寄交的全套单据后，将其转交开证行，并向 A 公司发出了"银行付款通知书"，事实上其已确认 A 公司所提交的单据与信用证要求相符。根据《跟单信用证统一惯例》（UCP600）的规定，保兑行在受益人提交了规定的单据并符合信用证条款时，其必须对受益人承担付款责任。因此，K 分行应向 A

公司支付信用证项下的货款。请问：

（1）在信用证业务中，保兑的含义是什么？

（2）保兑行对单证相符的信用证是否应负付款责任？

（3）K 分行在本案中是否应对 A 公司承担付款责任？

10. 国外一家贸易公司与我国某进出口公司签订合同，购买小麦 500 公吨，合同规定某年 1 月 20 日前开出信用证，2 月 5 日前装船。1 月 28 日买方开来信用证，有效期至 2 月 10 日。由于卖方按期装船发生困难，故电请买方将装船期延为 2 月 17 日，并将信用证有效期延长至 2 月 20 日，买方回电表示同意，但未通知开证行。2 月 17 日货物装船后，卖方到银行议付时遭到拒绝。请分析：

（1）银行是否有权拒付货款？为什么？

（2）作为卖方应当如何处理此事？

11. 进出口双方在合同中用不可撤销即期信用证成交，信用证规定货物总额10 000公吨，10 月装运，禁止分批装运。后买方鉴于仓储问题，申请开证行通过通知行开来信用证修改书，规定货物分两批在 10 月和 11 月装运，每月一批。对此修改，出口方未予置否。后出口方交单出现两种情况：10 月 10 日装运 4 000 公吨、11 月 20 日装运6 000公吨。请分析：对这两种情况，银行应分别如何处理？

12. 某年 3 月，上海大众食品公司出口黑龙江大豆 5 000 公吨至朝鲜，双方约定采用信用证方式结算。于是，朝鲜客商要求朝鲜外贸银行开出不可撤销信用证一份，该不可撤销信用证的受益人为上海大众食品公司，开证申请人为朝鲜客商，开证行为朝鲜外贸银行，议付行则为上海大同银行。信用证的有效期为当年 5 月 30 日，货物的装运期为当年 5 月 15 日。当年 4 月朝鲜客商通过朝鲜外贸银行发来修改电一份，要求货物分两批分别于 5 月 15 日和 30 日出运，信用证的有效期展延至 6 月 15 日。上海大同银行在第一时间将信用证修改信息通知受益人。

5 月 30 日，上海大众食品公司将 5 000 公吨黑龙江大豆装船出运，在备齐了所有信用证所要求的单据后，于 6 月 3 日向上海大同银行要求议付。上海大同银行审单后拒绝对其付款。请分析：银行拒付是否合理？为什么？该案例有何启示？

13. 某年，加拿大一开证行开来 L/C 一份购买纺织品，金额 63 000 加元，装运期1 月 31 日。1 月 8 日我方出口公司（受益人）提交单据一套，金额 73 467 加元。这显然是货物超装、金额超支。出口公司声称此项超装事前已征得进口方即开证申请人口头同意。议付行遂按不符点交单方式向开证行寄单，要求开证行付款。1 月 23 日，开证行来电指出，申请人以"单证不符"为理由拒绝接受单据。但是，如受益人肯将全部纺织品货价降为每码60加分，总金额降为64 832加元，则申请人愿意付款赎单。1月29日，出口公司表示不同意降价，并提出进口方违背诺言是不守信用的行为。2月23日，开证行再次来电称，申请人坚持不肯付款赎单。由于受益人超装已造成单据不符，一切风险由出口方承担，有关单据暂由开证行代为保管，如果3月3日前得不到处理指示，开证行则将所有单据退回议付行。2月27日，议付行电告开证行，此项纠纷正由进出口双方协商解决，请暂勿退单。3月10日，开证行又来电称，进口方不能承担滞期费（此项费用每天251加元，已累计未付3 500加元）。至此，议付行只得被迫委托开证行代为提货存仓办理保险。3月28日，开证行电告已照办，并要求议付行支付4 961加元。由于进口方以单证不符为由坚持不付款，开证行也照章拒付，最后出口方被迫将货物转交另一客户作为"寄售"处理。此项出口业务以遭受严重损失而告终。请分析：本案中的出口方应从中吸取何教训？

14. 某外贸公司（卖方）与某国外商（买方）在广交会签订10万美元机电产品合同，付款条件装船前T/T预付款20%，其余80%为信用证即期支付。买方按时开出信用证和支付20%预付款。由于种种原因，卖方未能按时交货，于是要求买方修改信用证装运期，否则退回预付款并解除合同。买方称修证费用高，可接受不符点到时付款赎单。卖方考虑到不符点交单有风险，但认为已收20%的预付款，单据早于货到港，若买方不赎单，完全可以通知船方将货带回，用预付款支付返海运费后略有盈余，而且出口商品又是大路货，稍作整理后可再卖给其他客户，认为无风险，即安排出运。谁知单据到开证行后买方并未去赎单，而谎称单据未到、一到就付款赎单来麻痹卖方，致使卖方错过采取措施的有利时机。货到港后被卸下，买方仍不去赎单，卖方多次电催无效后，要求开证行退回全部单据，同时请船方运回货物，不久船方通知无法运回，理由是该进口国海关有规定：退运商品必须由原进口商出具退运声明，并经该国银行书面证实，海关才能放行。卖方立即与买方联系，请其在违约的情况下出具退货声明，买方答复如能降价50%则付款赎单，而只字不提退货手续。卖方十分气愤，立刻求助于我国驻该国商务处，后者十分同情但也无能为力，因该国海关确有此规定。90天后，进口国海关拍卖这批货物，买方用低价购走货物。请分析：案例中的卖方应吸取何教训？

15. 福建某外贸公司向印度尼西亚进口商出口一批高级工艺品，成交方式为CIF JAKARTA PORT，用即期信用证结算货款。为了保险起见，出口商要求对方立即开出不可撤销信用证。不久，对方通过A银行开立了一份不可撤销信用证。考虑到旅游旺季的问题，信用证中交货期规定在4月，有效期规定在5月中旬。出口商接到信用证后会同银行一起审验信用证条款，大家一致认为该信用证条款清晰，单据要求明了，无任何软条款，可以接受。于是该外贸公司按证备货制单。但在 4 月初，通知行 B 行接到 A 行开来的信用证修改书一份。修改书中其他条款不变，仅将运输方式从海运改为空运。B 行立即将该修改书发送给受益人。当时东南亚地区经济形势欠佳，进口商为了避免由于经济不景气而造成货物压仓，急于想使货物出手的心理可以想象。当时受益人未对是否接受该修改作出明确的表示。

4 月 20 日，出口商备齐单据向议付行 C 行交单，议付行经过审单发现，原信用证要求提交一份受益人证明，证明出口商已将提单副本寄给开证申请人，修改后的条款虽然已将运输方式由海运改为空运，但对该条款却只字未提，造成修改与证明信内容冲突。若出口商按单据条款照打不误的话将造成单单不符（AWB 内容与证明信内容不符），若按实际情况处理的话则单证不符（未提交信用证规定的证明信），这时出口商陷入进退两难的局面。而唯一的解决办法是要求开证行对修改内容作出澄清，然而这样一来必然超过交单期。

无奈之下，公司只好按信用证条款制单。C 行将单据提示给开证行等待对方付款。不久，开证行来拒付电称："证明信内容与其他单据不符，我行根据 UCP600 条款拒收单据，我们会将不符点提示给客户，一旦客户付款，而贵行又无新的指示的话，我方会将款项在扣除我方费用后偿付给你们。"

C 行接到拒付电后，一方面向开证行 A 行提出该不符点系由于对方疏忽所造成的而非自己过错，一方面与受益人联系请他们与进口商联系赎单事宜。不久，开证行来电称："进口商同意在降价 30% 的条件下付款赎单。"此时，事件的前因后果已相当明了。由于经济形势不景气，高级工艺品市场需求已萎缩。印度尼西亚进口商对市场情况估计不足，所以只好出此下策，企图将一部分风险转嫁到出口商身上。出口公司虽然对信用证作了全面细致的检查，然而忽略了对修改书的把关，导致出现商业风险。经过协商，最后以双方同意降价 16%、进口商付款赎单了结此案。

（1）请指出本案中造成出口商被动的主要原因。

（2）在实务操作处理信用证修改的过程中应注意哪些问题？

16. 某公司出口 153 型全棉劳动手套 5 000 打，客户开来信用证中注明商品的名称是"153 型全棉劳动手套"，该公司发运货物后持单到银行议付，银行发现发票上写的是"153 型全棉劳动手套"，而提单和保险单上显示为"劳动手套"，就以单单不一致为由拒绝付款。该公司联系客户，客户也不愿接受单据，最后只好降价 15% 以托收方式收回款项。请分析：此公司的处理是否得当？为什么？

17. 某公司自德国进口一批化学品，所开出的信用证中规定以青岛为目的港，但在由开证行转来的单据中发现：装箱单不是由信用证受益人签发的而是由包装公司签发的；集装箱提单指示的目的港是大连港而不是青岛或青岛附近的集装箱堆场；发票和装箱单在一起；提单上的被通知人不正确；提单的重量大于装箱单上的重量。请问进口商欲以以上各点拒付有无道理？

18. I 银行开立一张不可撤销信用证，经由通知行 A 通知给了受益人。该信用证对单据要求如下：商业发票；装箱单；由 SSS 检验机构出具的检验证明书；海运提单表明货物从 PPP 港运至 DDD 港，提单做成开证行抬头。

受益人在货物出运后将全套单据送至 A 行议付，A 行审单后指出下列不符点：检验证书的出单日期迟于货物装运日，且未能指明具体货物的检验日期；装箱单上端未印有受益人公司地址等文字，且装箱单未经受益人签署；提示的运输单据是运输行收据而不是信用证上所要求的提单。A 行将上述不符点通知受益人，受益人要求其电传 I 行求其授权付款。I 行与申请人联系后，申请人不愿取消此不符点。因为不能确定该批货物是否确已适当检验过，货物是否已出运，除非授权其在货到后检验货物，检验结果表明货物完好无损，否则将拒绝付款。I 行告诉 A 行其拒绝付款的决定，并保留单据听候指示。请分析：A 行拒付理由是否成立？

19. 开证行开立一张不可撤销保兑信用证，该证中有一条款规定"必须提供全套3/3 正本洁净已装船提单"。受益人提供的全套单据中包括一套 3/3 洁净已装船提单，每一份均经由承运人手签，且分别表明"original""duplicate""triplicate"。通知行审核受益人交来的单据，认为完全符合信用证规定，于是即对受益人付款，并将单据寄开证行索偿。开证行收到单据后认为有一处不符。全套三份正本提单上并没有如《UCP600》第二十条 A 款的规定全部标上"original"字样。所以，该行拒绝付款并持有单据听候处理。议付行则认为一套三份提单全是正本单据，均经由承运人手签。该正本单据的制作符合《UCP600》的其他相关规定。此外，议付行认为《UCP600》第二十条 A 款的规定并不适用于运输单据。各份正本提单的"original""duplicate""triplicate"字样并非"正本""第二联副本""第三联副本"之意，而应理解为"original，original"，"duplicate，original"和"triplicate，original"，即"第一联，正本""第二联，正本""第三联，正本"。该做法已为国际银行界和运输界所普遍接受。

开证行坚持认为《UCP600》第二十条 A 款非常清楚地规定单据如何制作、如何签署。既然全套单据中的另两份提单明确写明"duplicate"（第二联）、"triplicate"（第三联），那么就不能认为该两份单据是正本提单。鉴于此，开证行认为其拒绝付款有效。请分析开证行拒付是否合理？本案有何启示？

20. 信用证规定最迟装运期为某年 7 月 31 日，交单有效期为同年 8 月 15 日。受益人按证中规定，在装运期完成装运，从船公司取得已装船提单，提单的签发日为同年 7 月 10 日。同年 8 月 4 日，受益人将全套单据交银行，银行以单据已过期为由拒付货款。请问银行的拒付是否有理可依？为什么？

21. 信用证规定：从中国港口运至神户 100 公吨红小豆，不许分批装运。受益人交来的单据中包含两套提单：第一套提单表明载货船名 "zhuang he"，航次为 "018"，装运港为 "tianjin"，卸货港为 "kobe"，净重为 "51.48"，装运日期为 "7 月 11 日"；第二套提单表明载货船名为 "zhuang he"，航次为 "018"，装运港为 "qingdao"，卸货港为 "kobe"，净重为 "51.05"，装运日期为 "7 月 17 日"。银行接受单据付款。请分析：

（1）银行付款的依据是什么？

（2）此批货物的装运日期应为哪天？

22. 某农产品进出口公司向斯特勒国际贸易有限公司出口一批大白芸豆。2 月 25 日接到对方开来信用证，部分信用证条款规定："1 000 M/Tons of Large White Kidney Beans... Three sets of Shipping documents to be required as follows：One Set for 300 M/Tons，one set for 200 M/Tons，one set for 500 M/Tons. Shipment not later than 31st Match，this year. Partial shipments are not allowed。"农产品进出口公司经与船方代理公司联系，根据 3 月末前舱位情况，1 000 公吨无法在一条船上装完，该公司即向买方斯特勒国际贸易有限公司提出修改信用证。3 月 14 日接到修改后的信用证为 " Partial shipment are permitted. All other credit terms and conditions remain unchanged"。

农产品进出口公司最后经船方代理公司于 3 月 21 日装 "jiaxing" 轮 300 公吨、3 月 24 日装 "wang jiang" 轮 200 公吨、3 月 26 日装 "shunjiang" 轮 200 公吨、3 月 28 日装 "wan quanhe" 轮 300 公吨，并各取得 3 月 21 日、3 月 24 日、3 月 26 日和 3 月 28 日签发的提单。农产品进出口公司于 3 月 31 日将备齐的全部单据通过议付行向开证行寄出。请问：

（1）农产品进出口公司最多可分（   ）装运。

A. 一批　　　　B. 二批　　　　C. 三批　　　　D. 四批

（2）此信用证修改后，下述哪一条是违反信用证规定的（   ）。

A. 允许分批装运，但单据必须分为三套

B. 如第一条船装 500 公吨，单据则分两套，即 300 公吨一套、200 公吨一套；另一条船装 500 公吨，一套单据即可

C. 信用证修改为允许分批装运，其意思应理解为在规定的三批装运中，允许每批中还可以再分批，即分四批、五批……都可以

（3）（　　）方式好，这样风险比较小。

A. 3 月 21 日议付 300 公吨、3 月 24 日议付 200 公吨、3 月 26 日装 200 公吨、3 月 28 日装 300 公吨、3 月 28 日议付剩下的 500 公吨

B. 3 月 28 日一起议付

C. 分三次议付

23. 国内某出口公司金鑫公司向 A 贸易有限公司出口一批野禽。3 月 9 日接到买方开来一张电讯传递的信用证。信用证关于商品条款规定："10 M/Tons of Frozen Patridge，Packing：in cartons，each containing 20 ~ 24 brace（10 公吨冻鹧鸪，纸箱包装，每箱 20 ~ 24 对）。"金鑫公司根据对方所开来的信用证要求于 3 月 13 日进行装运，14 日备妥所有单据向议付行交单办理议付。但 3 月 29 日开证行提出拒付并声称："第 ××× 号信用证项下你方第 ××× 号单据经我行审核发现不符点——你发票未表明商品规格 'Fresh，feathers-on，neat and intact，with viscera，without distinction as to sex. A grade，0. 5kg. min. per brace'（新鲜、羽毛整洁、带内脏、不分雌雄、一级、每对净重 0. 5 公斤以上），经联系申请人，亦不同意接受。单据暂在我行保管，速告处理意见。"

金鑫公司接到开证行上述拒付意见后即查对留底单据与信用证，发现对方所开来信用证中除商品名称和包装条款外，根本没有规定商品规格。开证行拒付电中所提出的商品规格虽然合同上也有同样规定，而且与规格也相符，但国外开来的信用证没有规定，所以我方发票也没有表明。于是金鑫公司 3 月 31 日发电提出反驳："你行 29 日电悉。你行提出关于我第 ××× 号单据不符点事，我方认为不成立。你行 3 月 9 日开立的信用证条款中并没有规定有关于'新鲜、羽毛整洁、带内脏……'类似的条款，请你查核该第 ××× 号信用证。因此我方单证相符。"

开证行 4 月 2 日答复："你 31 日电悉。关于商品规格事，我行提请你方注意——虽然我行于 3 月 9 日开立了电开信用证，但在电讯传递的信用证中注有'证实书后寄'，所以我行于 3 月 10 日邮寄出该电讯传递的信用证的证实书。在证实书中就有关于商品规格的规定，即'新鲜、羽毛整洁、带内脏、不分雌雄、一级、每对净重 0. 5 公斤以上。'根据 UCP600 第 1 条 a. 款第 Ⅱ 项规定——如电讯传递信用证中声明'详情后告'或声明以邮寄证实书为有效信用证文件，则该电讯不视为有效信用证的文件。开证行必须不迟延地将有效信用证交给通知行。所以根据上述惯例规定，应以条款规定有商品规格的证实书为有效信用证，你方发票未表示规格就是单证不符。"

金鑫公司经联系通知行，据查确有证实书，证实书上也规定有商品规格。最后追查才发现该证实书曾经由通知行送到公司由有关业务员收存，但该业务员因公外出，未将其交给单证人员。

金鑫公司向议付行（即通知行）提出，开证行既有证实书寄来，银行应该将两者核对，而且在办理议付审单时亦应发现发票未表示商品规格的问题。但据通知行解释，因原电开信用证是以加押经证实方式传递的，所以它是有效的信用证文件。开证行不应再寄证实书，即使寄来，也是无效的信用证文件，通知行无义务将该邮寄的证实书与曾收到的电开信用证进行核对。

金鑫公司与议付行研究后又于4月5日发电向开证行作出反驳："你行4月2日电悉。你行在该电中引证UCP600规定——如电讯传递信用证中声明'详情后告'或声明以邮寄证实书为有效的信用证文件，则该电讯不视为有效信用证文件。请你行注意，你3月9日开出的信用证是加押经证实的电开信用证，应视为有效的信用证。即使你方在电文中表明'证实书后寄'，而且也寄了证实书，该证实书是无效的，而电讯传递的信用证仍是有效的文件。根据UCP600规定——'当开证行使用经证实的电讯方式指示通知行通知信用证或信用证修改时，该电讯即视为有效的信用证文件或有效修改，不应寄送证实书。如仍寄送证实书，则该证实书无效，且通知行没有义务将证实书与所收到的以电讯方式传递的有效信用证文件或有效的修改进行核对。'所以按上述惯例规定，你行3月9日加押证实的电开信用证应视为有效的信用证，即使你行在电讯传递的信用证中注明有'证实书后寄'，只要你电讯传递信用证是经证实的电开信用证，就是有效的信用证的文件。因此，我方单据与其相符。虽然你行3月10日又邮寄了证实书，但却是无效的信用证文件，即使规定了商品规格，我方可以无须按其对照条款执行。请你行按时付款。"

金鑫公司发出上述反驳电后，于4月9日收到议付行通知：对方已将货款划入账下。此案自此告终。

（1）请指出金鑫公司在本案实务操作过程中存在哪些缺陷？

（2）金鑫公司在本案实务操作过程中如何变被动为主动？

第九章　国际贸易欺诈案例

第一节　国际贸易欺诈概述

一、国际贸易欺诈的概念

国际贸易欺诈通常是指在国际货物贸易、航运、保险和结算过程中，一方当事人利用国际贸易规则纰漏，故意编造虚假情况或故意隐瞒真实情况，以非法手段骗取对方当事人货物、金钱或船舶的行为。

二、国际贸易欺诈的类型

根据进出口业务的主要流程，国际贸易欺诈具体可分为以下几个方面。

（一）国际贸易合同欺诈

国际贸易合同欺诈可以分为合同主体欺诈、合同条款欺诈和合同履行欺诈。

1. 合同主体欺诈。

（1）虚构合同主体欺诈。

①一些不法国际"商人"在订立合同时伪造不存在的公司实体或以无贸易资格者冒充有贸易资格者进行欺诈。这些人所代表的从事进出口贸易的公司不是独立法人或者是根本没有法人资格、注册资本的商行。他们编造假的公司名称，制作假的个人名片与我国外贸企业进行洽谈，骗取货物或货款后逃之夭夭；或者这些人是仅能提供公司名称、个人名片、联系电话而不具备签署贸易合同资格的中间商。

②利用独立注册、具有法人资格的子公司地位进行欺诈。这种子公司所属的母公司知名度较高、资本雄厚，而子公司的资本很可能少得可怜，因而打着母公司的招牌招揽大额生意，超过了自己的付款能力，而又是独立注册，且具备法人资格，财务上与母公司相对独立。因此，合同履行过程中如出现风险，我外贸企业将损失很大。

（2）变更合同主体欺诈。国外公司与我国外贸企业签订合同后，在履行过程中外方编造借口称自己无法履约，向我外贸公司提出比原合同更为优惠的履约条件而建议由另一家外国公司代为履约。在此优惠条件的吸引下，我外贸公司对国外代为履约方的资信等情况未做深入的调查了解，在不知其底细的情况下同意由其代为履约很容易上当受骗。

（3）有限责任欺诈。从事国际贸易活动的商业实体多为有限责任公司。而有限责任公司的主要法律特点就是公司以全部注册资本为限对外承担有限责任。因而一些国际贸易欺诈者以很低的资本注册一个有限责任公司，广泛联系客户，在超出自己支付能力的前提下大量下订单，以合法的形式签合同或开出保函，承诺在一定期限内支付货款，最后即使是法院判令其付款，但按有关有限责任公司的法律规定，其只承担少得可怜的注册资本金额，而供货商损失惨重。

2. 合同条款的欺诈。合同条款的欺诈主要指合同一方当事人利用合同中出现的品质条款、违约金条款、索赔条款、仲裁条款等款项进行欺诈。很多不法分子充分利用双方语言不通的特点，恶意篡改合同条款中的表述方式，造成不同语言的表述不一样，从而借此达到欺诈的目的。

3. 合同履行的欺诈。合同履行的欺诈主要发生在合同履行标的和合同履行地点上。合同履行标的欺诈主要表现为部分不法分子利用假冒商品或者以次充好进行相应的欺诈，而合同履行地点上的欺诈主要表现为改变交货的地点，从而造成交易一方运输成本增多，达到相应的欺诈目的。

（二）国际贸易结算欺诈

1. T/T、O/A 或 D/P 等结算方式的欺诈。此类结算方式由于费用较低、方便快捷，在出口业务中常被采用。但是此类付款方式完全基于双方的信誉，风险很大。对于 T/T 和 O/A，最大的风险就是卖方将提单等物权凭证交给买方之后，买方提货后拒不付款或买方付款后卖方不发货。对于 D/P，买方极有可能要求卖方降价处理货物或要求卖方将 D/P 改为 D/A 而进一步欺诈卖方。

2. 伪造开立信用证。主要是国外买方与一些不知名、信誉差的小银行相勾结向我出口公司开立假的信用证骗取我方发运货物，其在通过"开证行"取得提单后不付款而逃之夭夭。

3. 含有"软条款"的信用证。一些进口商往往要求银行在信用证中加列一些出口商不易察觉或较难满足的"软条款"来增大出口商的风险，从而使自己处于有利地位而要求我出口方对货物降价处理。常见的软条款有以下几种。

①信用证规定的各种日期较紧。信用证业务中的日期主要包括信用证有效期、货物的最迟装船日期以及出口单据的提示日期三种。如果信用证规定的上述主要日期都比较短，我出口方就很难在规定的时间内完成发货、交单等行为，从而造成单证不符，影响收汇。

②信用证对单据要求规定特别严格、烦琐。当进口商收到单据后百般挑剔、吹毛求疵，挑出一些无关紧要的瑕疵作为不符点。面对这种情况我出口方满足"单证相符"的难度就会加大，进而影响安全收汇。

③信用证规定一份正本海运提单由出口商在发货后直接寄至进口商，这样我出口商就会丧失对货物的控制权，买方可以在不付款赎单的情况下提走货物。

④信用证规定买方的收货通知作为卖方交单议付的单据之一。买方这样做的目的就是使卖方在得不到其收货通知的情况下无法结汇，而后买方就会以提供收货通知作为筹码，要求卖方降价处理货物。

⑤利用信用证条款加大出口商的出口成本。当信用证规定所有的银行费用均由出口商承担或所有进口国以外的银行费用均由出口商承担时，上述条款对出口商是非常不利的。出口商不可能确切了解信用证业务中涉及的银行费用的高低等问题，无形中会加大费用支出，从而增加出口成本。

有关信用证欺诈的方式还可以细分为很多种，如伪造、变造信用证、倒签提单、预借提单、伪造单据等。一般来讲，信用证欺诈的行为主体常常是信用证贸易主要当事人，因此，信用证欺诈还有受益人自谋的信用证欺诈、受益人和船东共谋的信用证欺诈、开证申请人与开证行共谋的信用证欺诈、开证申请人和受益人共谋的信用证欺诈等不同的类型。

（三）国际海运欺诈

国际贸易需要跨国物流，跨国物流主要是通过海运的形式将货物运往目的地。在货物运输过程中可能会遭遇到的自然灾害或者意外事故等难免会对运输的货物造成一定的损失，因此，不少不法分子就谎称发生正常的海损从而转移相应的货物，从中获取暴利。该类欺诈形式主要是由船长、船员和承运人相互勾结而进行的。

1. 伪造提单。提单在国际贸易和国际支付中都是重要的单据之一，是海事运输中重要物权凭证。因此，一些国外的不法商人通过伪造提单进行欺诈。

2. 利用非法提单。主要是通过预借提单、倒签提单或保函换取清洁提单进行欺诈。预借提单是指在海运货物尚未装完或根本未予装船的情况下，应托运人的请求，由承运人提前签发的提单；倒签提单是由于货物的实际装船日期晚于信用证规定的日期，出口商为了不影响结汇，要求承运人按信用证要求的装船日期签署的提单；托运人交付承运人的货物在主要标志、件数或外表状况存在不良的情况下，由托运人出具保函而让承运人出具清洁提单，以便顺利结汇，这便是用保函换取清洁提单。以上三种行为都是承运人和托运人合谋欺诈第三者的不法行为。

3. 保险方面的欺诈。主要是船方和托运人（卖方）为了获得高额保险费而蓄意破坏船舶及货物。

三、国际贸易欺诈的特点

（一）欺诈主体的多样性

国际贸易的开展涉及多个环节，因此，也涉及了多个贸易主体，其中不仅包括合同签署双方，还包括处于中间环节的制造商、中间商、银行、保险公司、代理人、承运人等，每个环节都有可能为欺诈行为人所利用，这是由于中间环节的主体多出于自然人的身份，易于在实施欺诈后携款潜逃或者带货隐匿。

（二）欺诈主体的跨国性

顾名思义，国际贸易是指不同国家（和/或地区）之间的商品和劳务的交换活动，因此，国际贸易欺诈中的欺诈人与被欺诈人往往处于不同国家（和/或地区），行为本身是跨国界的。也就是说，欺诈行为不是发生在一个国家或者地区内的，所以其欺诈主体是具有跨国性的，这使得欺诈行为易于发生，而且难以有效追究其法律责任。

（三）欺诈主体的专业性

从事国际贸易欺诈行为的人员一般都极具专业性，往往具有丰富的国际贸易、国际金融以及航运的相关知识，对相关的国际贸易法律法规、流程等有深入研究。其在进行贸易欺诈时，一般都经过事先周密的谋划，并且欺诈行为的主体经常是带有专门性质的组织，甚至有可能是大型的国际性犯罪团伙，因此，贸易欺诈行为具有专业化、智能化、组织化的倾向。

（四）欺诈行为的多重违法性

国际贸易欺诈额一般都很大，因此，具有极大的社会危害性，它不仅违反了有关国家的民事商事法律，而且还有可能触犯有关国家的刑事法律。

（五）欺诈行为难制裁性

由于国际贸易欺诈活动涉及两国甚至多国，欺诈手段较为隐秘，到目前为止，世界各国间没有专门针对国际贸易欺诈的统一法律，甚至有些国家还有"地方保护主义"思想，因此，针对国际贸易欺诈的有效制裁具有较大难度。

四、国际贸易欺诈的防范措施

(一) 加强资信调查

资信调查主要是指专业的信息咨询公司对被调查企业的企业登记资料、日常运营资料以及公司的运转状态作出全面的资信分析，以获得被调查公司的真实情况。资信调查的主要内容包括公司的注册情况、财务情况、运营情况、结构组成以及人员情况等。通过加强对贸易伙伴的资信调查，交易的一方可以较好地掌握交易对方的有关资料，从而对即将产生交易行为的公司具有充分的了解，从而有效降低贸易交易过程中的风险和危机。在进行资信调查时，不仅要调查新贸易方，同时对老贸易方也要进行调查。另外，与交易相关的金融机构等也要对其进行资信调查。

(二) 严密合同条款

出口企业或工贸公司在与外商签约时，应平等、合理、谨慎地确立合同条款。合同条款是当事人通过文字将订立合同的意思条理化、体系化、固定化，是合同当事人确定权利义务的依据。合同条款应当明确、具体、完整，而且条款之间不能相互矛盾。国际贸易的合同条款包括对象（标的）、合同总值、交货条件、包装、装运期、装运口岸和目的地、保险、支付条款等，为防范国际贸易欺诈行为的发生，需要对以上的每一条款都予以清晰、明确的表述，在有条件的情况下，可以聘请律师介入合同的谈判签订和履行监督。此外，要以国家和集体利益为重，彻底杜绝一切有损国家和集体利益的不平等、不合理条款，如"预付履约金、质保金、佣金和中介费条款"等，以免误中对方圈套。同时，对于所签订的合同应该高度保密，以减小合同欺诈行为的发生。

(三) 防范结算欺诈

1. 尽量采用安全稳妥的结算方式，如分期支付定金、货款、尾款可降低风险。作为买方，不要轻易接受全款支付等风险高的付款方式。

2. 签订合同的时候，邮件里面不要写对方的银行信息。邮件被盗的风险很高，骗子会伪造银行信息发送账单。建议第一次签合同的时候，银行信息通过书信的方式邮寄。

3. 防范信用证欺诈。首先，卖家应该对信用证逐字、逐句、逐项进行审核，发现与合同不符的，应立即要求买方修改，以免受骗。其次，出口方银行必须认真负责核验信用证的真实性，并掌握开证行的资信情况。对于信开信用证，应仔细核对印鉴是否相符，大额来证还应要求开证行加押证实；对于电开信用证及其修改书，应及时查核密押相符与否，以防假冒和伪造。同时，还应将开证行的名称、地址和资信情况与银行印鉴进行比较分析，发现疑点立即向开证行或代理行查询，以确保来证的真实性、合法性和开证行的可靠性。再次，要仔细审核信用证，注意是否含有"软条款"。如果信用证含有"软条款"，应要求开证行修改或删除。另外，当我外贸公司为信用证开证申请人时，应仔细核对受益人提交的单据的真伪及有效性，一旦发现欺诈行为，立即通知我方银行并要求其止付。在必要时，还可通过法院向银行发出止付令。

4. 购买中国信保等公司的出口信用保险，尽量降低贸易伙伴违约带来的经济损失。

（四）防范海事欺诈

国际贸易一般采用海运的方式运输货物，因此，在选择货物运输的承运人、代理人时，应选择资信状况良好的国际物流公司，同时应该由交易方控制相应的运输环节。在合同中规范相应的运输条款，以确保货物的安全到达。在运装货物时，应该委托公证机构对商品进行预检验并进行监装，并且对于收货人也应该按照相应的合同规定进行检验，以确保货物在海运的过程中不出现差错。

（五）加强账款拖欠的追收

在国际贸易中，账款拖欠的情况时有发生，恶意拖欠是国际贸易欺诈的手法之一，因此，一旦发生账款拖欠，卖家就应当积极想办法追收，并可以根据实际情况，选择己方追收或者委托第三方追收，以免欺诈行为得逞。

（六）仔细保留交易记录

妥善保存与交易相关的重要证明信息，如电子邮件、社交网络沟通记录和其他证明材料。在交易过程中如需对货物和付款等实质内容进行修改，须由授权代表以书面形式确认。

（七）合理寻求法律救济

如怀疑遭遇欺诈，应第一时间与付款渠道上的银行联系，争取冻结货款，同时报警。必要时可通过律师咨询、诉讼等法律途径寻求救济。

第二节 案例分析

案例一

【案情介绍】

某年 11 月，国内某出口企业 A 在一次产品展会上初识匈牙利公司 B，双方随即开始商谈合作事宜，并于几个月后敲定合同，由 A 向 B 出口彩色电视机，合同总值 200 余万美元，以赊销方式交易（买家主动建议出口商投保出口信用保险并愿意承担保费成本），放账期 90 天。货款到期后，虽经 A 多次催讨，B 也出具了还款安排，但 B 始终未履行付款承诺。

经查，B 公司法定代表人及其近亲属已于第二年 1 月另行注册了一家房地产公司，并将 B 公司资产全部转移至该房地产公司名下。根据法院注册信息，B 公司虽然尚未破产或停业，但已更名、迁址，更名后的公司名下无任何资产，亦无人员办公。在此期间，B 曾提出未支付货款的原因在于 A 存在迟出运、短装及质量瑕疵等一系列问题，但始终未提供相关证据。此后，某香港网站揭露了 B 骗取多家出口商巨额货款的情况（后经查证，B 的确拖欠中国香港、土耳其等地供应商货款共逾 1 000 万美元）。至此，该买家信用问题逐渐显露，种种迹象表明，本案系一起有预谋的商业欺诈案。

请分析此案例。

资料来源：中国信保广东分公司营业部. 警惕买家设局欺诈 慎用赊销放账交易 [DB/OL]. (2014 - 11 - 12). https：//mp. weixin. qq. com/s/nWmNqPhP2o9dtgmfrm8MWQ.

【案例分析】

本案系一起典型的买家设局欺诈案，遭遇如此居心叵测的买家，中国出口商的利益受到巨大威胁，一旦落入陷阱，必将损失惨重。本案的经验教训值得总结和分析，希望能对出口商规避此类风险、保障收汇安全提供一些参考。买家设局诈骗的惯用伎俩、国外买家通过拖欠供应商货款、转移资产、更名迁址等一系列举动达到获取巨额商业利益的目的，通常通过以下方式实现：

首先，买家通过赊销方式，在短时间内从供应商处集中、大量采购并获取货物后，将货物在当地市场低价倾销，以求迅速回笼资金。本案买家以低于当地同类产品售价10%～20%的价格在几个月内将所购货物销售一空，以最快的速度回笼了大量资金。

其次，在合同应付款日前后，买家通常以货物质量问题或卖方义务履行瑕疵为由拒付货款，以达到与出口商周旋并拖延时间的目的。在此期间，买家通过转移资产、抽调资金等方式，使原公司变成名副其实的"空壳公司"，企图逃避合同付款义务。本案中，买家原公司资产转移后已成空壳，更名迁址后摇身一变，出口商更是无从掌控。即便出口商最终通过诉讼获得法院胜诉判决，买家公司也不名一文，并无任何财产可供执行。而对于其"欺诈性转让"的举证又困难重重，出口商终将钱货两空、血本无归。因此，要警惕：

（1）警惕买家反常举动背后的别有用心。本案中，买家用偷梁换柱之技达到了骗取货物、牟取暴利的目的，实际上，在合同洽谈阶段，其居心已可见一斑。买家主动建议出口商投保出口信用保险并愿意承担保费成本，其如此"好心好意"恐怕只是其为达成赊销交易条件而付出的一个小小筹码，亦是为其后来的翻脸作恶先行铺垫。这样有悖常理的举动应引起足够的注意和警惕，出口商应进一步了解买家的真实动机后再谨慎行事。

（2）评估买家风险时切忌主观片面。本案买家在当地拥有一定的知名度和多年行销品牌，这可能是促使出口商与其首次交易便大额长期放账的另一个关键因素。一些国际知名企业以雄厚的资金实力和卓越的信誉，积累和树立了良好的口碑和品牌，出口商认为与这样的企业交易风险较低，具有一定的合理性。这些因素在很多情况下可以作为出口商评估交易风险的重要参考。然而，品牌、经营规模等指标并不能完全反映一个买家的综合资信，反而会成为干扰因素，使出口商确定交易条件时容易作出轻率的选择。所以在对买家背景进行考察时，应尽可能详尽和全面，除品牌、经营年限、规模等情况外，其在国际市场上的声誉是否良好、是否有负面信息等也应该格外关注。

（3）放账交易应循序渐进，避免盲目冒进。除了事先充分调查了解买家资信状况外，在与买家进行放账交易的过程中也可采取一些风险管控措施。本案出口商与国外买家首次交易且在对买家无深入了解的情况下即大额长期放账，无疑是一步"险棋"，毕竟"以身试险"不如"投石问路"来得稳妥。在国际贸易市场竞争日益激烈的今天，商机稍纵即逝，订单一笔难求，面对买家提出的赊销要求出口商最好通过一些风险控制手段为自己留好后路。比如，赊销与一定比例的预付款（本案中的预付比率远远不足）相结合，或账期、发货量视买家付款表现由短至长、由少而多等，循序渐进，将可能的损失控制在一定范围之内，避免风险集中发生带来重创。

案例二

【案情介绍】

孟加拉国I银行开给厦门H公司一份信用证，用于H公司向孟加拉国公司出口服装。因货物到港后开证行既未提出不符点，也未承兑。在H公司的多次催讨下，进口商一直回避追讨，而开证行却两手一摊，表示本案信用证为背对背信用证，要收到最终买方的款项后才能安排支付H公司的货款，建议H公司与进口商及最终买方沟通解决问题。

面对进口商和开证行的甩锅推责，H公司懊悔不已。原来，早在货物出运前H公司就已经发现信用证中的异常条款，该条款约定"this back to back LC is 120 days from the date of bill of lading/AWB but payment will be made after realization of the related export proceeds, under export LC/sales contract No. daassr01dated 12/01/2021. if buyer impose any discount/penalty for the defective goods purchased under this LC he beneficiary will bear the same."。在发现上述条款后，H公司曾向进口商提出异议，但其迟迟未予以书面反馈，电话沟通时也刻意回避。H公司考虑到货物已准备完毕，不希望初次合作就破坏与进口商之间的合作关系，在问题未得到有效解决就安排出运，随即掉入进口商早早设好的陷阱。

H公司系成立多年的外贸公司，业务员一直以为信用证结算万无一失，直至发生此次风险，才惊觉原来信用证背后也陷阱重重，遂向中国信保报案，发起求助。

资料来源：林睿娴. 警惕信用证"软条款"，不当外贸"背锅侠"［DB/OL］（2023 - 03 - 15）. https：//mp. weixin. qq. com/s/NOP817bQtEmjZUnZngsRVw.

【案例分析】

信用证的"软条款"具有较大的隐蔽性，判断何谓"软条款"，建议结合当事人的交易习惯和做法，从以下四个问题予以考虑。

（1）信用证是否存在出口商无法做到的交单条件？

（2）当信用证要求某个不常见的交单单据时，出口商对单据的制作和签发是否可控？

（3）当信用证中出现让出口商意外的细节条款时，其是否曾与进口商协商达成一致？

（4）信用证条款有无明显的逻辑错误？

在实践中比较常见的"软条款"大致可以分为三种类型：

（1）变相可撤销信用证条款。当开证银行在某种条件得不到满足时（如未收到对方的汇款、信用证或保函等），可利用条款随时单方面解除其保证付款责任。上述案例中 H 公司遇到的"软条款"就是这种情况。

（2）暂时不生效条款。比如在信用证中设置了一些生效条件，或者约定单据的取得需要进口商配合，进而使进口商掌握主动权，一旦市场行情发生不利于进口商的变化，开证申请人就可以不通知而使信用证无法生效，或者直至信用证的有效期即将届满方才发出通知，由于时间局促，致使出口商延迟装运，从而产生不符点，给开证行拒付创造条件。

（3）无法履行条款。近年来，进口商因市场行情下降意欲毁约，却又不愿承担违约责任，于是某些进口商会故意在信用证中添加看似合理，但受益人自始无法掌控或做到、无法实现单证相符的条款，使信用证和合同条款不一致，同时又以不会拒付等理由让出口商妥协出货，从而使本为不可撤销的信用证变成了可以撤销或无法生效的信用证，银行中立担保付款的职能丧失。

信用证的"软条款"给出口商安全收汇带来极大威胁，那么我们应如何避开信用证的"软条款"风险呢？

（1）仔细审证，早发现、早处理。在开证行开立信用证前，出口商应要求预先审核信用证草稿；在收到信用证后，即使预先审核过草稿，也应再次认真审核信用证，并与合同核对，看条款是否与合同一致，同时注意审查信用证的要求是否具有可操作性。一旦发现问题，及时与开证申请人联系，对信用证进行修改，不要等到货物已上船才发现问题，一旦对方不肯修改信用证，出口商便陷入被动局面。

（2）坚守底线，强化风险意识。在考虑是否接受存在"软条款"的信用证时，建议出口商尽可能地了解进口商的资信情况和商业信誉。在对方资信状况不好时，无论进口商给出的条件多么优厚，出口商也一定要坚持原则，要求其对相关条款进行修改，以防坠入诈骗陷阱。此外，从信用证条款本身看，如果对方提出的条件或障碍纯属人为设置，抑或其本身就违背法律等相关规定，那么这类"软条款"就绝对不能接受。

（3）充分利用出口信用保险，保障收汇安全。后疫情时代，国际市场不确定因素增加。对于外贸企业而言，建议充分利用出口信用保险政策性金融工具，增强抵抗风险的能力。出口商可及时联系中国信保，根据开证行所在地区以及银行、买家的资信状况来权衡各种风险可能性，判断是投保银行风险还是买家风险，抑或者两者皆保。

案例三

【案情介绍】

近年来，全球贸易形势日趋复杂，各种国际贸易的诈骗案件也越来越多，骗术不断升级，出口企业防不胜防。有些不法分子伪装成国际知名企业或其代理，诱使企业出口货物并于提货后失联，给出口企业带来损失。

案件一：辽宁省大连市的 A 企业主要从事绝缘子产品出口，与自称英国买方 B 的业务人员建立联系。买方 B 是英国一家拥有过万员工、行业内排名前三的电力公司。A 企业于 2023 年 7 月向中国信保申请了买方 B 的限额并获得批复。由于买方 B 的背景实力较强且交易过程中的联系人较为专业，双方快速达成交易。A 企业按照买方 B 的要求将货物发往非洲后却发现无法再与买方 B 取得联系，也无法获得货款。A 企业于是向中国信保报损。接到报案后，中国信保立即与买方 B 取得了联系，但是买方 B 否认与 A 企业之间的交易。经过进一步勘查，中国信保发现实际与 A 企业进行沟通的是不法分子 C，而非买方 B，不法分子 C 通过向 A 企业提供与真实买方 B 相似的官网，诱导出口企业相信不法分子。C 所使用的邮箱为买方 B 的邮箱，诱骗出口企业将货物发往非洲目的地，并在提货后失联，给企业造成损失。

案件二：辽宁省某出口企业 D 通过中间人认识了自称为巴西大买方 E 的代理人 F，双方通过预付款的方式合作了两笔小额业务后，F 开始提出赊销的要求。因前两单合作已成功收款，企业 D 同意买方采用赊销的付款方式。合作以来，双方的合同都是通过代理人 F 来进行传递且相关款项也均由 F 支付。合同到期后，F 失联。D 企业想方设法联系到买方 E，却被告知 F 根本不是其代理，相关的代理协议、签章都是伪造的，D 企业损失惨重。

资料来源：中国信保辽宁分公司. 警惕！国际贸易骗术升级，出口企业如何规避？[DB/OL]. (2023 - 01 - 09). https：//mp. weixin. qq. com/s/dCiyLpnz_de_K3NAn1m-hQ.

【案例分析】

这种利用知名国外买方名义进行诈骗的案件发生的频率呈上升趋势，且诈骗方在产品、沟通、手法方面更为专业，甚至主动提示出口企业找中国信保投保避免新客户的应收账款风险来诱导企业上当。上述两个案件中的出口企业均由于买方否认债务且无法通过其他有效方式举证与买方之间存在合同关系，导致出现了大额损失。那么该如何规避诈骗风险呢？

国际贸易诈骗案例中所谓的"合同买方"看似真真假假，其实并非毫无破绽，以下是几个国际贸易诈骗案件的共通性：

（1）贸易背景反常。一般来说，不法分子会选择发达国家实力雄厚的知名买方作为其冒用的对象，且表现出对于产品价格不太敏感，对于质量要求、设计等不会做太细节的考究。但实际上，国外知名买家与出口供应商合作不是短期可以达成的，而且其要求相对较高。因此，天上不会掉下馅饼，事出反常必有妖。

（2）看似合理的货发第三方。不法分子指示出口企业将货物发往与贸易合同无关的第三方，通常是监管较松的欠发达国家，以方便他们提走货物，或者以清关便利由将卸货港更改为与真正买方所在国无关又看似合理的周边国家港口，伪造签章从船公司提走货物。

（3）行业专业性强。不同于该类诈骗实行初期，不法分子主要针对通用性强、易于流转的商品进行诈骗的特点，"进化"后的不法分子主要针对专业性较强的商品实施诈骗，以降低出口企业的警惕性。

在欺诈案件扎堆发生的形势下，出口企业需打起精神，尤其是对于货发第三方的交易，一定要多加小心。因此，建议出口企业：

（1）在条件允许的情况下，到买方所在地进行实地走访，而非单纯进行线上交易。

（2）建议出口企业在签订贸易合同前向中国信保申请调取最新的买方资信报告，从多个渠道及时掌握买方信息，并充分了解并核实买方背景，尤其注意其实际控制人、注册经营地址、法人或授权签字人（如国籍）、经营范围、官方联系方式、邮箱的真实性等信息，高度关注买方采用 GMAIL、YAHOO 等公司邮箱而非企业私域邮箱进行联系的情况。出口企业需要对自身贸易合同的真实性和合法性负责。

（3）关注合同流、货物流、资金流三流的一致性，理清合同买方是谁？货物发给谁？收到的资金来自谁？如果存在不一致的地方，应充分考虑其合理性。

（4）初次交易采用保守的支付方式，并收取一定比例的预付款。如若有谈判困难，可以退而求其次，让合同买方通过自身公司账户拨付 1 美元定金，确认对公账户的真实性。随着合作的深入，可以逐步采用更为宽松的结算方式。

（5）高度关注买方注册地与目的港有差异的转港贸易、指示提单交货或货发第三方的情形，要求买方提供书面解释，尽可能有效控制货物物权，除非存在合理理由，建议出口企业应保持提单上的出运信息与限额（合同）买方的信息一致，同时要求使用自己选定的货代，以便控制货权。注意提单寄送时，不要寄送到不法分子指定的民宅、公共商业区地址，一定要寄送到真实买家注册地址，并指定由总经理签收，防止不法分子收到单据后，凭正本提单将货物取走。实际贸易中，船公司看到正本提单后就不会再核验来人信息，而将货物释放。

（6）关注商务部等相关专业网站的预警提示。早在2007年，商务部网站就发布了名为《近期喀麦隆不法分子商业欺诈新动向》的动态，并列明了不法分子盗用的主体及使用的商业欺诈手段，其后更是不断补充。因此，出口企业可以将其作为甄别不法分子的参考。

 复习思考题

（一）简答题

1. 请简述国际贸易欺诈的定义和类型。
2. 国际贸易欺诈的特点包括哪些？
3. 如何加强资信调查以防范国际贸易欺诈？
4. 在国际贸易中为什么需要严密合同条款以防范欺诈？
5. 国际贸易结算欺诈中常见的"软条款"有哪些？

（二）案例分析题

1. 东南亚某国银行给我国中行开立过一份不可撤销自由议付信用证，在 documents required 中关于提单 notify party 有如下条款：notify party will be advised later by means of L/C amendment through opening bank upon instructions from the applicant。但是无论通知行如何催促，开证行迟迟不发信用证修改指定提单的被通知人。为避免信用证过期，受益人只好在信用证修改之前交单，并将提单的 notify party 打成 applicant 的全称。

开证行在收到单据后以如下理由拒付：notify party on the bill of lading shown as applicant whereas L/C amendment had not been effected，即信用证修改尚未发出，提单便显示了被通知人。中行多次反驳，但开证行始终坚持不符点成立。

最后开证行来电称申请人要求降价10%才肯赎单，出口商迫于各方压力不得不接受要求，最终以损失4万美元为代价了结此事。请问：

（1）如何识别"软条款"？

（2）我方应吸取什么教训？

资料来源：叶德万. 国际贸易实务案例教程［M］. 广州：华南理工大学出版社，2016.

2. 我国 A 公司（卖方）与澳门 B 公司（买方）签订了一个出口外衣到欧洲的出口合同，出口金额20万美元，款式由 B 公司提供，面料由 B 公司指定国内供应商 D 提供，结算方式为100%不可撤销即期 L/C。收到 L/C 后，A 公司即对 L/C 仔细审核，发现有以下问题：

第一，开证申请人系第三方香港 C 公司，据 B 公司说，其货卖给 C 公司。因 A 公司与 B 公司系第一次做生意，且金额较大，A 公司即委托通知行对开证申请人进行了资信调查，调查结果显示 C 公司资信良好。

第二，有一"软条款"，要求 A 公司在议付时需提交买方出具的客检证书，且证书签署人已在开证行留有印鉴。A 公司要求取消该"软条款"，B 公司不同意，原因是服装行业普遍存在提供客检报告的惯例。合同签订后，B 公司多次催促 A 公司派人与 B 公司布料 QC 人员一道赴面料供应商 D 处购指定面料。A 公司在收到 L/C 后，即同 B 公司 QC 人员一道购回面料，经工厂入厂检验发现，其成分比例与所签合同有出入。于是 A 公司要求换货，D 公司也同意换货，这时候 B 公司不同意换，提出修改 L/C 上布料成分比例，并催促 A 公司尽快开剪，同时又要求与 A 公司签订另一个外衣合同，价值 10 多万美元，同样也是指定面料供应商 D 提供面料。此时，改证迟迟未到，离交货期已不远了，鉴于 B 公司表现出来的种种迹象，A 公司顿起疑心，提出因买方擅自变更布料成分，引起合同变化，A 公司要求买方须先支付总价值 30% 的货款作为预付款，同时取消客检证。若这两条不满足，则不开剪。此时，B 公司不仅不改正，还气势汹汹地叫嚣索赔，但不久就偃旗息鼓了。现在，给 A 公司留下了不仅仅是一堆价值百万元的布料，更多的是惨痛教训。请分析 A 公司应吸取什么教训。

3. 某年初，大连市某外贸公司 A 与香港一商人 B 签订了出口 10 万条编织袋的合同，总金额为 22 万美元。合同中规定出口方必须先付履约保证金，申请人才开证。A 公司在换汇成本低、利润大的诱惑下，按对方指定的账户汇付了履约保证金。B 即通过香港某银行开出信用证，其中含有如下的"软条款"：Inspection certificate issued by China Commodities Inspection Bureau Counter signed and endorsed by applicant whose authority and signature must be in conformity with the record held in issuing bank（中国商品检验局签发的并由申请人会签的检验证书。申请人的签字必须与开证行的档案记录相符）。此条款未引起 A 的重视。随后，货物备妥后运抵口岸，经检验后装船出运。

3 月，大连市某银行（议付行）在没有确定检验证书上开证申请人的签字是否与开证行留存的签字样本一致的情况下做了押汇，单据到香港后，开证行以检验证书上签字与签字样本不符为由拒付并退单。

至此，这笔软条款信用证给受益人和议付行都带来了严重损失，议付行 22 万美元的押汇款大部分恐难追回；受益人支付的履约保证金被申请人骗去且货物到达香港后无人提取，产生大量的仓储费，而且可能随时被拍卖。请分析此案例。

4. 国内 A 公司向法国某公司出口石材，A 公司根据合同规定于 6 月装运，并于 5

月 5 日提前催促法国公司开信用证，但法国公司一直延至 6 月 5 日才开出信用证。由于时间紧迫，A 公司接到信用证与合同简单对照后未发现问题，立即匆忙办理装船，并取得 6 月 15 日签发的提单。6 月 17 日，A 公司持有关单据向议付行交单办理议付时发现缺少"收货证明"这一单据。经议付行审核发现，在信用证最末端有这样的条款：开证申请人签发的证明书，证明收货人已经在目的港收妥货物。于是 A 公司立即与买方联系，索要"收货证明"，买方称货物到港后才能发出"收货证明"。7 月 2 日，A 公司终于收到买方发来的"收货证明"，随即向议付行提交全套单据进行议付。议付行认为交单期迟于信用证规定的装运日后 15 日内的规定期限，故无法议付。A 公司经过多次交涉，发现买方与开证行相互推诿，均不接受单据。最后 A 公司只好通过我驻外商务参赞处直接与买方交涉，答应降价 25% 而结案。请分析此案例。

5. 某年 6 月初，A 公司接到一个卡塔尔客户的订单，付款方式为即期信用证。6 月 25 日，收到客户开来的信用证，经审核发现产地证、发票、船证三份单据需要做使馆认证，但如果使用阿拉伯联合航运（United Arab shipping company，UASC）的船只，船证就不需要做使馆认证，信用证的装运期是 7 月 17 日前，装后交单期为 21 天。A 公司知道中东大部分客户都要求做使馆认证，以前也做过，取证的速度比较快，因此立即安排工厂生产。因第一次出口，实际的产品数量及包装件数只能在生产完后才能确认。A 公司认为信用证的交单期有 21 天，应该来得及。7 月 8 日，货物生产完毕，工厂立刻把数量及包装件数等通知 A 公司。A 公司立刻安排发货和产地证的使馆认证。

由于只有使用 UASC 的船才能不做船证的使馆认证，A 公司就只能订 UASC 的舱位。UASC 最近的船期分别是 7 月 14 日和 7 月 19 日，信用证的装期是 7 月 17 日，因此只能订 7 月 14 日的船。货物发运后，只等产地证、发票的使馆认证回来就可以交单议付，但一直不见使馆认证回来。A 公司于是打电话询问贸促会，贸促会回复："单据已经在卡塔尔驻中国大使馆，正在办理中。"但过了 20 天，还是没有收到使馆认证。A 公司只好发邮件给客户，请求其接受有不符点的单，客户爽快地答应了。

到 8 月 12 日，A 公司终于拿到了使馆认证的单据，于是立即交单。8 月 25 日信用证项下的款项到账。但 8 月 30 日却接到了客户的索赔邮件，说由于交单晚，造成货物到港后无法提货，产生了滞港费，索赔 1 500 美元。为了维护客户关系，A 公司赔偿了 1 500 美元。请分析此案例。

6. 某外贸公司与美国 A 公司签订了销往中国香港花岗岩的合同，总金额达 450 万美元，并通过中国香港某银行开出了上述合同项下的第一笔信用证，金额 50 万美元，购 1.5 千立方米花岗石砌石。信用证规定：货物只能待收到开证人指定船名的装运通知后装运，而该装运通知将由开证行以修改书方式发出。该外贸公司接到开立的信用证后将质保金 20 万元人民币付给了买方的指定代表。

装船前，签约人代表来产地验货，以货物质量不合格为由，拒绝发出"装运通知"，致使货物滞留产地，该外贸公司根本无法发货收汇，质保金白白丧失，损失惨重。后经调查发现，签约人合同中的地址、电话号码等系伪造。请分析此案例。

7. 某公司向美国 ABC 公司出口马桶盖。付款方式为即期 L/C，但客户要求寄 1/3 正本 B/L 以便早日提货销售，并一再声称这是美国商界现行流行做法。因是第一次交易，该公司坚持不寄，客户则坚持不寄不成交。最后在客户签定保函保证即使没有收到 1/3 提单时也会按时依据 L/C 要求付款后签订合同 1 × 20GP 柜，FOB DALIAN USD 10 500。

第一次合作很顺利，该公司刚刚寄出 B/L 就收到了客户通过银行 L/C 项下的付款。第二次合同金额增至 USD31 500，客户仍坚持带 1/3 正本 B/L。考虑到客户第一单很守信用且及时付款的事实，于是答应了客户要求。货发出后，就及时将正本 B/L 寄出并迅速向银行交单议付。十几天后再次询问客户是否已经付款时，客户答正在办理。二十几天后当发现货款仍未到账又追问客户是否已付款时，客户答：因资金紧张，过几天就付款。实际此时客户已凭寄去的正本 B/L 将货提走。三十几天后待该公司再次要求客户付款时，客户开始拖延，后来就完全杳无音信了。由于交银行单据超证出运有明显不符点，所以银行已无法帮忙，公司白白损失 20 多万元人民币。请分析此案例。

8. 中国银行南京市分行受理了某公司提交的一笔信用证项下单据，开证行为沙特阿拉伯某银行。据受益人介绍，这个信用证是由上海某外资银行通知，直到货物运出后，才发现信用证中有这样的"软条款"：Documents will be released free of payment. Payment to be effected to beneficiary upon receipt of our authenticated message authorizing you to release payment，即规定了单据将免费发放给申请人，议付行在收到开证行授权后方可对受益人付款。经银行全面审核，发现信用证中还含有这样的索汇指示：Please：draw our account with Citibank N. A. New York for the amount of negotiation after 5 business days from date of dispatch if document under telex advise to us indicating amount and value date. Provide all terms and condition are complied with，即由偿付行清算货款。根据这一规定，该行于 7 月 3 日在寄单的同时便向偿付行电汇，7 月 12 日偿付行如期解汇。然而，该银行于 7 月 19 日收到开证行的拒付电报，要求退回从偿付行所收款项，理由是信用证已经声明"将免费放单给申请人，在收到开证行授权后方可对受益人付款"，认为议付行应该在收到开证行授权后方可向偿付行索汇，指责南京市分行提前索汇的行为违反了信用证的规定。经过双方争议磋商并历经四个多月的较量，最后才得以解决，为企业挽回了损失。请分析此案例。

9. 某化学品出口企业的巴西客户存在一笔货款逾期情况，出口企业催款后买方称其下游客户拖欠货款，故暂无力支付，但承诺会尽快付款。因出口企业与该买方合作多年，于是同意给予买方一定的宽限期。后出口企业的业务员在操作过程中发现其邮箱存在大量邮件无故缺失的异常情况，因此对近期邮件进行了核查，发现上述巴西买方当前沟通所使用的邮箱后缀为@ cherngreen，而该买方以往使用的邮箱后缀为@ chemgreen。

发现该情况后，出口企业立即向买方正确邮箱发送邮件询问付款情况，买方反馈货款已根据"出口企业"的指示付至其西班牙账户。由于情况异常且存在较高收汇风险，出口企业遂委托中国信保介入调查追讨。

根据调查，买方反馈从未使用过后缀为@ cherngreen 的邮箱与出口企业沟通。同时，买方提供了"出口企业"要求更改收款账户的原始邮件（邮箱地址与出口企业邮箱一致），该邮件显示"出口企业"以内部审计为由，要求买方今后半年内的货款均付至其西班牙账户。

根据双方提供的邮件记录，调查人员初步判断本案应属出口企业邮箱被第三方盗用，后向买方发送假的付款指示，导致货款被骗取。最终因出口企业无法与买方就货款问题达成一致意见，出口企业该笔货款未能收回。请分析此案例。

10. 广东省中山市的 A 企业主要出口淋浴产品，某年 6 月与日本 B 公司签订出口合同。经中国信保调查，B 企业为日本一家成立超过 70 年、拥有过万名员工、已在东京交易所上市的电力公司，主要提供电能。看着资信报告中 B 的行业和双方风马牛不相及的产品，中国信保客户经理立即警觉起来，第一时间与出口企业 A 联系，详细了解细节。

经过帮忙核查买家邮箱，发现所谓的"B 买方"通过仿造与真实 B 企业相似的邮箱后缀（真实的 B 企业邮箱后缀为@ abcd. co. jp，本案假买方邮箱为@ acbd. co. jp），企图颠倒邮箱后缀顺序以假乱真，骗取出口企业货物。请分析此案例。

第十章　国际贸易风险及其案例

第一节　国际贸易风险概述

一、国际贸易风险的含义

国际贸易风险是指在国际贸易中出现的风险。具体地说，国际贸易风险是指在国际贸易中与贸易相关的某些因素在一定时间内发生始料未及的变化，导致国际贸易主体的实际收益与预期收益或实际成本与预期成本间存在不一致，从而蒙受损失的可能性。

二、国际贸易风险的类别

（一）宏观角度

从宏观角度看，国际贸易风险包括国家政治风险、商业风险。

1. 国家政治风险。国家政治风险指在跨国的国际经济活动中发生的，由于企业所在国的某些国家行为而引起的重大事件，使得对外贸易无法顺利开展，从而给企业造成经济损失的风险。国家政治风险在对外贸易中涉及面非常广泛，通常包括下列内容：战争和政治性暴力事件，一些发展中国家政局不稳、政权更迭，宗教、民族冲突此起彼伏，甚至爆发内战或国家分裂，导致与这样国家的贸易无法进行；国家对进出口商品的贸易管制，禁止或者限制商品的进出口；国家对外汇的管制，使货款无法兑换成可自由兑换的货币或无法将可自由兑换的货币汇出进口国；国家的一些歧视性的措施，对进口关税税率的调整和设置反倾销、反补贴的贸易壁垒等，都将给对外贸易带来风险。企业对于这一类风险一般难以控制。

2. 商业风险。商业风险是进出口商在对外贸易活动中因对市场的不确定因素分析把握不足，造成经营失利而承担的风险。引起商业风险的原因有物价的降浮、币值、汇率的涨落，市场的兴衰以及储运中的风险。另外，国际贸易商人信誉不等，企业机构复杂，很容易产生欺诈活动，稍有不慎，就可能上当受骗，甚至使经营者蒙受严重的经济损失。

（二）微观角度

从微观的角度看，国际贸易风险包括合同风险、运输风险、价格风险、结算风险、外汇风险。

1. 合同风险。在对外贸易中，合同条款本身给双方当事人带来的风险。例如，合同中的品质条款和商品的检验条款及法律条款容易因注重价格和付款方法等而被忽视，其漏洞一旦被买方利用，卖方的利益无从保障。

2. 运输风险。在对外贸易中，货物由出口商交付给进口商的过程中需要经过长途运输及多次装卸和存储，有遇到各种难以预料的自然灾害和意外事故而遭受损失的风险。

3. 价格风险。由于国际市场的供给和需求发生变化，导致市场价格的瞬息万变、涨落不定，给对外贸易经营者带来效益损失的风险。

4. 结算风险。国际结算时因商业信用或银行信用问题造成的风险，包括出口商所交单据与货物不符；进口商拒绝付款、拖欠货款；开证银行因破产、停业或接管等无力偿还债务，开证行拒付货款、拖欠货款等。

5. 外汇风险。由于外汇汇率变动，特别是金融危机爆发时，各种货币汇价涨落给交易双方带来的风险，具体分为外汇买卖风险、外汇交易风险和会计结算风险。

三、国际贸易风险的特点

（一）客观性

国际贸易中的风险都是客观存在的，并不会因为人的意志而发生变化和转移，贸易的风险性也是整个贸易过程中的必然产物。换言之，能够产生国际贸易风险的因素众多，其中，大部分风险来源于各个企业在经营中产生的复杂问题。另外，市场经济主体在认识方面存在局限性也导致国际贸易的风险时常发生。

（二）不确定性

由于国际贸易涉及的买卖方较多，而且交易形式多种多样，交易方法也不统一，所以许多国际贸易风险都会表现出一定的不确定性，而且还会通过一些偶然事件表达出来。

（三）无意识性

国际贸易风险在无意识的情况下发生，国际贸易各有关方面必须承担风险带来的后果。在国际环境日渐复杂化的背景下，我国很多贸易主体没有强烈的主观意识，使其很难准确地预测到贸易风险，从而无法避免或降低贸易风险带来的后果，但他们却必须无条件地承担各种贸易风险带来的不良后果，这就加剧了国际贸易风险发生的程度。

（四）复杂性

一方面，参与国际贸易活动的主体以及涉及的环节较多，再加上交易时间和交易距离的影响，每个交易环节都可能出现风险；另一方面，导致国际贸易发生风险的变数较多，且每种因素的影响概率难以预测与估算，所以进一步加剧了国际贸易风险的复杂性。

四、国际贸易风险的防范

（一）调查和掌握新老客户的资信情况

国际经济环境变化快，加上企业管理层理念的不同，因此要加强新、老客户的资信调查。

调查客户情况应包括政治背景、资金状况、经营范围、经营能力和信用状况等。调查的途径通常分为三种：第一种是通过我国驻外使（领）馆的商务机构进行调查。我国驻外使（领）馆的商务机构（经济商务参赞处或经济商务参赞室）对当地企业的情况比较了解，可以委托他们调查当地企业的资信情况。第二种是通过中国境内的银行进行调查，由此可以了解到被调查对象的资历与借贷信誉等属于银行内部的资料。第三种是委托国内外的专业咨询和资信调查机构进行调查。比如，中国出口信用保险公司是国内权威的出口信用咨询机构并承担出口信用追债业务，对客户风险给予量化，并对海外应收账款进行监控和预警，同时将上述工作流程制度化，实现用统一的尺度衡量公司各项外贸业务，避免了简单依靠业务人员对进口商的描述来衡量客户的信用额度。

（二）严谨签约交易合同

防范风险，首先，要签订合同；其次，在签订合同时既要重视价格条款，又要注重检验条款，要保证每个合同和条款均不出差错；最后，合同条款内容要合理，充分考虑到实际情况。例如，在合同中应规定进口商样品确认最迟期限，如在FOB下还应该规定进口商航运安排的最迟期限。只有合同正规，交易才会规范。不少企业不重视合同的签订，认为即使签订了外销合同，如果发生纠纷，也没有时间和精力去海外诉讼，即使诉讼成功，也无法获得判决执行，因此，签订合同就没有成为贸易过程中一个不可缺失的步骤。另外，据有关部门调查，合同中没有检验条款、对产品品质没有检验验收标准的合同约占总合同的1/3。这些贸易从开始就潜伏着没有合同约束和法律保障的风险。还有些企业对一些自身无法控制的工作没有在合同中给予责任的界定。比如，在签署外销合同之前出口商没有充分估计自身的加工条件、采购能力和航运安排等因素，一味争取订单而压缩工期，这都会给履约造成风险。

（三）科学选择和使用结算方式

在国际贸易中使用的主要支付方式有汇付、托收和信用证。汇付和托收都属于商业信用，风险较大。信用证结算以银行信用为担保，风险相对小得多。一般而言，信用证属于凭单付款的支付方式，只要出口商提交的单据符合信用证的要求，开证行（付款行）就应付款。但是即使信用证结算，贸易纠纷，甚至是拒付纠纷也不时发生。这说明选择信用证支付方式对出口方而言并非万事大吉，买家成功利用信用证"软条款"等方式向卖家转移风险的情况时有发生。采取信用证结算的方式，其目的是通过银行信用为收汇提供保障。但实际业务中有时会出现买方有意不付款并设立圈套，或银行因资信状况较差进行拖欠付款或擅自放单等不规范操作，致使银行信用在实质上最终转化为商业信用。

为了避免损失的发生，企业应注意以下方面：

1. 针对买家以及开证行进行必要的资信调查工作，从源头上降低欺诈发生的可能。

2. 接到买方开来的信用证要仔细核对是否和合同条款一致，如果有不符之处应尽快要求对方改证。除此之外，还应关注核对信用证是否包含不能接受的"软条款"，是否要求提供无法获取的或不符合法律法规规定的单证，且信用证通知行最好是国内银行，以便核对真假，从而更好地完成审单工作。

3. 出口商应提高自身制单水平，避免中间环节的失误，做好"单单一致，单证一致"的工作。

4. 实务证明各国银行之间有着或多或少的联系以及相互影响力，同行业追讨最有效。一旦发生因开证行信誉不良导致拒绝付款、拒绝承兑等情况，应与国内银行通力合作或委托专业机构及时向对方提出抗议。

（四）利用保值条款，防范汇率风险

在国际经济往来中，进口商在签订合同时应尽量使用本币。同时，争取在进口时要求使用软币支付，出口时则使用硬币结算，这样操作虽然可以降低风险，但是随着

国际政治经济形势的变化，硬币有可能成为软币，软币也可能变为硬币。当然，贸易双方都会争取有利的货币作为计价货币。此时，也可在合同中通过保值条款或调整价格、利率等措施来进行协调和补偿。保值条款的种类很多，一般有黄金保值条款、外汇保值条款和调价保值条款。为了规避外汇风险，相关人员还必须精通外汇交易。常用的外汇交易形式主要是远期外汇交易和期权交易。

（五）严格依据法规办事，遵循国际贸易惯例

为整顿和规范国际贸易市场经济秩序、保护国家和企业的利益，以及更好地与国际经济接轨，国家制定了一系列的进出口法律法规。在国际贸易活动中，只要严格执行和正确运用这些法律法规，就会使贸易工作更加规范有序，就能积极有效地防范贸易风险。在进行出口贸易时，可根据《中华人民共和国对外贸易法》《中华人民共和国海关法》《中华人民共和国出口管制法》《中华人民共和国食品安全法》《中华人民共和国商品检验法》等法规的有关条款，对操作活动进行规范。同时，依据上述法规，对对方的操作行为进行甄别，并在此基础上分析评估此项业务的风险大小，最后决策运作与否。通过上述法律在实践中的运用和程序规范，可有效地识破和防范对方隐藏的欺诈手段，做到防患于未然。在对外贸易活动中还必须遵守国家对外缔结或参加的有关国际贸易、国际运输、商标、专利、工业产权与仲裁等方面的条约和协定，如《联合国国际货物销售合同公约》和同各国签订的双边贸易协定与支付协定等。同时，要遵循国际贸易惯例。国际贸易惯例是在国际贸易长期实践的基础上逐渐形成和发展起来的，是由国际性组织或商业团体制定的有关国际贸易的通则、准则和规则，也是国际贸易法律的重要渊源。

（六）紧跟形势与时俱进

国际贸易的风险控制工作应根据市场和业务的发展与变化的情况，不断重新对风险进行识别和度量，不断寻找，发现和更新风险应对措施，以保证业务的顺利进行和不断发展扩大。企业应依靠科技进步，重视科技成果在生产中的运用，不断开拓新产品，在提高产品的质量、档次和加工深度上下功夫，而不是拼价格、比数量，要不给进口国反倾销留下口实。

积极推行国际标准，提高我国标准档次。针对发达国家相继采用各种标准来构筑技术性贸易壁垒，如欧盟的 CE，美国的 FCC，日本的 PSE 认证等都属于强制性的合格标志，只有当商品符合这些标准时，才允许进口。我国企业要使自己的产品走向发达国家市场，必须积极采用国际标准，甚至是国外最先进标准。

企业要实施名牌战略。品牌、商标是一种无形资产，企业通过创名牌，可以塑造

其在国际贸易中的形象和地位。创名牌、保名牌的过程，本身就是企业不断提高产品质量、不断保持产品更新换代的过程。企业重视产品质量，提高产品档次，也是规避技术性贸易壁垒带来的政策风险的一种有效手段。

（七）投保出口信用保险

出口信用保险是国家为了鼓励并推动本国的出口贸易，为众多出口企业承担由于境外发生商业风险和国家政治风险而引起的收汇损失的补偿措施。出口企业在出口货物、技术和服务以及海外投资等相关外经贸活动中，向中国出口信用保险公司提出投保申请，保险公司出具保险单，当国外债务人发生商务风险或其国家发生政治风险，导致出口企业的应收账款难以收回时，中国出口信用保险公司按照保险单规定负责赔偿经济损失。出口信用保险通过风险保障功能，对出口企业在国际贸易中所面临的信用风险进行规避，提供保障，促进本国对外贸易的发展。

第二节　出口信用保险

一、出口信用保险概述

出口信用保险简称出口信用险，是各国政府为推动本国出口、对外投资和工程承保等而设立的政策性保险。

出口信用险出现于 20 世纪初。1919 年，英国首先开办了出口信用保险，之后各国纷仿效。目前全球贸易额的 12%～15% 是在出口信用险支持下实现的，有的国家超过了出口总额的 1/3。我国从 20 世纪 80 年代开始发展出口信用险。1988 年，中国人民保险公司设立了出口信用保险部；1994 年，中国进出口银行成立，其业务也包括出口信用保险。2001 年 12 月，以上两家机构的出口信用险业务合并后组建成我国第一家专门的出口信用险机构——中国出口信用保险公司（以下简称中国信保），目前该公司仍然是我国唯一的出口信用保险机构。中国信保在信用风险管理领域精耕细作，成立了专门的国别风险研究中心和资信有限公司，资信数据库覆盖全球 4.2 亿家企业银行数据，拥有海内外资信信息渠道超过 400 家，资信调查业务覆盖全球所有国别、地区及主要行业。截至 2023 年末，中国信保累计支持的国内外贸易和投资规模超过 7.98 万亿美元，为超过 31 万家企业提供了信用保险及相关服务，累计向企业支付赔款 216.9 亿美元，累计带动近 300 家银行为出口企业提供保单融资支持超过 4.8 万亿元人民币。

（一）出口信用险与国际货运保险的区别

1. 保险标的不同。国际货运保险的保险标的是进出口货物，出口信用险的保险标的是出口企业的应收账款。

2. 承保的风险不同。货运保险承保的是自然灾害、意外事故及某些社会风险，出口信用险承保的是商业信用风险和政治风险。这些风险无法计算概率，一般商业保险公司不愿承保，因此由政府支持的出口信用保险机构承保。

3. 保险目的不同。货运保险主要是为了盈利，出口信用险主要为了支持本国对外经济贸易的发展。

（二）出口信用险的作用

1. 保障收汇安全。投保出口信用险，在发生收汇风险时，信用保险公司可以帮助企业追讨应收账款，追讨不回可以得到信用保险公司的补偿。

2. 增强国际市场竞争力。国际市场上的竞争不仅有商品价格和质量的竞争，还有支付方式的竞争。近年来，国际市场上采用 D/P、D/A、O/A 等非信用证结算方式的企业越来越多，采用这些结算方式虽然增强了企业的竞争力，但同时也加大了收汇风险。投保出口信用保险可以使企业大胆地采用这些结算方式。

3. 有利于加强风险管理。投保出口信用保险后，信保公司要对国外买家进行资信调查，评估出口风险，这些工作可以帮助企业加强风险管理。

4. 有利于企业融资。投保出口信用保险可以提升企业的信用等级，使企业更容易得到银行的融资。

二、中国信保的产品

中国信保通过为对外贸易和对外投资合作提供保险等服务，促进对外经济贸易发展，重点支持货物、技术和服务等出口，特别是高科技、附加值大的机电产品等资本性货物出口，促进经济增长、就业与国际收支平衡。其主要产品及服务包括：中长期出口信用保险、海外投资保险、短期出口信用保险、国内信用保险、与出口信用保险相关的信用担保和再保险、应收账款管理、商账追收、信息咨询等出口信用保险服务。其中与国际货物贸易关系密切的是短期出口和中长期出口信用保险，与一般出口企业关系密切的是短期出口信用保险。

（一）短期出口信用保险

短期出口信用保险承保 1 年以内由商业风险和政治风险导致的出口收汇风险。

商业风险包括买方破产或无力偿付债务，买方拖欠货款，买方拒绝接受货物，开证行破产、停业或被接管，单证相符、单单相符时开证行拖欠或远期信用项下拒绝承兑。

政治风险包括买方或开证行所在国家、地区禁止或限制买方或开证行向被保险人支付货款，禁止买方购买的货物进口或撤销已颁发给买方的进口许可证，买方所在国发生战争、内战或者暴动导致买方无法履行合同或开证行不能履行信用证项下的付款义务，买方支付货款须经过第三国颁布延期付款令。

中国信保短期出口信用险的品种有综合保险、统保保险、信用证保险、特定买方保险、买方违约保险和特定合同保险等。

下面以综合保险为例说明短期出口信用保险的操作过程。

1. 投保。出口商填写短期出口信用保险综合险投保单，并随附有关资料向当地的中国信保营业机构投保，信保同意后签发短期出口信用保险综合保险单。

2. 申请买方信用限额。收到保险单后，出口商要为保单适用范围内的全部海外新旧买家申请信用限额。信保为买家核定限额后签发短期出口信用综合险买方信用限额审批单。

3. 申报出口。出口商应在买家信用限额生效后出口。每批货物发运后，应于 15 日内逐批填写短期出口信用综合险出口申报单进行申报。申报单的填写应实事求是，否则保险公司对申报的出口损失不予赔偿。

4. 缴纳保险费。申报出口后，出口商应在 10 日内缴纳保险费。

5. 填报可损通知。货物出运后，如获悉买方破产、无力偿付、拒绝收货或者发生了保单所列的政治风险，出口商应在 10 日内向中国信保提交《短期出口信用保险可能损失通知书》（简称"可损通知"）；对买方拖欠货款，应在两个月内提交"可损通知"。在提交"可损通知"后的赔偿等待期间，出口商应根据信保公司的指示努力催收货款，并及时通知信保公司追讨的进程和结果。对可损金额较大的案件，出口商可委托信保公司追讨；如果自己追讨，应在规定的自行追讨期限内（1 个月）向信保公司通报有关情况。

6. 索赔。如果追讨无效，保险条款规定的赔偿等待期届满，出口商应尽快填写期出口信用保险索赔申请书并随附有关资料向信保公司索赔。对保险责任范围内的损失，保险公司按保单明细表所列商业信用风险和政治风险所致损失的百分比进行赔偿，赔偿金额以不超过批准的买方信用限额的上述百分比为限。

（二）中长期出口信用保险

中长期出口信用保险指承保期限在 1 年以上 10 年以内、金额在 100 万美元以上的出口信用保险，承保因商业风险和政治风险导致的收回延期付款的风险以及融资机构收回贷款本金和利息的风险。

中长期出口信用险主要用于支持机电产品和成套设备等资本货物的出口和海外工程项目承包，支持银行等金融机构为出口企业提供出口信贷。中国信保中长期出口信用险的品种有出口买方信贷保险、出口卖方信贷保险和再融资保险。

第三节　案例分析

案例一

【案情介绍】

在国际贸易中，为节省寻找客户的成本和时间，买卖双方通过中间商交易是一种十分普遍的现象。当贸易合同涉及多个责任主体时，由于合同本身的形式更加多样化，涉及的法律关系也更加复杂，中间商业务相较于直接交易不可避免地会滋生出更多风险。对于该类业务，因买方本身的资质往往优于中间商，出口企业在注重防范中间商风险的同时难免疏于关注买方本身存在的问题。

国内某出口企业 A 同英国买方 B 存在多年合作关系，贸易订单由 B 公司通过香港代理商 C 向 A 出具。2023 年 10 月，A 公司发现贸易项下出现拖欠情况，遂向 B 公司催讨货款。其后由于买方始终不予回应且故意躲避追讨，A 公司决定向中国信保报损索赔。

中国信保海外渠道介入调查后发现，因市场环境影响及自身经营不善，买方 B 此时已陷入财务恶化的状况，但依旧维持正常经营活动。

通过实地拜访，最终接触到买方 B 负责人。后者虽承认收货但拒绝付款，宣称因未同出口企业签订过贸易合同，故不具有付款义务。

通过审核本案贸易单证，中国信保理赔人员发现，贸易订单上仅出现出口商 A 和代理商 C 两个主体，未列明代理商 C 与"实际买方"B 之间的关系，且商业发票亦由出口企业 A 向代理商 C 出具。由于订单、发票等单证约定不明确，且出口企业 A 也未能提供往来邮件等其他证据予以佐证，故本案无法确认 A、B 间存在债权债务关系。

同期，该 A 企业接到另一美国买方 X 通过中间商 Y 发送的订单后出口两票货物，收货人分别为买方 X 和位于墨西哥的第三方 Z。由于发生拖欠风险，A 公司向中国信保报损索赔。

中国信保海外渠道介入后，买方 X 以未收到第二票货物为由拒绝承认该部分债务，且否认曾经指示出口企业发货给第三方收货人 Z。经过与出口企业 A 沟通，中国信保理赔人员得知，第二票货物的运抵地和收货人系由中间商 Y 通过微信告知更改，除微信记录外双方未保留其他书面证据。针对以上情况，中国信保海外渠道尝试联系中间商 Y 进行核实，但后者拒绝配合，不予回应。经审核买方 X 出具的委托代理协议发现，Y 仅有代表买方发送订单的权利，无权擅自更改收货人信息等具体合同内容。综合以上情况，无论更改收货人是否确由买方 X 授意，在其未收到货物的前提下，本案无法确认买方负有相关付款责任。

资料来源：中国信保上海分公司．警惕中间商业务中的买方道德风险［DB/OL］．（2022 - 11 - 09）．https：//mp. weixin. qq. com/s/1rfSxszxnuFUb2V-ssDCfw.

【案例分析】

上述 A 企业的案例中，在买方本身疑似具有道德风险的情况下，双方贸易合同订立时的疏漏恰好为买方提供了逃避债务的借口及法律依据，最终造成了出口企业无法主张债权的恶果。

针对类似情况，建议出口企业关注以下几个方面：

（1）重视中间商身份及代理关系的证明。如遇买方委托中间商下单的情况，应尽可能与最终买方 A 直接取得联系，获取买方签字或盖章的委托代理协议，并仔细审查中间商拥有的代理权限，避免其成为买方违约的"挡箭牌"。

（2）重视合同的签署及法律关系的审核。贸易合同或贸易订单中应明确约定"买方"和"卖方"责任主体的身份，明确双方的债权债务关系，明确到底是谁具有付款义务。在关键条款中尽量避免含糊其词或玩弄文字游戏。

（3）警惕异常信号。在贸易过程中，买方突然更换代理商、更改收货人、更改邮箱或要求向第三方开具发票等异常行为的出现往往预示着风险的发生。出口企业应及时予以重视，明确异常信号出现的真实原因，并保留往来邮件作为书面证据。

案例二

【案情介绍】

国际贸易中，买方出于多种考虑，有时会指示卖方将货物直接发往合同外的第三方，比如，买方希望加快清关速度、降低税费，选择以第三方名义（通常是清关公司）作为提单收货人并安排进口清关。此种情况以俄罗斯、巴西等国买方较为常见，许多出口商对此早就习以为常，而忽略了其中蕴含的风险。

某出口商 A 公司自称与俄罗斯买方 B 公司合作多年，交易金额上千万美元，后买方拖欠货款，A 公司委托中国信保向 B 公司展开调查追偿，B 公司否认采购和收到涉案货物。经审查 A 公司提供的贸易单据，后者仅能提供多年前签署的一份框架协议复印件，后续并无正式订单，且提单显示提货人均非 B 公司，付款水单显示的付款人与提单一致，A 公司称提货人是 B 公司指定的清关公司，但 B 公司坚决否认指示清关公司提货。由于 A 公司无法提供实质书面证据，导致后续主张债权异常困难。

资料来源：中国信保企业服务浙江分公司．展会之后切勿放松警惕，老买方蕴含大风险！[DB/OL]．（2023 – 05 – 08）．https：//mp．weixin．qq．com/s/ge6n9zyP_aqftIoq4pFfxA．

【案例分析】

除俄罗斯以外，在一些新兴市场以及欠发达国家，买方要求将提货人变更为清关公司或代理进口商的情况也广泛存在，当然，最受诟病的非"灰色清关"莫属。在有些案例中，买方甚至要求出口商配合签署低价合同、出具阴阳发票配合其"灰色清关"行为，其后赖账手段频出。而俄罗斯法律中，当地法院会要求出口商提供正本贸易单据（如贸易合同、书面指示文件、收货证明等），相关文件缺失导致出口商难以通过法律手段保障自身权益。

出口商应尽量避免参与"灰色清关"活动。另外，应注意保留完备的贸易合同、出货指示、买方收货证明，并在获得电子版的同时尽量索要正本。除此之外，通过明确资金流向（比如预付款由买方直接支付），进一步将所有文件建立勾稽印证关系，形成相对完整的证据链条，对于风险发生后有效保障自身权益至关重要。

案例三

【案情介绍】

出口企业 A 公司通过某国际站收到美国买方 B 询盘，产品为护目镜，买方 B 表示产品将用于其海外网站销售。买方 B 收到护目镜样品后表示满意，随即下单 500 副护目镜并以 T/T 付款方式支付，之后一个月内又下单 5 000 副护目镜，货值 2 万美元。A 公司建议买方 B 通过 T/T 付款，但买方 B 要求当天发货，称 T/T 转账较慢，于是提议将货款支付至 P 平台。A 公司认为已有小额收汇记录，遂同意买方 B 使用 P 平台付款，并使用 DHL 国际快递发货。买方 B 将 2 万美元付至 P 平台后，A 公司于 2021 年 6 月发货，买方 B 于 7 月签收货物后上架海外网站进行销售。后续买方 B 称下家对产品给予差评，要求 A 公司给予折扣，A 公司与买方 B 达成了给予 700 美元折扣的和解协议。

由于 P 平台的规定，款项支付至平台后的 180 天内，买方提出申请，经 P 平台的审核后方可退款。本案中买方 B 通过 P 平台提出退款，但未通过 P 平台的审核。B 公司于次年 1 月通过信用卡撤回款项，P 平台与信用卡发卡方也进行了协商但未果。

A 公司在与买方 B 多次沟通无果后，由于投保了出口信用保险，A 公司向中国信保报损。中国信保第一时间委托海外渠道介入调查，获悉买方 B 承认贸易事实但拒不付款。中国信保经审核，认定买方 B 存在信用问题，于是对本案进行及时赔付，弥补了 A 公司的损失。

资料来源：中国出口信用保险公司．警惕跨境电商中第三方支付方式风险［DB/OL］．(2022 - 07 - 14)．https：//mp. weixin. qq. com/s/zJLp7jDrOOcz2FRGUPuJTQ.

【案例分析】

使用第三方支付方式是跨境电商交易中主要的支付方式，具有汇款即时到账、交易手续费低等优势，深受广大跨境电商企业的青睐，但这并不意味使用第三方支付方式可以做到万无一失。与传统的国际结算方式（汇款、托收、信用证）相比，第三方支付方式有更多的风险敞口。

在传统的国际结算方式中，银行只是作为贸易双方的代理办理款项收支，遵守其与贸易双方所签订的合同约定或国际惯例，单据符合要求即可将货款转出，对于贸易双方之间的纠纷并不介入。而第三方支付平台往往会深入了解买卖双方的贸易纠纷，并根据审核作出裁决。

上述案例中，P 平台是全球知名的第三方支付平台，其平台规定如下：

(1) P 平台对争议的处理。根据 P 平台的"买方保障计划"的规则，买方可以因两种理由向 P 平台提出补偿申请："物品未收到"和"物品与描述显著不符"。在该申请下，买方需要在付款之日起的 180 天内提出争议。若买方与卖方无法达成一致意见，买方可以在提出争议后的 20 天内将争议升级为补偿申请，卖家在 P 平台中与此交易相关的资金也将被冻结，直至争议解决或关闭。在争议升级后，P 平台则需要买方或卖方提供相关的文件或信息，双方必须按照要求及时回复。随后 P 平台会对双方的观点和证据进行审核，并作出裁决。

(2) 向信用卡机构申请撤单。P 平台规定，若买方使用信用卡付款，如出现对交易不满意的情况，可以针对相关交易向发卡机构提出争议，即使该争议未通过 P 平台的审核，也有可能获得退款。买方就使用卡付款的交易提出退单请求后，买方是否胜诉由发卡机构确定，而非 P 平台。

信用卡在国外，特别是欧美国家是较为普遍使用的支付方式之一。在信用卡支付中，国外发卡组织为了更好地保护持卡人的利益，对未经本人同意或本人未从中受益的交易，持卡人可以选择撤回交易。在国外，信用卡付款被撤回的可能性并不小。买方可以通过信用卡被盗、物品未收到、物品与描述不符等名义要求信用卡公司撤回交易，而信用卡公司一般也会倾向于维护买方权益。

案例中的买方 B 为了逃避付款责任，分别利用了上述平台的规则和漏洞：先是通过 P 平台发起争议，在平台审核并作出有利于买方的裁决后，又向信用卡机构申请撤销该笔付款。从中可以看出，平台本身对信用卡撤回的控制力较弱，当发卡机构作出有利于买方的裁决后，P 平台上的货款也随即被撤回，这也导致了出口企业的损失。

结合上述案件，建议出口企业：

（1）谨慎使用第三方支付平台进行结算。在 P 平台类第三方支付平台上，买方可以通过向平台发起申诉等方式申请冻结卖方在账户中的资金，而此类第三方平台通常对买方有很强的保护措施，在买方提出争议时往往会倾向于买方，从而冻结卖方在 P 平台上的资金。如果买方通过信用卡支付货款至 P 平台，如本章案例所示，也可通过撤单的方式撤回支付。因此，对于小额交易，建议及时、定期将到账资金从 P 平台转出；对于大额交易，建议使用传统的 T/T 等支付方式，以避免货款被撤回的风险。

（2）充分了解第三方支付平台的规则。在特殊情况下，即使要使用第三方支付平台，出口企业也要在出货前详细了解平台的相关规定，比如 P 平台的"卖家保障计划"，该计划规定，在买方提出撤销付款申请时，出口企业必须提供有效的发货证明或送达证明，以证明物品已在 P 平台通知撤销后的两天内运送或提供给买方，且必须能够识别相关交易的收货地址。如果卖家最初将物品运送至"交易详情"页面上收货人的收货地址，但物品后来被转运至其他地址，那么将不符合 P 平台卖家保障的条件。同时，需时刻关注第三方支付平台对于争议的反馈，及时回应其关于提供文件和其他信息的要求，以免超出争议解决的规定时间。

（3）对买方做背景调查。虽然买方付款是通过第三方支付平台，但贸易的主体仍是买卖双方，不会因为买方通过第三方平台交易而降低买方的信用风险。因此，在出口企业开展业务时，建议对买方做详细的背景调查，在与海外买方成交之前，要了解客户的背景、成立历史、销售业绩、行内声誉等资料，从而对买方的信用风险作出可靠判断。

（4）增强应对纠纷的能力。在贸易的过程中，海外买方可能提出贸易纠纷，特别是在跨境电商交易中，由于第三方支付平台偏向买方的政策，对出口企业提出了更高的要求。对于买方提出的货物短缺或未收到货等纠纷，建议卖方在发货前确认买方地址是否与经营地址、平台收货地址一致，并妥善保存发货单据、买方签收单等材料，当买方提出该类纠纷时，可向支付平台提供详尽的资料。对于买方提出的质量问题纠纷，建议在合同中与买方约定货物的标准、质检机构、质量争议的索赔期限等条款，并规定出运后解决争议的方法，在合同层面完善双方的义务条款。

案 例 四

【案情介绍】

A公司是广东省一家主营家居服饰销售的公司，其与欧洲买方B签订销售合同，并向买方出运了4批货物，货值金额约为6.5万美元。双方约定支付方式为见提单复印件付款，但货物出运后，A公司未向买方发送提单复印件。货物到港后，买方B表示因资金困难，需要延期付款，希望A公司先行放货供其销售。考虑到如货物滞港，则会产生高额滞港费、仓储费等，A公司无奈之下选择了放货给买方B。

A公司放货后还抱着幻想，希望买方能将货物销售后尽快还款，然而，屋漏偏逢连夜雨，买方B销售一直不理想，半年过去了，买方仍然没有付款。此时，A公司想到之前曾申领过中国信保的小微信保易保单，便向中国信保广东分公司申请索赔并委托追讨。

中国信保广东分公司收到A公司的索赔及委托追讨需求后，立即委托买方当地追偿渠道介入调查追讨，据调查反馈，买方B已进入破产清算程序。了解到买方破产消息后，中国信保广东分公司当地渠道也同步协助A公司向买方接管人登记债权。经梳理案情，中国信保广东分公司发现本案中A公司的操作存在一定瑕疵。

首先，A公司和买方B约定支付条件为见提单复印件付款，但本案货物出运后，A公司未向买方B发送提单复印件，这将导致无法确认买方的应付款时点。

其次，在货物到港后，A公司未事先征求中国信保的意见，未对各种可能的货物处理方案进行详细的损益分析，便直接放货给买方B，这也将影响A公司的保险权益。

最后，在买方发生风险信号后，A 公司未及时向中国信保提出索赔并委托中国信保介入调查追讨，导致后续中国信保介入时，买方已破产，对后续的调查追讨工作产生了较大的不利影响。

资料来源：黄娜，刘嘉琼.「见提单副本付款」就没有风险了吗？[DB/OL].（2023 – 09 – 01）. https：//mp. weixin. qq. com/s/TwveF5X7LiM-AL0uTZqLeA.

【案例分析】

在支付方式为见提单副本付款的业务中，买方可能由于各种原因迟延或拒绝支付货款，导致货物滞港。当买方未按销售合同约定付款时，即已发生保单约定的风险，建议出口企业根据保单约定，及时向中国信保进行报损，并与中国信保保持沟通，寻求最佳的货物处理方案。

对于出口企业采用见提单副本付款的支付方式，建议：

（1）在出运前，一定要摸清买方信用，对于信用级别不同的买方，甄别选用不同的支付条件。例如，对于初次合作买方，建议尽量约定发货前付清款项；对于近期资信情况有变化的买方，也可采用适当加大预付款比例等方式。

（2）发货后，原则上出口企业应按照销售合同履行己方义务，如及时发送提单副本给买方并留下书面记录等，避免未按约定操作影响应收账款确立。此外，还要定期跟进买方还款进度，定期进行催收工作并留存书面记录。

（3）如果出现买方不付款导致货物滞港的情况，建议出口企业及早与中国信保沟通，充分考虑各种货物处理的可能性，进行详细的损益分析，争取最优的货物处理方案。

 复习思考题

（一）简答题

1. 国际贸易风险可以分为哪些类别？请分别解释这些类别。

2. 国际贸易风险有哪些特点？在国际贸易中，如何防范合同风险？

3. 出口信用保险的作用是什么？

4. 简述出口信用保险与国际货运保险的区别。

5. 根据教材中提到的国际贸易风险防范措施，讨论在实际业务中企业应如何平衡风险控制与贸易效率之间的关系？

（二）案例分析题（请分析下面的案例，并指出各属于进出口业务中哪些环节的风险）

1. 国内某出口公司欲出口一批不锈钢加工制品到欧洲，当时约定由出口方先按照买方的图纸开模具，模具经买方验收合格之后，双方签订正式的买卖合同，并由买方在出口方大量生产之前一次性付清模具费。出于对买方的信任，该出口方马上就投入人力、物力开了模具。结果买方却迟迟不来验收模具，更谈不上支付模具费和签订正式的买卖合同了。

2. 广东某公司一直对欧美市场出口飞行鞋，并有较强的研发能力，每年初都会推出 20 款左右的新设计方案供客户选择。某次，他们接洽了来自 K 国的客户，并带客户参观了车间和样品间。结果该公司不久就发现美国市场上有很多同样设计的飞行鞋，是由其他国家出口到美国的。该公司由此损失了大量的研发费用。

3. 中国某外贸公司（卖方）曾在广州秋交会上与英国某商人（买方）按 CIF 伦敦条件签订一项出口白薯干的合同，由于卖方货源充沛，急于出售，当月成交时，便约定当月交货，后因卖方临时租不到船，未能按期交货，致使双方产生争议，买方遂提请在中国仲裁，结果，卖方败诉。

4. 我国某公司 A 向孟加拉国某公司 B 出口一批货物，合同价值约为 USD 20 000.00，货物为汽车配件，共有 10 个型号，其中有四个型号要求根据客户样品制造。付款方式为客户先支付定金 1 000 美元，剩余部分 30% 和 70% 分别以 L/C 和 T/T 支付（在货物生产完毕通知客户支付）。客人随即开来信用证，A 公司按合同和 L/C 要求开始生产货物，但发现其中按客人样品要求定做的货物不能完成，由于客人订货的数量比较少，开发该产品并不合算，因此打算从其他厂家购进该产品，但遗憾的是，却一直无法找到生产该产品的厂商。而此时已接近装船期了，其他货物亦相继生产完毕。A 公司只好告诉 B 公司上述问题。B 公司要求取消所有的货物并退还定金和样品，理由是其要求订做的货物是十分重要的，因 A 公司没有按时完成货物生产，使其错过商业机会。A 公司也感到无可奈何，确实理亏，只好答应客户的要求，承担一切货物损失。

5. 中国的某出口公司与一家埃及的客户谈妥了一笔外商指定的某化工品的出口业务，合同规定 20 天内装运，价格条件为 FOB 上海，同时，外商指定了一家船公司作为承运人。因为成交价格相当不错，该出口公司的业务员毫不犹豫就和买家签下了合同。但之后联系供货厂家方得知该厂的这一产品目前在国际市场上非常畅销，接到的订单已经排到了两个月后，所以根本不可能在 20 天内交货。该出口公司遂与买家协商，希望延期交货，或者改为其他厂家的产品，客户无法接受，该出口企业只好高价从另外一家外贸公司手上买下一批合同所要求的货物来履约。结果是，在签合同时本来预计有利可得，但后来为了履行合同反而亏损了几千美元。

6. 某公司曾按 CIF 条件通过秦皇岛港口向中东地区出口一批为数几百公吨的货物，根据买方要求，在合同中约定了不准转船的条款。当约定的装运期临近时，因当时从秦皇岛港至中东地区没有直达班轮航线，而单为该批零星货物洽租货轮专程运送，则空舱费的损失比该批货物的出售总价款还多，于是卖方便要求买方修改原定不准转船的条款，买方拒不同意，并以卖方违约为由提出索赔。最后，由卖方赔偿其损失而了结此案。

7. 国内 A 公司与国外客户 B 公司在某年 1 月签订了 1X20′集装箱产品 P2（货号 934），在此 1X20′集装箱的产品中，客户要求两种规格，每一规格有两种不同的包装，卖给两个不同的最终用户，意味着有 4 种不同样式的产品包装。每种包装的产品 100 箱，共计 400 箱。唛头如下：

STL – 953

ITEM NO. 934

C/NO. 1 – ??

MADE IN CHINA

A 公司以为工厂会在正唛上按照箱子的流水号来编写，因此在 A 公司下订单时没有注明在正唛"C/NO. 1 –"后按照流水号来编写具体的箱号。结果工厂没有在正唛上按照箱子的流水号来编写，而产品货号又全部一样。货物到达目的港后，客户无法区分货物。该客户不得不一箱箱打开包装找货，浪费了客户的人工费，由此造成了很严重的损失。客户提出索赔，A 公司相应给予客户赔款。但是此客户从此断绝了与 A 公司的贸易往来。

8. 佛山顺德一企业向美国出口一批日用商品，价格术语为 FOB。货物在盐田港按买方的指示交给货代，并由承运人运往美国。货还没到目的港时，买方就已经破产，导致货物在目的港滞留。滞留一个月后，企业收到承运人的催讨邮件，称该票货物已产生堆存费 6 520 美元，之后每日每箱仍将收取 370 美元费用。由于提单上记载的托运人为卖方，承运人依照海商法的规定要求卖方作为托运人承担滞港费用，卖方只好将货物转卖处理，并结清滞港费用。

9. 某外贸公司从俄罗斯进口一批工业原料。由于散货海运费一直趋涨，为了规避由于海运费的增长带来的风险，中方决定采用 CIF 价格。双方签订了合同，并且中方很快开立了即期信用证。俄方严格按照信用证的要求将单据交到指定银行，开证行支付了相应的款项。可是中方等了好久也不见货到目的港码头。经过了解，原来俄方为了节省运费，找了艘船龄很老的船，在半路上船出现了问题，需要修理。结果多花了很多天船才到中国目的港，期间，人民币升值，该工业原料也错过了最好的销售期，该外贸公司蒙受了损失。

10. 某公司某年向美国 A 公司出口工艺品。该公司以前曾多次与其交往，而且关系不错，但没有成交。第一笔业务成交时，客户坚持要以 T/T 付款，称这样节约费用且对双方均有利。该公司考虑到双方长时间交往，对对方情况比较了解，就答应了客户的要求。在装完货收到 B/L 后立刻传真给客户。客户很快将货款 11 000 美元汇给该公司。一个月后客户返单，并再次要求 T/T 付款。该公司同意。三个月内连续四次返单，总值 44 000 美元，目的港为墨西哥。由于该公司的疏忽，在货物发出后既没有及时追要货款，更没有采取任何措施，使客户在没有正本提单的情况下从船公司轻松提货。待四批货物全部出运后再向客户索款已为时过晚。客户均以各种理由搪塞，一会儿说资金紧张，一会儿说负责人不在，一会儿说马上付款。半年后人去楼空，传真、电子邮箱不通，4 万多美元如石沉大海。

11. 某年的圣诞日，一艘名为 JAHAN 的船只装载有 15 000 吨糖去往伊拉克，在航运过程中，该船只通过电讯宣称在离南非海岸 600 海里的地方开始下沉，28 名船员在船只开始入水时弃船逃生，搜救行动在 11 天后展开，但 JAHAN 和船员一同消失。当时天气良好，风平浪静，因此并不清楚沉船原因。失踪了的 JAHAN 的基本情况：1996 年建成，由一巴拿马公司拥有，在拉丁美洲的伯利兹注册，并由新加坡的 seatimes shippings 公司管理。船长是加纳人，船员有缅甸人、印度人和孟加拉国人。其后于次年 1 月发现该船出现在非洲的加纳。据查，该船更名为 zalcosea 并偏离原定航线。当 zalcosea 停泊在加纳的 tema 港时，船长试图将船上价值 3 500 000 美元的货物出售。最终，该船只被扣押、船员被捕。被发现欺诈的原因是骗子改变船名时使用的名称 zal-cosea 曾经被使用过，这才引起了调查人员的怀疑并最终被揭发。

参考文献

[1] 傅海龙，等. 进出口操作疑难解答及案例解析 [M]. 北京：对外经济贸易大学出版社，2010.

[2] 王志明. 国际贸易实务案例解析 [M]. 上海：上海财经大学出版社，2023.

[3] 李娜. 进出口业务案例与实训教程 [M]. 北京：清华大学出版社，2022.

[4] 高洁. 国际贸易实务课程思政案例 [M]. 北京：经济科学出版社，2023.

[5] 张华. 国际贸易实战案例分析 [M]. 北京：中国经济出版社，2020.

[6] 刘建. 跨境电商进出口业务案例分析 [M]. 杭州：浙江大学出版社，2023.

[7] 张燕生. 国际贸易案例分析与操作指南 [M]. 北京：清华大学出版社，2011.

[8] 王追林. 进出口业务案例分析 [M]. 上海：上海财经大学出版社，2012.

[9] 李丽. 国际贸易实务案例分析 [M]. 广州：暨南大学出版社，2013.

[10] 陈同仇，薛荣久. 国际贸易案例分析 [M]. 北京：对外经济贸易大学出版社，2014.

[11] 谢娟娟. 国际贸易单证实务与案例分析 [M]. 北京：清华大学出版社，2015.

[12] 叶德万. 国际贸易实务案例教程 [M]. 广州：华南理工大学出版社，2016.

[13] 刘红霞. 跨境电子商务与国际贸易案例分析 [M]. 北京：经济科学出版社，2017.

[14] 张伟. 国际贸易规则与案例分析 [M]. 上海：复旦大学出版社，2018.

[15] 赵玉敏. 新时代国际贸易案例与分析 [M]. 北京：中国商务出版社，2019.

[16] 陈丽丽. 国际贸易案例精选与解析 [M]. 北京：中国人民大学出版社，2020.

[17] 陈岩. 最新国际贸易术语适用与案例解析 [M]. 北京：法律出版社，2012.

[18] 陈琳，等. 国际结算 [M]. 北京：清华大学出版社，2024.

[19] 苏宗祥，徐捷. 国际结算 [M]. 北京：中国金融出版社，2022.

[20] 黄飞雪. UCP600 及 ISBP681 评述及案例 [M]. 厦门：厦门大学出版社，2011.

［21］黄芸．国际结算［M］．长沙：湖南师范大学出版社，2020.

［22］林建煌．品读 UCP600［M］．厦门：厦门大学出版社，2020.

［23］王善论．国际商会信用证案例评析［M］．厦门：厦门大学出版社，2011.

［24］余庆瑜．国际贸易实务原理与案例［M］．北京：中国人民大学出版社，2014.

［25］陈国武．解读《跟单信用证统一惯例》第 600 号出版物［M］．天津：天津大学出版社，2007.

［26］朱春兰，等．新编国际贸易实务案例分析［M］．大连：大连理工大学出版社，2016.

［27］田运银，等．国际贸易单证精讲［M］．北京：中国海关出版社，2009.

［28］中国国际商会．国际贸易术语解释通则 2020［M］．北京：对外经济贸易大学出版社，2020.

［29］中国国际商会．关于审核 UCP600 下单据的国家标准银行实务［M］．北京：对外经济贸易大学出版社，2023.

［30］中国国际商会．关于 URDG758 下的见索即付保函国家标准实务［M］．北京：对外经济贸易大学出版社，2022.

［31］刘德标．外贸实务案例精华 80 篇［M］．北京：中国海关出版社，2009.